市长文集

决策与思考

2017

合肥市人民政府政策研究室　编

王毓江　主编

朱文台　校审

合肥工业大学出版社

图书在版编目(CIP)数据

市长文集:决策与思考.2017/合肥市人民政府政策研究室编.—合肥:合肥工业大学出版社,2017.12

ISBN 978-7-5650-3804-4

Ⅰ.①市… Ⅱ.①合… Ⅲ.①区域经济发展—合肥—2017—文集②社会发展—合肥—2017—文集 Ⅳ.①F127.541-53

中国版本图书馆CIP数据核字(2017)第324023号

市长文集:决策与思考.2017

合肥市人民政府政策研究室 编　　　　责任编辑 郭娟娟

出　版	合肥工业大学出版社	版　次	2017年12月第1版
地　址	合肥市屯溪路193号	印　次	2017年12月第1次印刷
邮　编	230009	开　本	787毫米×1092毫米 1/16
电　话	人文编辑部:0551-62903205	印　张	17.5
	市场营销部:0551-62903198	字　数	306千字
网　址	www.hfutpress.com.cn	印　刷	安徽联众印刷有限公司
E-mail	hfutpress@163.com	发　行	全国新华书店

ISBN 978-7-5650-3804-4　　　　定价:51.00元

目 录

第一章 决策与思考

第二章 探索与关注

第三章　调查与研究

第一章

决策与思考

发挥合肥引领带动作用
加快合肥都市圈建设发展的调研报告

课题负责人：凌　云

都市圈又称城市带、城市圈，是以一个或多个中心城市为核心，依托发达的联系通道，辐射带动周边城市共同参与分工、合作，形成的具有经济一体化发展倾向、并可实施有效管理的城市功能地域。2016年5月，国务院常务会议讨论通过的《长江三角洲城市群发展规划》，明确提出在长三角地区布局建设包括合肥都市圈在内的五大都市圈，合肥都市圈正式跻身国内规模最大、活力最强的长三角城市群。

一、背景基础

为推进区域一体化发展、打造安徽发展的增长极，2006年，安徽省委省政府提出建设“省会经济圈”的战略决策，范围包括合肥、六安和原地级巢湖市。随着合肥经济首位度的不断提升，2009年，省委省政府正式将“省会经济圈”更名为“合肥经济圈”，同时把淮南和桐城纳入经济圈范畴。2013年12月，滁州市整体加入合肥经济圈。2015年出台的省“十三五”规划建议提出：“引领推动合肥经济圈向合肥都市圈战略升级。”省第十次党代会提出：“提升合肥都市圈建设水平，打造全国有重要影响的都市圈。”合肥市第十一次党代会也提出：“奋力开创长三角世界级城市群副中心建设新局面，更好地引领合肥都市圈、辐射周边、带动全省。”《长江三角洲城市群发展规划》的出台，标志着合肥都市圈已上升为国家战略。从“经济圈”迈向“都市圈”，既是区域竞争的大势所趋、区域发展的深化拓展，也是贯彻落实国家战略、推动安徽加速崛起的使命所在。加快合肥都市圈建设，其时已至，其势已成。

（一）国家重大发展战略的落地实施，为合肥都市圈建设创造了历史机遇

近年来，随着经济社会的快速发展，合肥在国家战略中的定位不断提升、地位日益凸显。在国家实施的“一带一路”、长江经济带战略中，合肥成为“双节点”城市；在国家实施的创新驱动战略中，合肥是安徽系统推进全面创新改革试验、合芜蚌国家自主创新示范区的核心城市，是继上海之后全国第二个获批的综合性国家科学中心；在国务院出台的《长江经济带发展规划纲要》中，合肥与南京、杭州并列为长三角世界级城市群副中心城市；在《长江三角洲城市群发展规划》中，明确要求“发挥合肥都市圈在推进长江经济带建设中承东启西的区位优势和创新资源富集优势，加快建设承接产业转移示范区，推动创新链和产业链融合发展，提升合肥辐射带动功能，打造区域增长新引擎”。合肥都市圈建设迎来了历史性的重大机遇，站上了新的更高平台。

（二）安徽区域协同发展战略的深入推进，为合肥都市圈建设提供了良好条件

“十二五”以来，随着我省大力实施中心城市带动战略，实施部分行政区划调整，发展壮大中心城市和城市群，加大结对帮扶力度，有力推动了省内区域板块间的协调发展，形成了更加合理的新型城市化格局。一方面，为构建发展水平更高、覆盖范围更广的经济体奠定了基础，有利于合肥都市圈融入更高层级的发展分工；为都市圈中心城市加快发展提供了更加广阔的腹地，有利于增强中心城市辐射带动能力。另一方面，随着都市圈的规格能级的提升，其带动力、辐射力的不断增强，能更好推动圈内后发城市实现跨越发展，能更好发挥全省核心增长极作用。

（三）合肥经济圈一体化发展的成功实践，为合肥都市圈建设探索了有效途径

历经10余年发展，省会经济圈、合肥经济圈按照“规划共绘、交通共联、市场共构、产业共兴、品牌共推、环境共建、社会共享”的总体思路，一体化发展取得明显成效，区域合作协调机制趋向成熟，规划体系逐步完善，重大基础设施互联互通加快推进，产业合作互动不断拓展，环境同治联防成效明显，要素市场一体化建设统筹推进，干部人才交流有序开展。随着经济圈持续扩容、实力不断增强，从2006年到2015年，占全省经济首位度由28.9％提高到41.4％，财政收入占比从21.8％提高到38.2％，固定资产投资占比从25.5％提高到39.5％，规模以上工业增加值占比从29.4％提高到

38.3%。在原有良好合作发展基础上，构建程度更高、领域更广、范围更大的区域一体化格局，必将有力推动合肥经济圈向合肥都市圈的战略转型升级。

（四）“合芜马”三市综合实力的快速提升，为合肥都市圈建设夯实了坚实基础

《长江三角洲城市群发展规划》明确，合肥都市圈包括合肥、芜湖、马鞍山三市。这三个城市是省内综合实力最强、创新资源最富集、产业层次最高的地区。“十二五”以来，在省委、省政府的坚强领导下，三市充分发挥行政区划调整后续效应，积极抢抓机遇，加快崛起步伐，综合实力实现了大步跨越，为构建新的合肥都市圈奠定了坚实基础。2015 年，三市实现地区生产总值 9482.9 亿元，占全省比重 43.1%；财政收入 1680.5 亿元，占全省比重 41.9%；全社会固定资产投资 10420.9 亿元，占全省比重 43.5%；人均生产总值分别为 73102 元、67592 元和 60358 元，均远高于 35997 元的全省平均水平。作为都市圈中心城市，从 2005 年到 2015 年，合肥地区生产总值、规模以上工业增加值、社会消费品零售总额、固定资产投资和地方财政收入等主要经济指标，在省会城市排名中分别前移了 6 位、8 位、3 位、12 位和 7 位，核心引领作用明显提高。特别是芜湖、马鞍山两市加入后，合肥都市圈东向发展的通道更为顺畅，与长三角城市的合作更为便利，辐射带动能力大大增强。

二、比较分析

（一）合肥都市圈与相关都市圈比较

根据《长江经济带发展规划纲要》和《长三角城市群发展规划》，我们选取长三角城市群中的南京、苏锡常、杭州、宁波等四个都市圈和长江中游城市群中的武汉、长沙都市圈等进行比较。为便于分析，我们按国家战略中确定的都市圈城市范围进行比较（见表 1）。

表 1　各都市圈范围

都市圈	中心城市	成员城市				
合肥都市圈	合肥	芜湖	马鞍山	—	—	—
南京都市圈	南京	镇江	扬州	—	—	—
苏锡常都市圈	苏州	无锡	常州	—	—	—
杭州都市圈	杭州	嘉兴	湖州	绍兴	—	—

（续表）

都市圈	中心城市	成员城市				
宁波都市圈	宁波	舟山	台州	—	—	—
武汉都市圈	武汉	黄石	鄂州	孝感	黄冈	咸宁
长沙都市圈	长沙	株洲	湘潭	—	—	—

1. 自然条件比较

从辖域面积看，截至 2015 年底，武汉都市圈以超过 5 万平方公里的辖域面积位居首位，杭州都市圈以超过 3 万平方公里的辖域面积位居第二，长沙、合肥和宁波等 3 个都市圈均超过 2 万平方公里，南京和苏锡常都市圈不到 2 万平方公里。其中，合肥都市圈辖域面积 21460 平方公里，居 7 个都市圈第四（见图 1）。从人口规模看，杭州都市圈户籍人口突破 1700 万人，居首位，苏锡常都市圈突破 1500 万人，居次席，其他 5 个都市圈均处于 1200 万～1400 万人。其中，合肥都市圈总人口 1331.5 万人，居第 6 位，仅高于宁波都市圈（见图 2）。从空间分布看，长沙都市圈城市分布最为紧凑，长株潭三市呈品字形分布，城市间直线距离仅为 50 公里；苏锡常城市群基本成直线分布，城市之间最长距离 80 公里；武汉、南京、杭州三大都市圈城市之间最长距离分别为 80 公里、67 公里和 76 公里。合肥都市圈三市虽然呈品字形分布，但城市之间距离较远，合肥距芜湖和马鞍山分别约 150 公里和 190 公里，只略小于宁波至台州的距离。综观面积、人口和空间分布等自然条件，在 7 个都市圈中，合肥都市圈所辖面积、人口规模均处中游水平，但空间形态较为分散。

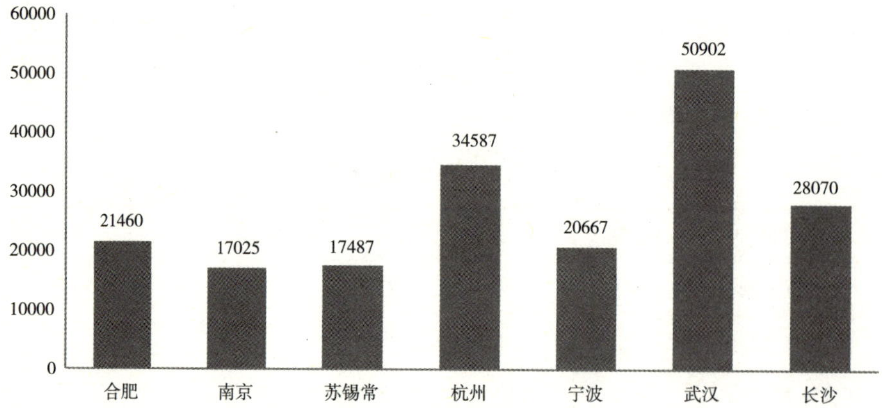

图 1　都市圈总面积（平方公里）

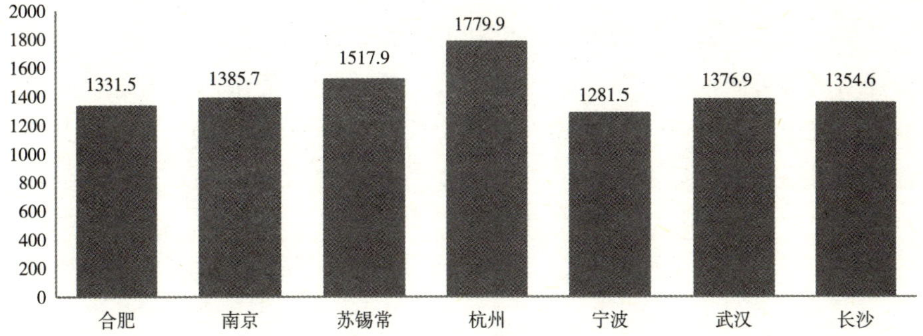

图 2　都市圈 2015 年户籍总人口（万人）

2. 综合实力比较

从经济总量看，2015 年，苏锡常和杭州都市圈 GDP 总量突破 2 万亿元，南京、武汉、宁波和长沙等都市圈均突破 1.2 万亿元，7 个都市圈中只有合肥都市圈低于万亿，仅相当于居首位的苏锡常都市圈的 1/3，是第六位的长沙都市圈的 3/4（见图 3）。从可用财力看，苏锡常和杭州都市圈公共财政收入均突破 2000 亿元，其他 5 个都市圈均处于 1000 亿～2000 亿元，合肥都市圈最少，不到苏锡常和杭州都市圈的一半（见图 4）。从产业结构看，苏锡常都市圈规上工业总产值突破 5.5 万亿元，居首位，南京、杭州都市圈突破 3 万亿元，合肥与宁波、长沙都市圈低于 2 万亿元。合肥都市圈仅相当于苏锡常都市圈的 1/3、杭州都市圈的 1/2，与处于第 5 位的宁波都市圈相差 1639 亿元（见图 3）；苏锡常都市圈服务业增加值超过 1.4 万亿元，居首位，杭州都市圈突破 1 万亿元，居次位，合肥都市圈不足 4000 亿元，只相当于苏锡常都市圈

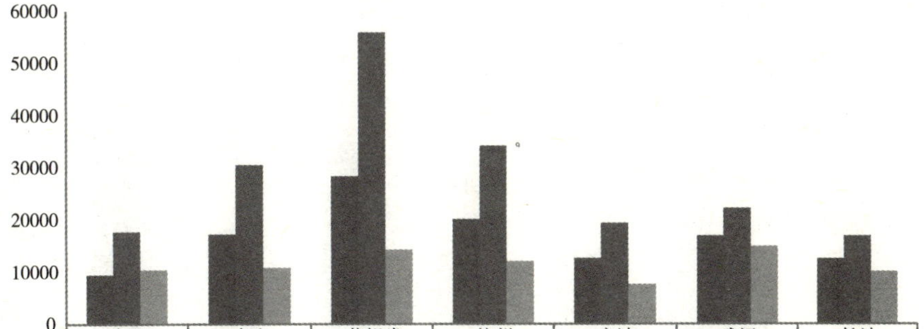

	合肥	南京	苏锡常	杭州	宁波	武汉	长沙
■生产总值	9482.9	17240.1	28295.5	20118.3	12650.3	16932	12548.3
■规上工业产值	17715.5	30503.1	55900.8	34144.5	19355.1	22205.3	16905.3
■固定资产投资	10420.9	10823.9	14253	12055.6	7637.4	14909.3	10110.5

图 3　2015 年都市圈部分指标比较-1（亿元）

的1/4（见图4）。从发展后劲看，除宁波都市圈固定资产投资低于1万亿元外，其他6个都市圈均高于万亿，其中武汉都市圈接近1.5万亿元，居首位，合肥都市圈居第5位（见图3）。从带动能力看，武汉都市圈省内经济首位度最高，超过50%，合肥、苏锡常、杭州、长沙都市圈均在40%以上，其中合肥都市圈居第4位（见图5）。可见，合肥都市圈综合实力相对偏弱，但在省内首位度居中游，对省内带动作用较强。

	合肥	南京	苏锡常	杭州	宁波	武汉	长沙
■公共财政收入	1045	1659.7	2857.1	2138.4	1417.1	1709.1	1183.2
■服务业增加值	3791.5	8954.4	14062.5	10372.7	5878.5	7663.8	5276.9

图4　2015年都市圈部分指标比较-2（亿元）

3. 发展态势比较

从经济总量年均增速看，“十二五”时期，武汉都市圈超过14%，居首位；南京、长沙都市圈超过13%，分居第二、第三位；合肥都市圈为12.5%，居第四位。从固定资产投资总量年均增速看，“十二五”时期，各都市圈均在12%以上，其中武汉都市圈达18.9%，居首位；合肥都市圈居第五位，高于南京、苏锡常都市圈。从地方财政收入年均增速看，“十二五”时期，合肥、武汉、长沙都市圈超过20%，其余4个都市圈在10%～15%之

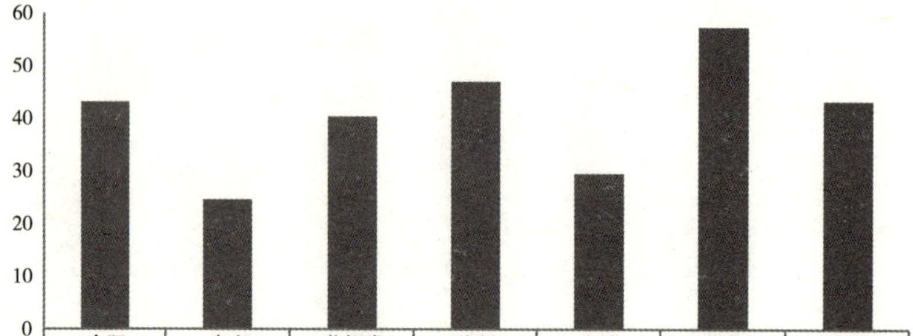

	合肥	南京	苏锡常	杭州	宁波	武汉	长沙
■GDP占全省比重	43.1	24.6	40.3	46.9	29.5	57.3	43.2

图5　2015年都市圈GDP总量占全省比重（%）

间，合肥都市圈居第三位。从服务业增加值年均增速看，“十二五”时期，南京都市圈超过16%，居首位；合肥都市圈超过15%，居第二位；其他5个都市圈处在11%～15%之间（见图6）。可见，合肥都市圈的追赶势头明显，是一个成长性较强的都市圈。

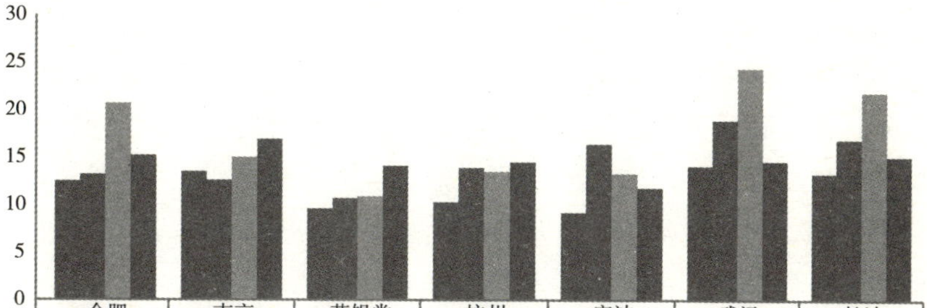

	合肥	南京	苏锡常	杭州	宁波	武汉	长沙
■ GDP	12.5	13.5	9.6	10.3	9.2	14.1	13.3
■ 固定资产投资	13.2	12.6	10.7	13.9	16.4	18.9	16.9
■ 地方财政收入	20.7	15	10.9	13.5	13.3	24.4	21.9
■ 服务业增加值	15.2	16.9	14.1	14.5	11.8	14.6	15.1

图6　“十二五”时期都市圈部分指标年均增速比较（%）

（二）都市圈中心城市比较

1. 自然条件比较

从辖域面积看，杭州市以超过1.6万平方公里的辖域面积位居首位，长沙、合肥以超过1万平方公里的辖域面积分居第二、第三位，其他4个城市均不足1万平方公里。从人口规模看，苏州、武汉常住人口总数突破1000万人，并列居首位；杭州超过900万人，居第三位；合肥总人口779万人，居第6位，仅高于宁波（见图7）。可见，合肥市吸纳人口能力略弱。

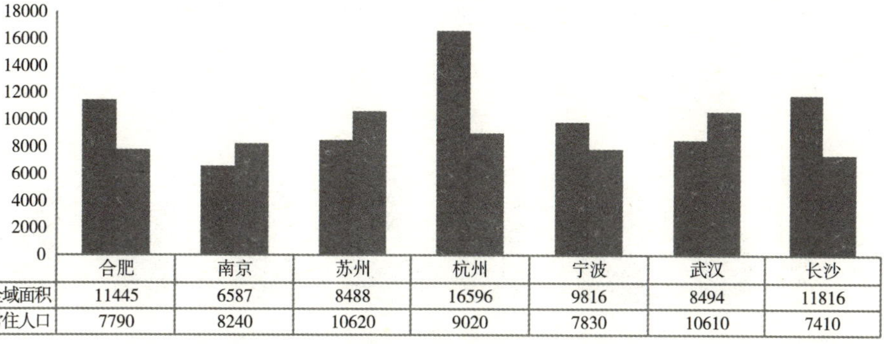

	合肥	南京	苏州	杭州	宁波	武汉	长沙
■全域面积	11445	6587	8488	16596	9816	8494	11816
■常住人口	7790	8240	10620	9020	7830	10610	7410

图7　2015年中心城市部分指标比较（平方公里、千人）

2. 综合实力比较

从经济总量看，2015 年，苏州、武汉和杭州均突破 1 万亿元，其中苏州超过 1.4 万亿元，居首位；南京、长沙、宁波均超过 8000 亿元；合肥不到 6000 亿元，仅为排名首位的苏州的 39%，与倒数第二位的长沙相差 2849.8 亿元。从可用财力看，武汉、杭州、南京、宁波地方公共财政收入均突破 1000 亿元，合肥最少，为排名首位的武汉的 45.9%。从产业结构看，苏州规上工业总产值突破 3 万亿元，居首位；宁波、南京、武汉、杭州超过 1.2 万亿元；仅合肥低于万亿，只有排名首位的苏州的 30.9%。杭州、南京、武汉服务业增加值占 GDP 比重均超过 50%，其中杭州高达 58.2%，位居第一；合肥为 42.8%，位居末位。从社会消费品零售总额看，武汉超过 5000 亿元，杭州、南京、苏州均在 4000 亿元以上，而合肥仅为 2183.7 亿元，不及武汉、杭州、南京、苏州的一半。从辐射带动能力看，各中心城市圈内首位度均超过 50%，其中长沙、武汉、宁波超过 60%；合肥达 59.7%，居第四位（见图 8、图 9、图 10）。可见，合肥市总体实力不高，辐射带动力还不强，二、三产业发展都明显不足，特别是三产发展严重滞后，成为拉大与其他中心城市差距的主要因素。

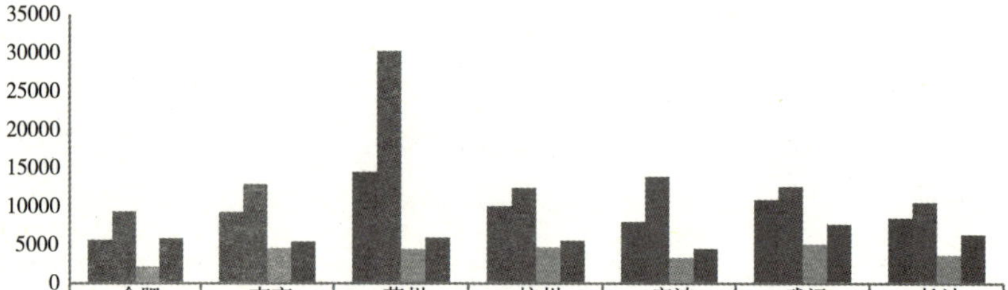

	合肥	南京	苏州	杭州	宁波	武汉	长沙
■ GDP	5660.3	9270.8	14504.1	10050.2	8003.6	10905.6	8510.1
■ 规上工业产值	9345.6	12905.1	30249.2	12415.7	13869.5	12579.3	10545.9
■ 社会消费品零售	2183.7	4590.2	4461.6	4697.2	3349.6	5102.2	3690.6
■ 固定资产投资	5851.9	5426	5965.4	5556.3	4506.6	7680.9	6363.3

图 8　2015 年中心城市部分指标比较-1（亿元）

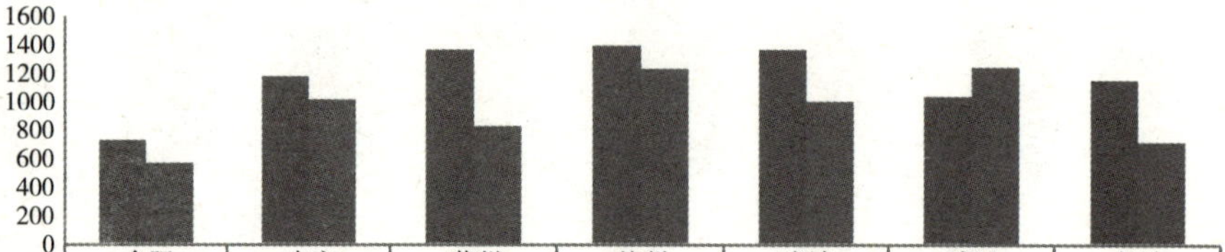

	合肥	南京	苏州	杭州	宁波	武汉	长沙
■ 人均GDP	731.02	1181.71	1367.02	1396.53	1367.73	1041.32	1154.43
■ 财政收入	571.5	1020	830	1233.9	1006.4	1245.6	718.9

图 9　2015 年中心城市部分指标比较-2（百元、亿元）

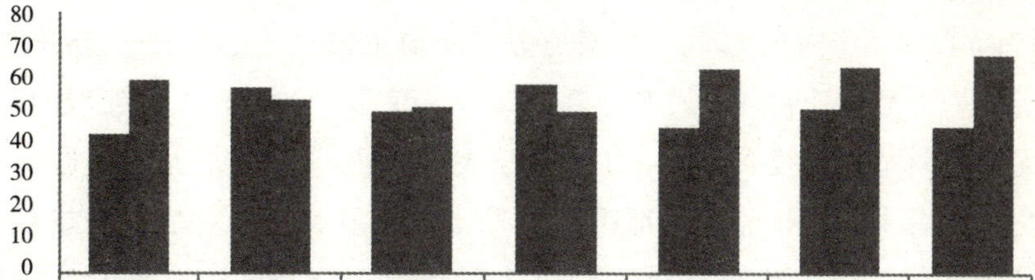

	合肥	南京	苏州	杭州	宁波	武汉	长沙
■三产占GDP比重	42.8	57.3	49.9	58.2	45.2	51	45.1
■圈内经济首位度	59.7	53.8	51.3	50	63.3	64.4	67.8

图 10　2015 年中心城市部分指标比较-3（亿元）

3. 发展潜力比较

2015 年，武汉市固定资产投资达 7680 亿元居首位，长沙达 6363 亿元居第二位，苏州、合肥、杭州、南京均超过 5000 亿元，合肥居第四位，略低于苏州。合肥年度 GDP 增速、“十二五”时期 GDP 年均增速、规上工业增加值增速、社会消费品零售总额增速和全社会科技研发投入占 GDP 比重五项指标均居首位（见图 8、图 11、图 12）。“十二五”时期，与 7 个中心城市中经济

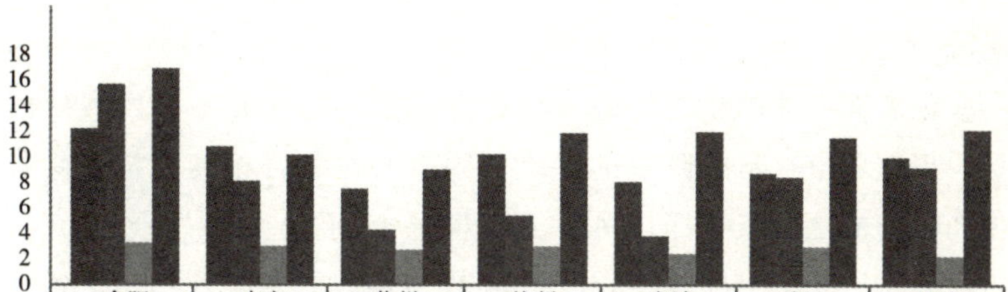

	合肥	南京	苏州	杭州	宁波	武汉	长沙
■GDP增速	12.2	10.8	7.5	10.2	8	8.8	9.9
■规上工业增加值增速	15.7	8.1	4.3	5.4	3.8	8.5	9.2
■R&D占生产总值比重	3.2	3	2.7	3	2.4	3	2.2
■社会消费品零售增速	16.9	16.9	9	11.8	12	11.6	12.1

图 11　2015 年中心城市部分指标比较（%）

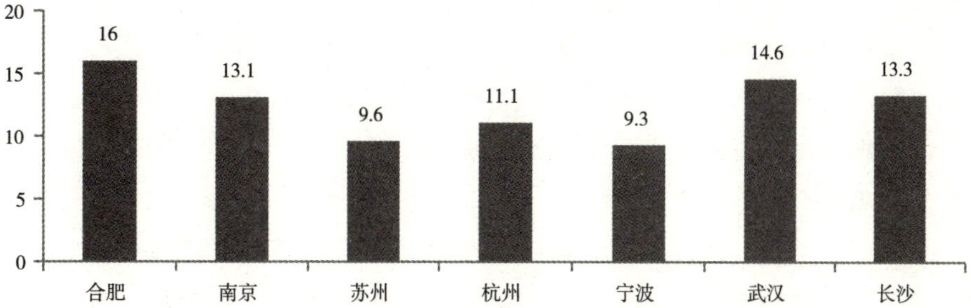

图 12　“十二五”时期中心都市 GDP 年均增长率（%）

体量最大的苏州比，合肥 GDP 总量占比由 33.9%上升到 39%，人均 GDP 占比由 47.6%上升到 53.6%，服务业增加值总量占比由 31.9%上升到 32.1%，进出口总额占比由 4.1%上升到 6.2%。可见，合肥市跨越赶超的势头强劲，尤其是科技创新投入较大，工业经济发展较快，潜力动力较足。

综合来看，目前合肥都市圈仍处于快速发育阶段，借鉴先进经验、携手紧密合作、加快补齐短板、推动转型升级、努力对标追赶，推动都市圈由“外延式”无序扩张向“内涵式”集约增长转变，是当前和今后一个时期的紧迫任务。

三、案例启示

案例之一：伦敦都市圈

伦敦都市圈形成于 20 世纪 70 年代，以伦敦—利物浦为轴线，包括伦敦、伯明翰、谢菲尔德、曼彻斯特、利物浦等数个大城市和众多中小城镇，总面积约 4.5 万平方公里，占英国总面积的 18.4%，人口 3650 万，区域经济总量约占英国的 80%。作为整个都市圈的龙头，伦敦不仅是世界大都市，而且有效辐射带动了周边中小城市的产业升级与现代化进程，促进了伦敦都市圈的形成与发展。

伦敦都市圈的成功经验：一是持续推动与实施不同发展阶段的都市圈规划。根据城市在不同阶段的特点、问题和需求，相继制定了具有鲜明历史特色和轨迹的伦敦市（郡）规划（20 世纪 40 年代实施“四个同心圈”规划，50 年代末实施 8 个卫星城规划，60 年代中期实施三条快速主干道发展长廊与三座“反磁力吸引中心”城市规划，70 年代开始注重实施旧城改建与保护计划），并严格依据规划推进建设，推动城市向“世界城市”目标迈进和大都市圈形成。二是持续增强都市圈核心城市的先导创新力。伦敦在世界上第一个提出创意理念，又第一个用政策来系统推动创意产业发展，始终站在世界产业转型潮头的领导力和大力推进的创新活动，激发了都市圈发展的巨大活力。三是积极推进都市圈产业发展高端化。高度重视制造业的升级与发展，加大对传统制造业技术革新、高端制造业重新布局、延伸制造业产业链等工作力度，促进都市圈制造业向生产性服务业高端提升。

案例之二：东京都市圈

东京都市圈以东京市区为中心，半径 80 公里，由东京都、埼玉县、千叶县、神奈川县共同组成，总面积 1.34 万平方公里，占日本总面积的 3.5%，人口 4000 多万人，城市化水平达到 90%以上，区域生产总值约占日本全国的一半。在东京都市圈中，东京具有很高的首位度和经济集聚度。

东京都市圈的成功经验：一是以前瞻性的规划引领都市圈建设。东京都市圈规划根据国际背景变化、国内战略要求和东京承担的历史使命的变迁，以前瞻性眼光及时进行修编，并统领都市圈建设。二是以现代交通网支撑都市圈发展。东京都市圈是一种以轨道交通为中心的交通发展模式，城市电气列车、新干线、轻轨、高架电车等各种轨道交通路线，构成了全世界最密集的轨道交通网（在东京都市圈内，超过 30 家公司经营着总长约 2000 公里的轨道交通线路），有效支撑了整个都市圈发展。三是以不同层次和各具特色的服务功能区（副都心）优化都市圈发展。大力推进大都市服务功能区建设，在城市功能空间结构上呈现出多元性和多样性，打造不同的区域特色，共同成就了都市圈的繁荣。

案例之三：杭州都市圈

杭州都市圈以杭州为中心，湖州、嘉兴、绍兴市市区为副中心，杭州市域 5 县（市）及德清、安吉、海宁、桐乡、绍兴、诸暨等杭州相邻 6 县市为紧密层，区域总面积约 3.5 万平方公里，2015 年区域常住人口 2152 万，城市化水平达到 67.2%，区域生产总值约占浙江省的 47%，正向着建成长三角城市群的重要板块、亚太地区重要的国际门户、全国科学发展和谐发展先行区和浙江创业创新核心区迈进。

杭州都市圈的成功经验：一是注重以国际化带动都市圈建设。把都市圈工作放在国际化大视野格局下谋求提升发展，积极参与国际合作与竞争，强化开放对创新能力提升作用，构建全方位宽领域多层次更高水平的都市圈开放格局。二是注重以创新驱动都市圈发展。围绕建立产业结构合理、创新驱动有力、城乡区域统筹、生态环境明显改善的转型升级体制机制，深化推进重点领域改革，大力拓宽各领域区域性创新平台建设，推动先行先试的创新成果在区域内共享。三是注重以基础设施共建共享提档都市圈建设。推进都市圈内高速公路、城际铁路网及杭州城市快速轨道交通网络建设，深化完善公共服务和基础设施共建共享机制（推动都市圈文化体育设施共享，推进圈内医疗机构之间深度合作，实施都市圈市民卡“一卡通”工程），突出都市圈在公共服务、生态环境和公共安全等方面的幸福感。

案例之四：长株潭城市群

长株潭城市群是以长沙、株洲、湘潭三市为核心，辐射周边岳阳、常德、益阳、衡阳、娄底五市的区域。其中，作为城市群核心的长株潭三市，总面积 2.8 万平方公里，占湖南省的 13.3%，2015 年常住人口 1400 万，城市群的城镇化率达到 70%，区域生产总值约占湖南全省的 43%。未来致力建设成为全国“两型”社会建设的示范区、中部崛起的重要增长极、具有国际品质的现代化生态型城市群。

长株潭城市群的成功经验：一是以规划统领一体化建设。跳出一城一地的行政限制，从一体化的角度，统筹规划、总体布局，并根据形势发展及时编制完善规划体系，在基础设施、产业发展、社会发展、城乡建设、市场体系等一体化建设方面取得显著成效。二是在省级层面建立强有力的实施推动机制。成立由省委书记任顾问、省长任主任的领导协调委员会，下设正厅级办公室，各市成立相应机构，建立以省垂直协调为主导的工作机制。每年召开一次以上省委常委扩大会，研究协调重大事项。并将一体化建设纳入全省绩效考核范围，强化重点工作推进。三是积极主动构建部省合作共建机制。争取国家部委、央企设立先改先试平台，充分利用政策机遇，解决自身难以解决的问题。

主要启示：

（一）规划统领、合理布局，是推进都市圈建设的前提

规划科学是最大的效益，规划失误是最大的浪费，规划折腾是最大的忌讳。都市圈的建设与发展，必须在找准自身定位的基础上，按照推进一体化、同城化、国际化的大逻辑，实施规划统筹，明确都市圈发展目标、发展战略、空间结构、支撑体系、实施保障等，同步做好专项规划衔接，并根据形势发展不断完善规划体系，真正做到以规划统领发展。

（二）区域互动、协同发展，是推进都市圈建设的基础

受行政体制分割影响，都市圈内的各城市，围绕着项目和资源展开的竞争客观存在。应本着“互惠互利、优势互补、共同繁荣”的原则，制定区域经济社会发展政策，充分发挥各地比较优势，促进资源要素合理流动、生产力合理布局，构建协调高效的产业体系、市场体系，实现区域整体发展。

（三）基础先行、互联互通，是推进都市圈建设的保障

基础设施的建设水平，不仅直接决定着社会生产能否正常运行，而且极大地影响着经济活动的效益与效率，关系到整个都市圈建设进程。应按照统筹规划、合理布局、适度超前的原则，加快交通、能源、水利、信息等基础设施一体化建设，形成合作对接、功能完善、安全高效的基础设施体系，促进区域内城市间互联互通，提升都市圈发展保障能力。

（四）改革引领、创新驱动，是推进都市圈建设的动力

改革创新是增强发展动力的根本所在。都市圈发展必须强化改革创新合

作，既要强化中心城市的先导创新力带动力，又要强化现有体制机制障碍突破，还要强化开放对提升创新能力的促进作用，构建区域改革创新成果共享机制，共塑加快发展强大动力。同时要成立省级层面的领导机构和专门部门，建立常规化、高层次、强有力的推进机制，指导、统筹、协调都市圈建设重大事项，推动加快发展。

四、思路目标

（一）总体思路

全面贯彻党的十八大、十八届三中、四中、五中、六中全会精神，深入贯彻习近平总书记系列重要讲话特别是视察安徽重要讲话精神，认真落实党中央、国务院关于推动长江经济带发展的重大战略部署，以"四个全面"战略布局和五大发展理念为指引，加快以发展为主题，以创新驱动、共建共享、合作共赢为原则，推动规划共绘、交通共联、产业共兴、市场共构、环境共育、品牌共推、机制共建、民生共享、生态共保，在空间上由局部性联动向整体性统筹覆盖，在领域上由经济合作向全面合作拓展，在运行上由事务性合作向制度性安排对接，在主体上由政府间的单一合作向政府、企业、社会组织多元联动，在动力上由行政推动为主向市场机制引导为主转换，在成果上由互利互惠向联动共赢提升，联手推进圈内城市由一体化、同城化到国际化的协调递进发展。

（二）总体定位

按照《长三角城市群发展规划》和《长江三角洲城市群发展规划安徽实施方案》《安徽省五大发展行动计划》的总体部署，以"互惠共赢、壮大自身、服务全省、影响全国"为方向，以推进圈内基础设施、产业布局、要素市场、环境保护和公共服务等"一体化"发展为核心，着力打造具有国际影响力的创新高地、具有国际竞争力的产业基地、全国内陆对外开放新高地和全国生态文明先行示范区，把其建设成为安徽的核心增长极、长三角的发展新引擎、全国有重要影响的国际化都市圈。

——近期目标。到 2020 年，合肥初步形成长三角城市群副中心的综合功能，对圈内其他市县发展有较强的引领能力。都市圈内城市互动合作机制基本建成，一体化发展格局基本形成，同城化程度大幅提升；人均收入达到长三角地区的平均水平，生态环境质量居全省先进水平，初步实现基本公共服务城乡均等化。都市圈实现新的战略升级，成为在全国有重要影响力的创新型都市圈。

——中远期目标。到2025年，合肥国际化都市的主要功能基本形成，都市圈国际化水平大幅度提升，一体化、同城化发展达到成熟程度，基本公共服务城乡均等化达到更高水平，经济发展总体水平进入全国发达地区“第一方阵”，人均收入达到长三角城市群的平均水平，生态环境质量居全国先进水平，成为在全国有较强影响力的国际化都市圈。

（三）战略路径

——坚持规划引领。根据资源环境承载能力、现有基础和发展潜力，以主体功能区规划为发展导向，以国民经济与社会发展五年规划为目标导向，逐步推进都市圈范围内“多规分立”向“多规合一”转变，充分体现规划的整体性和实施的协同性，加快推进都市圈一体化、同城化及国际化的战略升级。

——坚持创新驱动。坚持科技创新和制度创新并进，以建设合肥综合性国家科学中心和合芜蚌国家自主创新示范区为突破口，以系统推进全面创新改革试验为重点，率先建立创新资源高效配置、科技成果快速转化、制度规则对接国际、高端人才加速集聚的区域协同创新体系，推动都市圈整体尽快融入全国乃至全球创新网络体系。

——坚持中心带动。充分发挥合肥中心城市的龙头作用，壮大城市实力，提高城市首位度，拓展城市空间，扩大城市发展规模，持续增强辐射带动能力，加快实现由“强核”向“外溢”转变，辐射带动区域其他城市和地区发展。

——坚持分工协作。以提升区域整体竞争力和影响力为立足点，进一步明确圈内城市战略定位和功能特色，建立优质化、同城化、国际化的服务体系和开放型、规范化、精准化的制度体系。强化错位发展，协同推进经济、城市和社会转型，形成优势互补的协同发展格局。

——坚持生态优先。将绿色发展理念全面融入都市圈建设，依托现有山水脉络等优化城市空间布局形态，构建绿色化的生产生活方式和城市建设运营模式，推进生态共保环境共治，构筑可持续发展的生态网络，打造都市圈优质生活圈。

——坚持协同推进。完善多层次的协调联动机制，健全常态化的工作推进机制，强化共建共享的项目推进机制，通过高效的协同管理模式，整合圈内城市人力、技术、资金等资源，有效提升都市圈发展质量。

五、对策建议

（一）加快创新发展，推动实现都市圈经济转型升级

坚持把创新作为第一动力，充分发挥圈内创新资源富集、科技实力雄厚、

产业基础较好的优势，聚集创新要素，强化创新功能，拓展创新领域，增添发展活力，形成具有核心竞争力的区域创新体系，推动都市圈经济转型升级。

一是提升自主创新能力。充分利用合芜蚌自主创新综合试验区、系统推进全面创新改革试验等重大政策机遇，着力推进量子信息国家实验室、超导核聚变中心等七大研发创新平台建设，进一步加快中科大先研院、合工大智能院等一批协同创新平台发展，全力打造合肥综合性国家科学中心和全国性产业创新中心。充分发挥合肥创新对都市圈城市的辐射带动作用，深度发掘芜湖、马鞍山等城市创新资源，建设以合肥为中心，芜湖、马鞍山为支点，其他城市为节点的网络化创新体系，大力推进大众创业、万众创新。积极争取更多创新资源、项目向都市圈布局倾斜，全面融入全球创新体系。

二是加强创新资源的集合开放共享。打破行政区域局限，集合区域创新资源，探索设立合肥都市圈协同创新中心，建立科教资源共建共享的机制。推进中科大先研院、清华公共安全研究院、长江医学科学院、淮南新能源研究中心、中国家电研究院合肥分院、北航科学城、大赫兹科学城等平台开放共享，鼓励圈内科研院所、企业围绕重大项目、共性技术开展协作攻关，支持科技成果异地产业化。充分发挥各市科技服务平台和科技中介结构的职能作用，联合组建技术转移服务机构，研究建立面向区域的技术交易中心和专利信息资源库，联合举办各类成果交易会、科技金融对接会等活动，鼓励科技人员异地进行科技咨询、合作研究项目共同开发等活动，加强科技交流与合作。

三是聚力产业创新发展。依托皖江城市带承接产业转移示范区建设，立足各自特色，坚持优势互补，实行错位发展，加强产业布局规划，逐步建立科学合理的产业分工协作体系，共同构建区域现代产业体系，最大限度避免同质竞争。积极搭建圈内产业合作平台，联合打造合滁宁、合芜马、合淮、合六、合桐安等产业发展带，继续探索跨区域合作共建产业园区，谋划建立圈内产业链上下游配套联动机制，着力促进产业组团式承接和集群式发展。推动创新链与产业链深度融合，加快构建“三重一创”体系，以建设战略性新兴产业集聚发展基地为载体，聚焦集成电路、新型显示、智能家电、高端装备制造、新能源汽车、生物医药等新兴产业集群发展，共同促进圈内各市优势产业做大做强，加快打造若干个国家级乃至世界级产业集群。坚持高端转型和培育新兴业态并举，大力发展金融、物流、电子商务、服务外包、文化创意等现代服务业，积极发展总部经济，加快补齐发展短板。坚持“资源共享、市场共建、品牌共塑”，加快发展旅游业，合作共建文化旅游园区，共同开发新型旅游产品，携手推出精品旅游线路，联合开展旅游促销和节庆会展活动，联手打造区域旅游标识品牌，把都市圈建设成为长三角地区富有特色和吸引力的旅游目的地和集散地。

（二）加快协调发展，大幅提升都市圈支撑承载能力

优化都市圈空间布局，加强重大基础设施一体化建设，有序推进都市圈同城化发展。强化省会意识、服务意识和大局意识，主动加强与圈内城市联动发展，不断增强合肥的辐射带动力。

一是推动规划布局一体化。准确把握都市圈战略定位、空间布局、要素配置，全面推进都市圈中长期发展规划和各项专项规划修编工作，落实好“多规合一”，共绘好一张蓝图。优化主体功能、产业空间、城镇空间布局，推动产城融合、集群发展，构建“核圈极”协调发展的都市圈新型城镇化网络体系和空间形态。规划建设国家级合肥滨湖新区，统筹新区与周边地区联动发展，构建功能协调互动、空间组团舒展的“一核两带四区”总体布局，打造成为引领合肥都市圈战略升级、带动安徽加速崛起的重要引擎。

二是推动交通基础设施建设一体化。聚焦合肥全国性综合交通枢纽建设，以强化对外通达、促进城际对接为重点，按照适度超前的原则，推动圈内城市重大交通基础设施项目的规划、建设对接，加快互联互通步伐，提高快速通达能力。统筹推进高速铁路、城际铁路、高速公路、内河航道等交通干线建设，优先打通缺失路段、瓶颈路段，构建快捷、安全、立体、绿色的综合交通运输体系。铁路方面，加快推进商合杭、合安九等重大铁路项目建设，打通向南、东北大通道，扩容西向通道，无缝对接“一带一路”；协同推进合六、合芜宣、合巢马等城际铁路前期工作，构建以合肥为中心，覆盖都市圈主要城镇、产业集聚区、重要风景区的轨道交通“1 小时通勤圈”。公路方面，加快推进合明巢、北沿江、滁淮、合芜等高速公路建设，加快新建、改扩建一批国、省道项目，努力实现与苏浙沪一体化发展。水运方面，共同推进引江济淮工程、合裕线等航道整治，加快合肥港、芜湖港、郑蒲港和滁州港建设，提升通航和货运能力。

三是推动构建泛在普惠的信息网络。以推进下一代互联网示范城市和宽带中国示范城市建设为契机，加快合肥信息网络基础设施建设，加快建成智慧城市。加强与都市圈内其他城市的沟通协调，统一建设标准，开放数据接口，推进信息资源的互联互通、高效利用、资源共享，完善网络安全管理应急联动机制，形成以合肥为中心、连通都市圈各城市的信息基础设施网络，着力打造智慧都市圈。

四是推动能源和水利基础设施共建共享。加快推进合肥与都市圈内能

源基础设施合作共建、互联互通，推进电源与电网联网建设，加强天然气干线、成品油管道等建设，完善能源供应通道网络。强化水资源安全保障，以解决水质性缺水和保障饮水安全为重点，联动强化城市饮用水水源地保护。深入实施长江、淮河和巢湖防洪工程，共同提高应对各种灾害和突发事件能力。

（三）加快绿色发展，共同打造都市圈绿色美好家园

坚持区域生态共建、环境共治，保护和利用好圈内丰富的生态资源，推动都市圈可持续发展。

一是引领都市圈生态环境建设。加快巢湖生态文明先行示范区建设，推进环巢湖流域山、岭、矿区森林保育，加大流域水环境、大气环境、固体废物等综合整治力度。联手开展生态敏感区、城市水源涵养地、泄洪区、地质灾害易发区、自然保护区、风景名胜区等空间管治。编制生态空间规划，优化都市圈生态空间格局，支持建设大别山生态保育区，推动皖江、淮河、江淮分水岭、江淮运河等生态廊道建设。

二是推动都市圈环境联防联治。推动建立生态文明联盟，设立都市圈区域环境合作发展基金，健全都市圈生态补偿机制，构建都市圈生态文明共建机制。积极推进大气、水、土壤污染联报、联防、联控和联治，出台都市圈挥发性有机物排放标准，设定统一的二手车转户准入标准，建立黄标车联合限行系统；建立联合监测和预警机制，实行大气环境监测信息共享，联手开展工业源、农业面源、移动源“三源”综合治理，全面落实“河长制”，开展跨界河流交界断面联合监测，建立跨行政区域建设项目环评审批联合会商机制；划定土壤环境保护优先区域，建立土壤环境质量监测体系，实施重度污染耕地种植结构调整或退耕还林，对被污染地块分类开展污染治理与修复。建立都市圈联合执法应急联动机制，共同打击环境违法行为，共同应对区域突发性生态环境问题。

三是提升都市圈生态品质。以绿色城市建设为重点，推广土地节约集约利用，扩大绿色建筑规模，大力发展光伏、风电等再生能源，搭建多层次能源市场化交易平台，倡导低碳化、生态型绿色生活方式。强化国土空间开发保护制度，塑造山水田园水绿交融的生态空间特色。联合开展形式多样的环保宣传活动，增强公众环境意识。

（四）加快开放发展，加速推动都市圈融入全球经济体系

深度融入国家开放战略，坚持“引进来”与“走出去”并重，积极参与国际分工合作，全方位提升都市圈对外开放水平，着力打造开明开放、接轨

国际的内陆开放高地。

一是推动都市圈对外开放层次提升。提高利用外资质量和水平，推动引资、引技、引智有机结合，鼓励外资更多投向先进制造、高新技术、节能环保、现代服务业，参与公共基础设施等建设。优化对外贸易结构，鼓励企业打造以技术、品牌、质量、服务为核心的外贸竞争新优势，加快发展新型贸易方式。打造国际化营商环境，复制推广上海自贸区等改革试点经验，实施市场准入负面清单制度，扩大外商投资领域，简化外资企业准入程序，引领提升贸易便利化水平。加快建设国际学校、国际医院、国际社区等公共设施，开展国际化城市外语体系建设，提高政务服务国际化水平。

二是推进都市圈对外开放平台提档升级。拓展优化开放大通道，构建都市圈公、铁、水、空多式联运，逐步实现旅客“零距离换乘”和货物“无缝隙衔接”。依托江淮运河建设江淮航运中心，加强港口互联合作，打造都市圈通江达海的水运网。提升“合新欧”班列运行能力，实现市场化、常态化运行，增强对都市圈物流的集聚辐射。挖掘拓展新桥机场航空港资源，增开、加密国际航线航班；推进民用机场建设，推动都市圈空港资源共享共用。完善一体化大通关，推动“安徽电子口岸”和国际贸易“单一窗口”建设，积极参与全国通关和检验检疫一体化改革，完善大通关建设协调机制，实现口岸管理部门信息互换、监管互认、执法互助。拓展完善现有各类海关特殊监管区功能，推动合肥综合保税区、芜湖综合保税区、合肥出口加工区等提档升级，加快推进空港保税物流中心、跨境电子商务综合试验区建设。主动争取国家和省政策支持，以合肥、芜湖为核心区域，申报建设国家自由贸易试验区。

三是共建都市圈国际人才高地。发挥政府投入引导作用，鼓励企业、高校、科研院所、社会组织、个人等有序参与人才资源开发。建立人才需求共享机制，推动人才需求联合发布、优秀人才信息互通互享。实施更加积极的人才政策，大力引进、集聚海内外高端创新人才、高层次专业技术人才和高技能人才，支持都市圈内高校与国际知名高校联合办学，联手培养本土国际化人才。建立完善与国际接轨的人才市场和服务机制，畅通科研人才流动通道，拓展灵活多元化的合作模式，促进人才双向自由流动。

四是培育都市圈跨国经营市场主体。坚持招大引强和内生培育相结合，引导优势企业利用控股、联合、兼并、合资等方式做大做强，形成一批产业关联度大、主业突出、创新能力强的龙头骨干企业。支持优势企业开展跨国界、跨地区、跨行业并购重组，培育本土跨国公司。

（五）加快共享发展，持续增进都市圈百姓民生福祉

打破行政区划壁垒，坚持开放、公平、竞争、共享的原则，引导资源要素在圈内高效流动、优化配置，确保圈内群众共享更优质、更丰富的公共服务。

一是推动要素市场一体化建设。发挥合肥要素大市场建设示范作用，推动圈内各城市完善产权交易市场体系，推进都市圈内联网交易，实现交易凭证互认。积极构建区域流通市场体系，全面消除妨碍公平竞争的政策壁垒，不断提高区域市场的流通效率。加快建设统一、开放、灵活的区域人力资源市场，加大供需对接，强化培训合作，为都市圈发展集聚更多人才。

二是推动基本公共服务一体化发展。适应人才与劳动力跨行政区域流动需求，完善相关政策措施，推动教育、医疗、公共设施等资源共享，不断提高民生保障和公共服务供给水平。推动教育合作共享，建立都市圈教育资源合作配置机制。探索建立高端医疗卫生人才交流平台，鼓励发展医联体或跨区域办医，促进医疗卫生信息互联互通，畅通圈内城市预约挂号平台和远程医疗共享通道，构建重大疾病联防联控和应对突发公共卫生事件联动机制。推动社会保障一体化，运用信息化手段联合开展社保业务，推动社保关系无缝转移、接续，加强圈内异地退休人员信息认证。推动圈内城市公交“一卡通”，推动公积金异地互认和转移接续。实施居住证制度，促进区域人口有序流动、合理分布和社会融合。推动公共事务协同治理，加强圈内城市应急管理、社会治安综合治理、生态环境质量管理等合作，推动社会治理由单个城市向协同治理转变。

三是建立健全成本共担利益共享机制。探索设立都市圈一体化发展投资基金，鼓励社会资本参与基金设立和运营，重点投向跨区域重大基础设施互联互通、生态环境联防共治、创新体系共建、公共服务和信息系统共享、园区合作共建等领域。推动建立生态保护补偿机制，促进生态补偿横向转移支付常态化、制度化。推动创新税收管理机制，加强区域税收优惠政策的规范管理，建立都市圈内互认的税收征收管理制度，构建税收信息沟通与常态化交流机制，促进要素自由流动，推进都市圈繁荣发展。

（**课题参与单位：**合肥市发改委、合肥市委政研室）

合肥推进智慧城市建设战略和路径研究

课题负责人：韩　冰

智慧城市是当今城市发展的新理念和新模式，是推动政府职能转变、推进社会管理创新的新手段和新方法，是新一代信息技术发展与城市转型发展融合的产物。推进智慧城市建设，是合肥加快建设长三角世界级城市群副中心、打造“大湖名城、创新高地”的重要举措，也是合肥应对经济社会挑战，践行创新、协调、绿色、开放、共享新发展理念的必然要求。本文在综合分析合肥智慧城市建设现状的基础上，研究梳理国内外智慧城市建设的模式，借鉴国内先发城市先进经验，提出了合肥智慧城市建设的发展战略、路径选择和推进措施。

一、合肥智慧城市建设现状

近年来，我市以产业发展为基础，以经济实力为保障，以试点工作为统领，以信息资源整合为抓手，深入推进“智慧合肥”建设，取得了较好的成效，智慧基础设施较为完善、应用领域逐步扩大、管理体制初步理顺、智慧产业快速发展，智慧城市建设迈入了全面推进的新阶段。

（一）发展成效

1. 基础设施较为完善

截至2015年底，全市本地光缆纤芯长度已达390万芯千米，骨干网市际出口宽带达1.2T；家庭宽带突破20M，城区小区基本实现光纤到楼，农村集镇具备100M接入能力；有线网络覆盖面持续完善，光纤入户率达98%以上。无线网络覆盖面不断扩展，第三代移动通信（3G）网络城乡覆盖率100%，第四代移动通信（4G）网络中心城区、近郊（县城）覆盖率98.7%；建成2万个无线Wi-Fi免费接入热点。三网融合试点市建设深入推进，广播和电视人口综合覆盖率分别达到98.3%和98.7%，数字有线电视用户达60万户，

IPTV 用户超过 30 万户。

2. 试点建设稳步推进

“智慧城市试点”“信息惠民国家示范城市”以及高新区“国家智慧城市”试点工作扎实推进。依托全市信息惠民统一公共服务平台，实施教育、公共安全、医疗卫生、社会保障、交通管理、科技创新、城市管理、社区服务、司法执行、物价管理等十大领域重点工程建设，初步实现了跨部门业务协同。高新区采用政府和社会资本合作（PPP）模式，推进民生、政务和产业 3 大智慧应用，实施智慧语音示范工程、智慧环保监测、智慧社区等 14 个智慧应用项目。

3. 信息资源整合初见成效

初步建成全市统一的数据中心和信息资源共享交换平台，实现了全市人口、法人和地理空间等三大基础信息政府部门之间的交换共享和跨部门协同应用。以公安人口信息为基础，整合涉及人口的 50 多类 10 亿多条数据，整合法人基础信息 141 万条，整合 17 个部门 189 项业务，将“人、事、地、物、情、组织”等 6 大类基础信息纳入社区网格化采集。整合市辖区 1300 平方公里基础地理信息数据，建立覆盖市区 840 平方公里的实地厘米级三维城市真实景观数据集，形成涵盖 26 万栋、200 万户房屋、30 万个税源的地、楼、房、人、税全市“一张图”。面向社会公众和政府部门提供三大基础数据库的各类专业服务、政务服务和公共服务。

4. 应用水平不断提升

通过社会服务管理信息化平台提供“一网式”“一站式”综合服务，将政务服务、公共服务、公益服务办事窗口延伸到社区居民家门口。通过天网工程、数字城管、智能交通、卫生云平台、教育云平台等重大信息工程建设，构建了全市统一的公共安全、城市管理、综合交通管理、卫生和教育等信息化支撑应用体系，为居民提供了多样化信息服务，初步实现综合决策科学化、监管精准化、公共服务便民化。

5. 智慧产业快速发展

物联网、云计算、大数据、新型显示、集成电路、智能语音等智慧城市关联产业快速发展，形成了物联网科技园、大数据科技园、软件产业基地、公共安全信息技术特色产业基地、智能语音高新技术产业基地等一批特色产业园区，拥有四创电子、安徽量通、科大讯飞、海尔信息、京东方等一批行业龙头企业，平板显示和信息产业产值突破千亿元，信息传输、软件和信息技术服务业以及科学研究和技术服务业增加值均突破百亿元，为“智慧合肥”建设奠定了产业基础。

（二）存在问题

1. 推进机制有待完善

全市信息化工作机构调整尚在磨合期，业务支撑能力弱，运行机制不够健全，统筹协调力度不够。智慧城市建设缺少统领性、全局性政策文件和规范标准；信息化项目建设各自为政，信息系统缺乏科学管理和考评，整体效益发挥不明显；试点工作分散，部门之间缺少沟通协调；建设主体单一，管理服务水平不高。

2. 缺少顶层规划设计

总体框架不明、建设思路不清，在实际工作中，各部门分散建设，规范标准不一，相互之间难以兼容的现象仍然存在，造成系统重复建设、信息资源浪费。硬件设施的信息化改造，如应急通信、宽带资源、城市 Wi-Fi、交通管理等众多基础设施分别由公安局、电信运营商、经信委、交通局等单位牵头开展建设，缺乏统一规划，存在重复建设，不能共用共享。统一信息平台建设，部门分散部署、重复采集、多头更新，信息资源整合推进难度大。城市系统软件开发与应用，各自为政、无法融合共享。总体上，我市的智慧城市建设处于局部和部门硬件设施信息化阶段，个别领域实现了上述三方面的融合，整体尚未达到智慧城市水平。

3. 信息资源整合不够

各部门独立、垂直的信息系统存在数据不统一、标准化程度不高、互联互通程度不足，信息数据“条块分割”“碎片化”“孤岛化”现象严重，难以实现实时对接、数据信息共享，不能发挥整体功效；信息资源整合工作总体进度较慢，部门认识程度不高，主动性不强，多数市直部门信息资源未纳入共享，业务协同和信息资源开发利用水平较低，综合支撑和公众服务能力薄弱。

4. 应用水平亟待升级

智慧应用范围较窄，不能满足广大群众的多层次需要。部门服务平台仅满足行业应用，功能相对单一，离智慧化发展要求还有很大差距。公共信息资源和商业数据开放程度较低，信息数据的收集处理、开发利用、服务推广不足，智慧城市系统功能没有充分发挥。

5. 资金投入仍然不足

智慧城市建设经费投入不足，不能满足设施建设、项目投入、系统升级、开发应用、运营管理等方面的实际需要。有些网络与信息系统使用时间较长，运行维护经费不足，个别业务系统已经瘫痪无法使用。经费投入方式单一，难以有效支撑智慧城市建设和发展。

6. 信息安全存在隐患

数据信息采集、加工、管理、分析和应用的全链条安全保障体系不健全，对信息安全构成威胁。网络安全工作缺乏组织领导和统筹协调，信息安全等级保护工作未能实现“同步规划、同步设计、同步实施”，普遍存在“重开发、重应用、轻安全”现象，对网络安全事件可能引发的危害和后果认识不清，网络安全责任意识和忧患意识不强，防御能力十分薄弱。目前，全市61.8%的单位存在网站或信息系统备案不全或定级不准的问题，大部分单位对等级测评工作不了解、不重视。

二、国内外智慧城市建设做法和经验

国内外诸多城市积极建设“智慧城市”，形成了各具特色建设模式和不同的路径选择，可资借鉴。

（一）明确发展动因——确定智慧城市建设的立足点

智慧城市建设是一个复杂的过程，不同的城市基于不同诉求，利用不同资源，呈现各种样式的发展动因，主要有以下几种：一是经济增长偏向。欧盟智慧城市建设的主要动因即经济增长需求。国内的辽源市因城市小、起点低、底子薄，基于经济转型启动智慧城市建设。二是城市治理偏向。瑞典斯德哥尔摩基于治理城市“道路堵塞”，通过先进技术建设自由车流路边系统，降低交通拥堵率。深圳市实施“织网工程”，利用大数据来解决人口多、复杂性高、流动性强的城市管理问题。三是民生服务偏向。新加坡基于政府与公民建立良好联系的目标，在全球范围内引领电子政府发展。兰州市坚持“以人为核心”的理念，建成了三维数字社会服务管理系统，提升民生服务能力。四是环境保护偏向。荷兰阿姆斯特丹基于可持续化发展的城市建设目标，启动气候街道项目。青岛中德生态园以生态、绿色、低碳为目标，建设智慧泛能网，实现区域生态发展。五是均衡发展偏向。韩国首尔从城市设施管理、安全、环境、交通、生活等方面均衡推进智慧城市建设。上海提出“建设信息基础设施、实施五大行动计划、推进信息产业发展、构建安全网络环境”的系统架构；南京围绕打造历史文化名城、人文绿都、软件名城，提出了建设智慧政府、智慧人文、智慧生态、智能工业、智能交通、智慧医疗等重点工程。

（二）选择发展模式——确定智慧城市的建设主体

由于城市的资源禀赋、产业基础与发展战略不同，不同的城市选择了与自身城市特色契合的智慧城市发展模式，主要有政府主导型、市场主导型、混合推动型三种。一是政府主导型。韩国信息及通信部（MIC）在构建最新信息技术基础设施和智慧城市方面发挥主导作用。北京市朝阳区建立了以“政府为主导、社会为主体、以社会信用体系为支撑”的全模式社会服务管理系统。二是市场主导型。贵阳市通过引入社会资本参与“数据铁笼计划”，建立信息共享和有偿服务的应用机制。三是混合推动型。既发挥政府的统筹规划作用，又发挥市场的自主能动性。韩国仁川市与美国思科公司合作，建立了无缝连接、便捷的公共通信平台。银川市政府与中兴通讯合作，通过产业公司的持续运营，形成收益，并将收益继续投入建设，实现了智慧城市内部的自身造血功能。

（三）选择建设路径——确定智慧城市建设的重点领域

智慧城市建设路径充满多样性，包括基础设施驱动、核心技术驱动、智慧应用驱动、混合驱动四种。一是基础设施驱动。通过启动基础设施建设，逐步丰富应用，推进城市治理和产业发展。美国实施国家宽带网络发展计划；欧盟实施“欧洲网络基础设施项目（EGI）”。上海、重庆、贵阳等城市选择“基础设施先行—推动智慧应用—促进产业发展”的建设路径。二是核心技术驱动。通过提升关键技术，集成重点环节，加速推广应用，促进产业转型升级。新加坡通过先进的宽带通信网络和信息技术推动知识和经济腾飞。银川市注重技术架构，建设了国内首个城市级大数据中心，使用微模块、高集成运行环境、智能化运维管理等领先方案和技术，实现高安全、高可靠性，形成“技术创新—带动基础设施—推动智慧应用”的建设路径。三是智慧应用驱动。立足于实际应用，不断延伸智慧应用的深度和广度，带动基础设施建设，推进技术升级。美国马里兰州利用物联网技术聚焦于民生与服务。北京、天津、武汉等城市选择“示范应用—基础设施建设—产业发展”的路径，如中新天津生态城，突破传统条块分割，推进政府企业居民智慧应用。四是混合驱动。综合基础设施、关键技术、实际应用等多元因素共同推进。英国赫尔以光纤作为骨干网，提供满足当地机构公开信息和服务的宽带，提升核心技术、强化基础设施、简化日常生活。南京河西新城区突出绿色生态城市建设目标、智能迅捷社会治理导向、现代高端智慧产业集聚，形成驱动合力，实现智慧城市健康发展。

（四）实施推进措施——推动智慧城市落地

智慧城市建设是一个持续的过程，需要实施强有力的推进措施，综合梳理国内外先发地区智慧城市建设，普遍采取以下措施：一是突出统筹规划的战略性。欧盟启动“智能城市和社区欧洲创新伙伴行动”；美国发布《智慧城市行动倡议》，提升城市治理和公共服务质量。广州提出建设低碳经济、智慧城市、幸福生活三位一体，智能技术高度集聚、智能经济高度发展、智能服务高效便民的中国智慧城市先行示范城市。二是突出体制机制的创新性。威海市通过创新体制机制，发挥市场作用，通过企业投资、政府购买服务的方式，解决了项目建设后的运营维护问题；广州市番禺区构建“云服务＋民生卡＋智能终端”的服务管理模式。三是突出基础设施的技术性。日本京都和荷兰阿姆斯特丹，应用3D网络模拟城市和当地生活；苏格兰克雷格米勒使用ICT（信息和通信技术）作为协作工具，组织市民群体给当地社区提供社会服务。四是突出资源整合的共建性。中新天津生态城推动政府、企业、居民共享使用生态城的信息资源，初步形成了“一张地图共享、一个平台运行、一套机制规范”的模式。五是突出投资主体的多元性。资金筹措和建设运营模式强调多元优配，如威海政府投资包括市级、县区级不同层面，社会投资涵盖国企、民企不同主体，投资来源融汇本地、外地不同地域。六是突出社会参与的共享性。北京对各政务部门可开放的各类数据提供下载服务，为企业和个人开发利用政务信息资源提供数据支撑。七是突出层级联动的一体性。威海确立市域一体、分步实施策略，以主城区为引领，充分调动所辖市区的积极性，形成城市建成区应用快速普及，其他区域梯次跟进、协调发展、一体推进。

三、合肥智慧城市建设的总体要求和路径选择

（一）总体思路

秉承合肥自身特色，突出前瞻性谋划和全局性部署，强化顶层设计和资源统筹，坚持政府引导、市场主导、社会参与，以民生服务为导向，以城市管理为重点，着眼技术突破，应用示范先行，推进城市精细化智能化管理，带动基础设施建设，促进产业发展。实施“124工程”，即：建设一个中心——合肥市智慧城市信息资源中心；筑牢两个基础——基础设施建设和智慧人群培育，增强保障能力和群众的应用能力；围绕四个领域——公共服务、社会治理、产业发展和环境生态，推进智慧城市建设。

（二）基本原则

1. 需求导向，拓展应用

坚持以人为本、便民惠民，拓展应用领域，以智慧应用为群众提供广覆盖、多层次、差异化、高质量的公共服务。

2. 政府引导，市场主导

坚持多元主体参与，探索创新智慧城市的建设、管理、运营、维护和开发应用的市场化机制，形成可持续的运行和管理机制。

3. 因地制宜，共建共享

坚持跟踪前沿与立足实际相结合，应用先进适用技术推进智慧城市建设，加快信息化基础网络和信息交换共享平台建设，加快信息资源的有效整合与交换共享。

4. 重点突破，示范带动

聚焦民生服务、社会治理、智慧产业和智慧生态，着力在重点领域实现突破，以示范和试点带动智慧城市建设整体工作。

5. 开放合作，确保安全

加强对外交流与合作，汇聚智力和资源，服务智慧合肥建设，逐级落实责任制度，健全网络和信息安全标准体系，强化网络和信息安全管理，确保安全可控。

（三）路径选择

基于国内外智慧城市建设的模式分析，我们认为，合肥市智慧城市建设的路径选择，应以民生服务为动力，采取政府引导与市场主导相结合的混合推动模式，按照“重点突破、示范带动”的思路，着力推进基础平台大统筹、公共信息大集中、服务应用大融合，通过重点应用领域示范、重要项目试点带动智慧城市建设工作整体推进。

四、推进合肥智慧城市建设的对策措施

合肥智慧城市建设是一项系统工程，具有投资大、投资主体多元，项目多、时间跨度长，涉及面广、渗透领域宽，协调难、实施运营复杂等特点，需要做好顶层设计，科学组织建设，创新建设推进模式。

（一）强化顶层设计

1. 制定发展规划

加快编制“市域一体化”的《智慧合肥建设“十三五”规划纲要》。明确全市域“智慧合肥”建设发展的战略目标、总体思路、重点任务、建设路径、实施步骤及保障措施，指导各级政府、企业和社会各方面按计划、有重点、分层次地协调推进“智慧合肥”建设，避免局部静态式、零敲碎打式、单项推动式、盲目重复式等建设方式。统筹资源配置，加强条块衔接，实现信息共享，努力实现从局部最优到全局最优。

2. 实施统一标准

按照国家智慧城市建设技术标准和行业业务规范，突出标准化、规范化以及开放性、实用性和安全性，推进不同领域和行业信息资源整合。加强研究制定地方标准，规范智慧城市建设和发展。

3. 推动试点整合

密切跟踪国家整合试点的政策导向，抓住机遇，提早谋划，积极推进国家新型智慧城市、信息惠民、互联网＋政务服务、宽带中国、高性能集成电路、新型平板显示、物联网和云计算等试点、示范工程和产业化项目，争取国家支持相关领域的先行先试，形成带动引领效应。

（二）明确建设框架

遵循路径选择，推进信息资源开发利用，完善智慧应用体系，强化基础设施建设，创新运营管理模式。

1. 建设集中统一的合肥市智慧城市信息资源中心

建立覆盖全市、标准统一、实时共享、及时更新的信息资源基础平台，为智慧城市建设提供便捷高效、安全可靠的支撑服务，实现基础平台大统筹。推进信息资源整合，重点做好人口基础信息库、法人单位信息资源库、自然资源和空间地理基础信息库以及宏观经济四大基础数据库建设；加快整合政府信息资源、公共服务资源、社会服务资源以及社会信用、城市管理等综合数据库建设。强化基础信息开发利用，应用云计算、云存储等先进技术，提升公共信息平台的功能和容量。建立数据网格综合动态采集、部门共享交换、关联比对、核查修正、一数一源等工作机制，建立定期核查、不定期抽查等动态监管机制，确保信息及时更新；积极稳妥推进公共信息资源开放共享，提高信息资源利用水平，确保公共信息的统一管理、有效开发和交互共享。

2. 共建公共信息多元开发应用体系

以国家信息惠民试点城市建设为基础，分领域分步骤谋划应用体系布局，着力在智慧教育、智慧医疗、智慧健康、智慧社保、智慧社区等民生服务领域，在智慧政务、智慧应急、智慧城管、智慧交通、智慧安全、智慧征信、智慧安监等社会治理领域，在智慧农业、智能制造、“互联网＋”等智慧产业领域，在智慧环保等智慧生态领域，拓展服务内容和服务渠道，强化多部门协同，引导市场和社会组织参与，构建方便快捷、公平普惠、优质高效的公共服务信息体系，通过应用需求驱动建设需求，推动不同领域服务应用大融合。

3. 完善基础设施，扩大应用人群

将智慧城市基础设施建设纳入城乡建设规划，统筹规划信息化基础设施布局。一是加快建设“宽带合肥”。加速物联网、泛在网和移动网的研发，将“智慧合肥”建设与老城改造、新城建设相结合，大力推进城域网、骨干网、接入网改造升级，深入推进电信网、广电网、互联网“三网”融合，积极探索“多网融合”。二是加快建设“无线合肥”。统筹规划不同企业、不同制式无线基站选址，加快实现全城无线宽带网络的深度全覆盖，实现多制式网络和业务协调发展；建设全市统一数字集群通信系统，满足重大突发事件应急指挥调度，以及各部门在道路交通、治安和城市管理等各方面应用需求。三是加快信息资源整合延伸。加强部门数据统筹管理，按照统一规划，有步骤地整合市、县（市）区、乡镇三级的业务信息和实时数据，逐步消除信息孤岛，实现信息基础设施共建共享，为综合决策、运营管理等提供支持。四是扩大应用人群。坚持服务群众需求，汲取群众智慧，扩大群众参与，加大新一代信息通信知识与技术的教育、培训和普及，激发群众参与的积极性，增强群众的获得感。

4. 创新智慧城市建设管理运营模式

充分发挥市场配置资源的决定性作用，构建包括政府、企业、社会组织等多元主体协同参与的智慧城市建设机制。政府着重做好统筹引导、顶层设计、政策支持、资源整合、安全监管及环境建设等工作，通过市场化运行，引进社会资本参与智慧城市建设，拓宽资金来源渠道，拓展智慧产业应用领域，提高智慧城市建设运行和管理效率。通过信息资源开发共享，引导和规范公共信息资源增值开发利用，支持市场主体利用信息资源开展业务创新，拓宽应用范围，催生新型信息消费，为智慧城市可持续发展提供有力支撑。

（三）健全推进机制

1. 强化工作推进机制

建立集中统一领导、分工合理、责任明确、运转顺畅的工作推进机制。一是建立领导机制。成立由市领导任组长、副组长，市直有关部门主要负责人为成员的智慧城市建设工作领导小组，研究审定重大事项，统筹推进智慧城市各项建设工作。二是强化协调机制。在市发改委设立智慧城市建设工作领导小组办公室，由市政府联系副秘书长兼任办公室主任，发改、公安、经信、城管、财政、民政、城乡建设、国土、规划等市直有关部门，以及电信、移动等运营机构参加，完善各单位之间协作机制，形成“一把手负责、一揽子统筹、一竿子插到底”工作格局。

2. 建立决策咨询机制

依托中科大、合工大、中电 38 所等在肥高校院所，组建高层次的智慧城市专家咨询委员会，开展“智慧合肥”发展战略与规划、各应用体系建设方案、标准与法规研究制订等工作，加强对智慧城市建设的咨询指导和智力支持，确保智慧城市建设“立足实际、着眼长远、注重实效、适当超前”。

3. 加强智慧城市工作机构建设

完善市政府各部门及相关单位信息化工作机构，明确机构职责和任务，探索实行政府和部门首席信息官制度，采用聘任制等方式，充实专业技术人员。探索建立市级层面的大数据专门行业管理机构，研究拟订并组织实施大数据战略、规划和政策措施，统筹智慧合肥建设的规划和实施，协调政务信息资源共享；探索设立大数据交易中心，企业化运作，率先探索数据互联共享，重点聚焦大数据清洗、挖掘和应用等产业应用。

4. 完善项目推进和绩效考核机制

沿用我市产业项目调度推进机制，加强智慧城市建设项目的规划论证、跟踪推进，保障项目建设取得实效。出台智慧城市建设目标责任考核办法。建立绩效考核机制，包括工作绩效考核和项目绩效考核。

（四）强化保障措施

1. 改革管理体制

理顺智慧城市建设管理体制，设立专门的管理机构，优化整合现有信息化机构和人员，明确全市智慧城市建设项目审批、资金拨付、招标建设、资源整合、信息交换、监督考评统一由市智慧城市建设领导小组办公室负责，强化智慧城市建设统一标准、资源整合、信息共享等统筹协调力度。

2. 加大政策和资金支持

出台引导扶持政策和配套措施，鼓励社会资本参与智慧城市项目建设、运营管理、应用开发，提高智慧城市建设的质量和水平，形成可持续发展的智慧城市运行模式。进一步加大资金整合力度，支持智慧城市公共服务、便民服务、社会治理、基础设施等重点领域发展。

3. 健全信息安全体系

加强网络安全问题研究，落实信息安全等级保护、风险评估等网络安全制度。建立健全网络和信息安全标准体系，完善信息安全综合监控平台，强化信息安全风险评估。明确数据采集、传输、存储、使用、开放等各环节安全边界，加强对涉及国家利益、公共安全、商业秘密、个人隐私等信息的保护，强化网络基础设施及信息资源安全防护，保障数据和网络空间安全。加强产业合作，充分发挥中科大、清华公共安全研究院等的优势，扩大量子通信网络试点规模，提升城市网络安全基础设施安全水平，促进安全信息产业发展。

4. 促进关联产业发展

做好智慧城市相关产业和产业集群发展规划，发展核心技术，做强信息产业，推进移动互联网、物联网、云计算、大数据等新技术融入制造业领域，支持智慧城市相关软件研发应用，促进智慧产业集聚发展。打造协同发展的产业生态，统筹基础研究、技术创新、产业发展与应用部署，加强智慧产业链各环节协调互动。推动智慧城市应用向商贸物流、旅游餐饮、文化娱乐、家庭服务、养老服务、社区服务以及工业设计、文化创意等领域延伸，支持和培育一批核心骨干企业，实现智慧产业和智慧应用互促发展，推动产业转型升级。

（**课题参与单位：**合肥市政府政策研究室）

合肥市探索推进精准扶贫的调研报告

课题负责人：江　洪

消除贫困、改善民生、逐步实现共同富裕，是社会主义的本质要求，是我们党的重要使命。2015 年 11 月，中央高规格召开了扶贫开发工作会议，这是党的十八届五中全会后召开的第一个中央工作会议，充分体现了党中央对扶贫开发工作的高度重视。党的十八届五中全会从实现全面建成小康社会奋斗目标出发，明确到 2020 年我国现行标准下农村贫困人口实现脱贫，贫困县全部摘帽，解决区域性整体贫困。中央扶贫开发工作会议分析了全面建成小康社会进入决胜阶段脱贫攻坚面临的形势和任务，对当前和今后一个时期脱贫攻坚任务作出部署，动员全党全国全社会力量，齐心协力打赢脱贫攻坚战，吹响了全面总攻的号角。

合肥市委、市政府始终高度重视扶贫开发工作，党的十八大以来，先后在全国、全省率先开展了光伏扶贫、“三无”特困政府兜底、“三线合一”等具有较大影响力的精准扶贫新举措，探索了具有合肥特色的精准扶贫之路，为在全国提前、全省率先全面建设小康社会奠定了坚实基础。

一、深刻理解习近平总书记扶贫开发战略思想的重大意义

党的十八以来，习近平总书记高度重视扶贫开发工作，多次到贫困地区开展调研，发表了一系列重要讲话，形成了系统配套的重要论述，是新时期扶贫开发工作的根本遵循，对全面打赢脱贫攻坚战具有非常重要的指导意义。习近平总书记的系列讲话，主要可以概括为“123456”：一个总体目标。2020 年全面建成小康社会的宏伟目标。两精基本方略。2013 年 11 月习近平总书记在湖南湘西十八洞村考察时，首次提出“精准扶贫”。党的十八届五中全会把“扶贫攻坚”改成“脱贫攻坚”，提出“精准脱贫”，坚决打赢脱贫攻坚战。三个确保的脱贫任务。到 2020 年实现“两个确保”：确保农村贫困人口实现脱

贫，确保贫困县全部脱贫摘帽。从合肥实际出发，确保完成112个重点贫困村全部出列的任务。“四个切实”的工作要求、“五个一批”的实现路径、“六个精准”的核心要义。习近平总书记2015年6月18日在贵州省召开的部分省区市党委主要负责同志座谈会上，就加大力度推进扶贫开发工作提出“四个切实”：切实落实领导责任、切实做到精准扶贫、切实强化社会合力、切实加强基层组织；“五个一批”：扶持生产和就业发展一批、移民搬迁安置一批、教育培训脱贫一批、生态保护脱贫一批、社会保障兜底一批；“六个精准”：扶持对象精准（解决扶持谁的问题），项目安排精准，资金使用精准、措施到户精准（解决怎么扶的问题），因村派人（选派第一书记）精准（解决谁来扶的问题），脱贫成效精准（解决如何退的问题）。因此，我们要深刻理解习近平总书记的扶贫开发战略思想，指导合肥市开展精准扶贫的探索实践。

（一）开展精准扶贫，是全面建成小康社会的重要任务

农村贫困人口全部脱贫是全面建成小康社会的一个标志性指标。到2020年能否打赢脱贫攻坚战，直接关系到全面建成小康社会目标的实现和实现的质量，关系到社会主义制度优越性能否体现。因此，必须尽快补齐全面建成小康社会这块最突出的短板，决不让一个贫困地区、一个贫困群众掉队。

（二）开展精准扶贫，是践行五大发展理念的必然要求

创新、协调、绿色、开放、共享五大发展理念，归结到一点，就是让广大人民群众共享改革发展成果。打赢脱贫攻坚战，让困难群众有更多获得感、幸福感，是践行五大发展理念的应有之义，决不能因为扶贫开发成果丰硕而盲目乐观，决不能因为贫困人口占比小而有丝毫放松，决不能因为脱贫攻坚任务重而存有畏难情绪，必须以强烈的使命担当，把精准扶贫的各项目标任务肩负好、完成好。

（三）开展精准扶贫，是推动经济持续发展的重要举措

随着经济发展进入新常态，合肥市要实现又好又快发展，需要培育新动能、拓展新空间。做好精准扶贫这篇文章，能够拉动有效投资、扩大消费需求、消化过剩产能、增加就业机会，为经济发展提供巨大潜力、空间和回旋余地，不仅有利于贫困人口脱贫致富，而且可以成为新的经济增长点，促进更高质量、更有效率、更加公平、更可持续的发展。

二、合肥市开展精准扶贫的现实基础

合肥市所辖的5个县（市）均是有扶贫开发任务的省定非重点贫困县，

无国家级和省级重点贫困县。2014 年建档立卡贫困村 112 个，建档立卡贫困人口 10.6 万户、21.56 万人，其中一般贫困户 2.7 万户、7.29 万人，低保贫困户 5.9 万户、12.2 万人，五保贫困户 1.9 万户、2.06 万人。从贫困人口分布情况看：我市贫困户主要集中在长丰县和庐江县，其中，长丰县贫困村 45 个、贫困人口 5.13 万人，庐江县贫困村 24 个、贫困人口 9.02 万人，分别占全市贫困村、贫困人口的 61.6%、65.6%。从致贫原因构成看：因病致贫 5.79 万户、占比 55%，因残致贫 1.98 万户、占比 18.8%，因缺劳力致贫 1.48 万户、占比 14%，因学致贫 2143 户、占比 2%，其他原因致贫 1.14 万户，占比 10.2%。放眼全省，合肥市虽然贫困发生率不高、贫困程度不深，但是作为省会城市，必须强化省会意识、担当省会责任，在开展精准扶贫方面探索新路，这就要求我们必须充分了解掌握现实基础，分层分类有序推进精准扶贫。

（一）合肥的更高定位决定了精准扶贫的定位

近年来，合肥市按照“四个全面”的战略布局，立足长三角世界级城市群副中心和“一带一路”节点城市的更高定位，着力加快“创新、转型、升级”发展，“大湖名城、创新高地”不断书写新辉煌。合肥的发展需要实现包括贫困区域在内的全面发展，改革的成果需要惠及包括贫困群众在内的全体人民。因此，我们有责任、有义务，千方百计让贫困区域和贫困人口更快、更多、更优地享受改革发展成果。

（二）致贫原因的多样复杂决定了不能盲目自信

从合肥市建档立卡的基础数据看，经过多年的努力，容易脱贫的人口已经解决得差不多了，剩下的大多是没有劳动能力、家庭负担重、致贫原因复杂的特困群体，这部分特殊群众依靠自身力量将难以脱贫，需要综合多方面的扶贫政策进行兜底脱贫和造血扶贫。扶贫开发已经到了啃硬骨头、攻坚拔寨的冲刺阶段，所面对的都是贫中贫、困中困，采用常规思路和办法、按部就班推进难以完成任务，必须以更大的决心、更明确的思路、更精准的举措、超常规的力度推动工作。

（三）合肥经济社会发展向好决定了有能力实现精准扶贫

一是政策环境更加向好。党中央、国务院以及省、市党委政府高度重视扶贫开发，出台了一系列超常举措和过硬办法，“含金量”很高。合肥市作为长三角世界级城市群副中心和“一带一路”节点城市，面临难得的发展机遇，必将为进一步扩大开放、加快经济结构调整、深入推进精准扶贫带来更多利好。二是发展基础更加向好。2015 年全市生产总值达到 5660.27 亿元，固定资产投资达6153.35亿元，财政收入1000.5亿元，综合实力的增强为加大扶贫开发力度奠定了坚实基础。同时，农村地区生产生活条件明显改善，后发优势日益凸显，展现出十分广阔的前景。三是社会氛围更加向好。社会各界投身扶贫开发的热情越来越高涨，特别是随着国家扶贫日活动、“双包双到”、区域扶贫协作帮扶的深入开展，贫困群众不甘落后、致富奔小康的愿望越来越迫切，社会各界齐心协力、共同推进扶贫开发的氛围日益浓厚。

三、合肥市开展精准扶贫的探索实践

近年来，特别是2016年以来，合肥市认真贯彻落实党中央、国务院和省委、省政府关于脱贫攻坚的各项决策部署，坚持把脱贫攻坚作为最大的民生工程和重大的政治责任，遵循“精准扶贫、精准脱贫”的基本方略，全面分析了精准扶贫的基础和条件，提出“一年脱贫攻坚，四年巩固提升”的决战目标，通过不断创新扶贫开发思路，完善工作体制机制，加大调度推进力度，狠抓各项措施落实，脱贫攻坚工作扎实稳步推进，为率先打赢脱贫攻坚战奠定了坚实基础。

（一）坚持政策指引，着力构建了脱贫攻坚的政策保障体系

2013年以来，市委、市政府先后出台了《关于进一步加快农村扶贫开发若干意见》（合发〔2013〕1号）和《关于推进农村精准扶贫开发工作的实施意见》（合政〔2014〕118号），确定了“十大到户到人、五大到村、‘三无’特困政府兜底”三大精准扶贫工程。2016年，市委、市政府出台了《合肥市农村脱贫攻坚行动计划》（合发〔2016〕5号），提出了“十三五”期间“一年脱贫攻坚，四年巩固提升”的决战目标，以市委、市政府及办公厅文件先后印发了20个配套政策，以领导小组和部门文件印发了15个配套政策，基本形成了市级“1＋20＋X”的脱贫攻坚配套政策体系。

（二）坚持精准识别，着力构建了脱贫攻坚的基础档案体系

2015年全面开展了建档立卡“回头看”，2016年进一步组织开展了建档立卡精准核查月活动，印发了《关于进一步加强脱贫攻坚基层基础管理工作的通知》，制定了到村到户的“四项清单”。派出127个督查组、759个核查队、9942名核查人员，对所有建档立卡贫困村和贫困户，逐村逐户逐人进行信息核准，重点核对基本信息、致贫详因、从业情况、脱贫需求和帮扶措施，逐项收集整理完善户、村、乡、县四级档案资料，实现数据真实准确、资料完整翔实。

(三) 坚持加大投入，着力构建了脱贫攻坚的多元投入体系

建立健全以财政投入为主、金融支持和社会投入为辅的多元投入体系。一是加大财政投入。2013 年以来逐年保持财政扶贫资金预算增长，特别是 2016 年全市预算及增列安排财政扶贫专项资金 4.79 亿元，其中市级专项资金达到 3.23 亿元，较 2015 年的 1000 万元增长了 32.3 倍。清理收回财政存量资金安排 2675 万元。整合涉农资金安排 3.93 亿元，其中市级整合资金 1.1 亿元。二是扩大金融支持投入。安排地方债资金 1.15 亿元用于脱贫攻坚。依托农商行系统开展了建档立卡贫困户“免抵押免担保”扶贫小额贷款的评级授信工作，累计授信贫困户 1.92 万户，授信金额 3.45 亿元。三是争取社会捐助投入。通过结对帮扶、区域协作、“扶贫日”活动以及社会捐助，累计争取社会扶贫资金超过 1.5 亿元。

(四) 坚持分类指导，着力构建了脱贫攻坚的精准施策体系

围绕重点人群和薄弱环节，创新举措、实施分类精准施策。针对低保和五保贫困人口：在全省率先开展了低保、五保、扶贫“三线合一”，建立了联动调整机制，保障标准提高至 3600 元。针对“三无”特困人口：编制了专项脱贫规划，为全市 4721 户“三无”贫困户免费建设家庭光伏电站，免去危房改造、安全饮水、医疗、养老、生活保障、社会救助等个人自筹费用，全部由财政“兜底”。针对因病致贫人口：在全省率先开展了贫困人口医疗补充商业保险试点，将贫困人口合理的住院医疗费用和特慢性病门诊费用（包括目录外费用）全部纳入报销范围。截至 12 月中旬，已累计报销 4114 人次、1406.71 万元，其中巢湖市率先实行医疗费用全兜底、累计报销 2474 人次、679.66 万元。针对因学致贫人口：开展了教育扶贫八大专项行动，建立了全阶段的教育补助政策，免除了寄宿贫困学生的住宿费用和贫困幼儿入园的交通费用。截至 12 月中旬，累计资助 82713 人次、9151 万元；雨露计划资助大学生 1181 人次、290 万元，开展职业教育补助 464 人次、139 万元。针对因残致贫人口：实施了困难残疾人生活补贴和重度残疾人护理补贴民生工程，重点解决因残疾产生的额外生活支出和长期照护支出困难，做到建档立卡贫困残疾人应补尽补全覆盖。针对有就业能力和愿望的贫困人口：开展了产业扶贫十大专项行动，将产业扶贫列入了市级扶持产业发展“1＋3＋5”政策体系，评定的 114 个市级示范经营主体有 104 个参与了产业扶贫项目，1214 个各类经营主体带动了 6092 户贫困户，5414 户贫困户扶持了种养扶贫项目。开展了就业春风扶贫行动，认定了 33 家市级就业扶贫基地，成功帮助 11406 名贫困人口实现了转移就业。针对贫困村和贫困户基础设施和公共服务设施薄

弱：实施了5749户贫困户危房改造项目，99个贫困村和10803户贫困户安全饮水项目，91个贫困村、1571户“三无”特困户光伏电站项目，292个贫困村、621公里农村道路通达项目，70个贫困村、5175户贫困户供电设施改造项目，投入5932万元在112个贫困村开展了小水库除险加固、小泵站等小型水利工程建设，对112个贫困村的农家书屋进行了书籍更新。

（五）坚持压实责任，着力构建了脱贫攻坚的组织领导体系

调整由党政主要领导担任市、县两级扶贫开发领导小组组长，层层签订了脱贫攻坚责任书，高规格召开了全市扶贫开发工作会议，市委常委会议、市政府常务会议多次研究部署脱贫攻坚工作；完善了省市领导“1＋3”脱贫攻坚联系帮扶制度，23位省市领导多次深入包联村和包联户开展调研督查。建立了“一月一调度，一月一活动”的工作机制，市长、分管副市长召开了15次工作推进、现场观摩、专项调度会议，组织推进了十大扶贫专项行动。将脱贫攻坚工作纳入政府目标考核和县（市）、乡镇党政领导和领导班子考核，市大大、市检察院、市委督查室、市财政局、市审计局等部门，对脱贫攻坚工作推进情况分类开展了专项督查。2016年11月，全市抽调200名第一书记和扶贫专干，组成5个督查工作组和50个督查组、100个督查小组，对全市150个行政村（112个贫困村，38个非贫困村）、近3000户贫困户开展了进村入户的集中走访，实现了有扶贫开发任务的乡镇和重点贫困村全覆盖。

（六）坚持双包双到，着力构建了脱贫攻坚的驻村帮扶体系

全面落实“双包双到”定点扶贫帮扶制度，55个市直单位、57个县直单位选派了112名干部到贫困村担任第一书记和驻村扶贫工作队队长，113个县直单位与贫困村建立了帮扶关系，累计参与定点扶贫的市（县）单位达到225个。全市有扶贫任务的乡镇全部设立了扶贫工作站、配备了专门人员，有扶贫任务的村均明确了1名以上的扶贫专干，112个重点贫困村均建立了驻村扶贫工作队、队员人数达到459人，所有贫困户全部落实了帮扶责任人。

（七）坚持宣传引导，着力构建了脱贫攻坚的合力推进机制

由市委宣传部牵头，开展了脱贫攻坚系列宣传活动，在省级以上新闻媒体编发各类宣传稿件30多篇，市级主要媒体对24项重点工作逐一进行了深入报道。市工商联牵头154家民营企业和32个商（协）会与112个贫困村进行了结对。市妇联牵头开展了巾帼助学、春蕾计划、贫困母亲两癌救助等系列活动，实施“皖嫂”家政服务等37个妇女就业项目，带动1110名贫困妇女实现就业。团市委牵头开展了岗位扶贫、生产扶贫、助学扶贫、志愿扶贫等系列活动，联合合肥电视台开展“职场第一课”活动，为20名建档立卡贫

困户子女争取了爱心结对企业提供的一万元的资金和暑期实习岗位。区域协作帮扶的区、开发区由5个扩大至7个，帮扶资金由每年每区120万元增加至300万元，蜀山区为巢湖市206名贫困人口送岗位上门，月工资3000～7000元。

虽然合肥市精准扶贫工作取得了实实在在的成效，但从调研的情况看，仍然存在一些问题需要进一步完善提升：一是长效发展类脱贫措施相对较少。更多着眼于低保、五保、医保等政府“兜底”政策，缺少长效的“造血”项目。二是贫困村特色主导产业不够突出。贫困村产业发展规模较小，带动能力不强，抵抗市场风险能力较弱，利益链接机制不健全。三是“防逆”机制没有真正建立起来。贫困户脱贫基础还不稳固，因病、因灾以及天气、市场风险极易返贫。四是基层基础工作还需进一步完善。扶贫手册、四项清单等资料填写还存在不细致的问题，档案资料管理仍需要规范。镇村两级因人员紧张，扶贫专干普遍存在兼职情况。

四、下一步开展精准扶贫的思路和方向

截至2016年底，合肥市贫困人口由建档立卡的21.56万人下降到1.8万人，贫困发生率下降至0.4%，贫困村全部实现出列，完成了“一年脱贫攻坚”的目标。下一步的工作重心将向“四年巩固提升”转移，推动精准扶贫工作向纵深推进。为此，合肥市须坚持“精准扶贫、精准脱贫”方略，准确把握新形势、新任务、新要求，以巩固脱贫攻坚成果、提升稳定脱贫能力、建立监评防逆机制为重点，通过落实落细“1＋20＋X”脱贫攻坚系列政策措施，谋划巩固提升的后续计划和保障措施，做到推进力度、投入力度、帮扶力度不减，确保贫困发生率稳定在较低水平，为合肥市在全国提前、全省率先全面建成小康社会做出应有贡献。

（一）进一步推进脱贫攻坚成果巩固

全面提标落实“输血式”兜底措施，提高脱贫保障底线。一是提高农村低保、五保保障标准。做好低保制度和扶贫政策的有效衔接，实施低保、五保、扶贫“三线合一”调整机制，逐步减小城乡低保、五保保障差距。二是全面落实健康脱贫政策。继续推进医疗补充商业保险试点，确保“两降低三保障一兜底”的各项措施不折不扣地落实到位。三是加大教育资助补助力度。针对不同阶段学生继续实行分类资助，实现贫困家庭学生资助补助全覆盖，确保没有因贫失学情况。四是完善贫困残疾人关爱体系。继续实施困难残疾人生活补贴和重度残疾人护理补贴民生工程，着力解决残疾人额外生活支出

和长期照护支出困难。

（二）进一步推进稳定脱贫能力提升

全面精准落实“造血式”增收措施，因村因户因人分类施策。一是加大产业扶贫力度。将产业扶贫继续列入年度支持现代农业发展政策扶持范围。进一步细化实化县级产业扶贫项目清单，加大贫困村特色产业支持力度，打造一批“新型经营主体＋产业扶贫基地＋贫困户”的示范典型。二是加大就业创业扶贫力度。对建档立卡的贫困劳动者逐一登记并开展技能培训和就业扶助，稳定实现“培训一人、就业一人、脱贫一户”。三是加大金融扶贫力度。加大贫困户“两免”小额信用贷款的评信和贷款力度，用好用活金融扶贫的杠杆作用。对带动贫困村、贫困户较多的新型经营主体加大信贷支持力度，落实贷款贴息政策。四是加大资产收益扶贫力度。实现“三无”特困户家庭光伏电站全覆盖。鼓励和支持贫困村率先开展产权制度改革试点，多渠道发展集体经济，增加村级集体积累，带动贫困户增收。五是加大基础设施建设力度。完成贫困村及较大自然村农村道路建设任务，继续支持贫困村电网改造、小型水利建设、生态造林等项目，进一步扩大贫困户饮水安全工程覆盖面。

（三）进一步推进监评防逆机制建设

在确保脱贫户“脱贫措施不变、政策兑现不变、帮扶责任不变”的基础上，进一步建立健全“监测评估、脱贫防逆、巡查督查”机制，防止各类原因导致的“返贫”。一是建立健全监测评估机制。对尚未脱贫的贫困户，按照监测评估全覆盖的要求，通过帮扶责任人每月到户“了解需求、落实项目、跟踪进度、保障成效”，确保真扶贫；通过县级每半年开展一次逐户逐人的全面核查，精准监评“两不愁、三保障”落实情况，确保真脱贫。二是建立健全脱贫防逆机制。坚持关口前移，通过个人申请和村组排查相结合的方式，及时发现因病、因学、因灾等原因可能造成的新贫和返贫农户，提前跟进帮扶措施，对通过帮扶仍不能达到脱贫标准的及时按程序进行建档立卡。三是建立健全巡查督查机制。全面推行“一月一巡查，一季一通报，半年一督查”的督查巡查制度，每个月开展1次进村入户的随机巡查活动，每季度对各地上报的进展情况及巡查发现的问题进行通报，每半年由市委、市政府督查室牵头开展一次全面督查。

（四）进一步推进政策体系完善创新

进一步完善和创新市级“1＋20＋X”脱贫攻坚政策体系，探索具有合肥特色、巩固提升脱贫攻坚成果的政策举措。一是抓好“1＋20”配套政策的贯彻落实。抓好《合肥市农村脱贫攻坚行动计划》的持续推进，通过深入实施市委（办）、市政府（办）出台的20个配套政策，分类分项、统筹推进脱贫攻坚的各项措施落实，保持政策的延续性。二是抓好X项配套政策的丰富完善。根据年度脱贫攻坚的目标任务和巩固提升的新要求，以扶贫领导小组（办）、行业部门文件制定出台年度计划和实施细则，进一步将目标任务细化具体化，提高政策的针对性。三是抓好巩固提升政策的探索研究。研究整体脱贫后续政策，探索低收入群体持续增收问题，通过扩大医疗补充商业保险试点范围等保障措施以及多渠道稳定增收措施，有针对性地进行重点帮扶，提高政策的创新性。

（五）进一步推进脱贫攻坚责任落实

坚持压实各级扶贫责任不放松，不因脱贫攻坚任务基本完成而降低重视程度和推进力度。一是压实县（市）、乡镇党政主要领导第一责任不放松。对年度脱贫攻坚责任状目标任务落实情况进行跟踪督查，对党政主要领导研究推进、督查调度、实地调研、结对帮扶等情况进行通报。持续抓好乡镇脱贫攻坚联席会议制度建设。二是压实“双包双到”帮扶责任不放松。坚持“包村单位和包户干部一月一联系，帮扶责任人一月一探访”的责任制度，对责任制落实情况以及驻村扶贫工作队的履职情况进行督查通报。三是压实市县部门扶贫责任不放松。重点对各部门围绕脱贫攻坚任务，推进扶贫项目优先安排、扶贫资金优先保障、扶贫工作优先对接、扶贫措施优先落实“四个优先”的情况进行督查。

（六）进一步推进扶贫资金项目管理

一是扶贫投入力度不减。严格执行专项资金、整合资金、存量资金支持脱贫攻坚投入要求，确保市、县两级财政扶贫资金全额保障到位。二是确保资金安全运行。严格执行《关于建立财政扶贫资金项目安全运行机制的意见》规定，加强扶贫资金项目申报、审批、验收管理，确保资金项目公开透明、严格规范。三是强化扶贫资金绩效。落实《合肥市财政扶贫资金绩效评价暂行办法》要求，开展全过程绩效监督，确保每一笔扶贫资金用到实处。四是强化扶贫项目建设。建立资金项目快速落实机制，推进扶贫项目建设进度，确保扶贫项目尽快落地。

（七）进一步推进考核评价制度落实

一是严格执行“一票否决”制度。坚定落实省市脱贫攻坚绩效考核办法要求，对未能完成年度任务以及因违反规定搞“数字脱贫”造成严重后果的县乡两级党委政府一律实行“一票否决”。二是严格执行问责制度。针对问题较多、工作效果不好、整改落实不到位的县、乡、村，分别由市、县扶贫开发领导小组进行约谈，对出现重大问题的具体责任人进行问责追责，对工作失职渎职的相关责任人严肃处理。三是预防扶贫领域职务犯罪。持续深入开展集中整治和预防扶贫领域职务犯罪专项工作，对扶贫重点项目进行挂牌督办，对苗头性、倾向性问题，早制止、早纠正。

（八）进一步推进社会扶贫工作开展

一是发挥好“扶贫日”活动的宣传引导作用。开展丰富多彩的专题活动，精心选择一批扶贫认领项目，鼓励和引导社会各界通过各种形式参与支持脱贫攻坚，营造全社会关心支持扶贫事业的浓厚氛围。二是发挥好行业部门的专项推进作用。继续抓好产业、教育、就业、助残、健康等脱贫攻坚十个专项行动的持续推进，营造各行各业齐抓共管、协同推进的良好氛围。三是发挥好区县合作的协作帮扶作用。结对区县在落实每年 300 万帮扶资金的基础上，在产业转移、就业创业、干部交流、人才培训、救助救济、农产品基地建设等方面全方位深化合作。四是发挥好新闻媒体的舆论导向作用。在省级以上新闻媒体进行宣传推介，在市级新闻媒体开展系列宣传报道，生动展示我市脱贫攻坚成效和经验典型，营造坚决打赢脱贫攻坚战的舆论氛围。

课题组成员：

肖　波　合肥市农委党组成员、合肥市城乡统筹办专职副主任

吴瑞爱　合肥市农委总农艺师、合肥市城乡统筹处处长

余　方　合肥市农委城乡统筹处副处长

朱婷婷　合肥市农委城乡统筹处副主任科员

深化新时期合肥公共法律服务体系建设研究

课题负责人：姜　明

十八大提出“加强基层社会管理和服务体系建设”，十八届四中全会进一步明确“建设完备的法律服务体系，推进覆盖城乡居民的公共法律服务体系建设”，司法部和安徽省司法厅先后出台了推进公共法律服务体系建设的具体意见，按照市政府安排，2014 年市司法局制定了贯彻落实措施。当前，深入研究合肥公共法律服务体系建设情况，全面分析取得的工作成效和存在的主要问题，学习了解其他城市的经验做法，对于深化完善新时期合肥公共法律服务体系，全面推进“法治合肥”“平安合肥”“幸福合肥”建设，加快打造“大湖名城、创新高地”，奋力开创长三角世界级城市群副中心建设新局面具有重要现实意义。

一、公共法律服务体系概述

公共服务需求增长是经济社会发展进入新方位的重要标志。提供公共服务是政府的重要职责，增加公共服务供给，提升公共服务水平，不断满足人民群众日益增长的公共服务需求是建设服务型政府的应有之义。

（一）公共法律服务概念

公共法律服务是指由司法行政机关统筹提供，旨在保障公民基本权利，维护人民群众合法权益，实现社会公平正义和保障人民安居乐业所必需的法律服务。公共法律服务是公共服务的重要组成部分，具有公益性、均等性、普惠性、便利性等特点。享有公共服务属于公民的基本权利，提供公共服务是政府的重要职责。

（二）公共法律服务体系概念及内容

公共法律服务体系，指由公共法律服务范围和标准、资源配置、管理运行、供给方式以及绩效评价等所构成的系统性、整体性的制度安排。其主要内容包括提供适需的法律服务产品、支撑服务的公共实体平台、组织整合的各类社会资源、保障落实的体制机制等制度安排。

（三）完善公共法律服务体系重要作用

建立公共法律服务体系是公共服务体系的重要内容，也是完善政府提供公共服务方式、创新社会治理的重要途径，对于全面提升法律服务能力和水平，更好地满足人民群众日益增长的法律服务需求，促进社会公平正义，增强社会发展活力，保障人民安居乐业具有重要作用。

二、合肥推进公共法律服务体系建设基本情况

两年来，在市司法局直接推动下，各级各单位积极开展公共法律服务体系建设，有力维护了社会公平正义，有效保障了广大群众利益，取得了阶段性成果。

（一）主要工作

1. 制定推进政策

贯彻司法部、省司法厅工作部署和市委市政府工作要求，2014 年市司法局制定出台了《关于推进公共法律服务体系建设的实施方案》（合司发〔2014〕26 号）和《合肥市司法局关于加强司法行政实体服务平台规范化建设的实施意见》（合司发〔2014〕27 号）两个文件，明确了公共法律服务体系建设的总体要求、主要目标、重点任务和保障措施，细化了责任单位和具体任务，规定了时间表和路线图，截至 2016 年底，基本形成覆盖城乡、供给充分、保障有力、管理规范、运行高效、惠及全民的公共法律服务体系，为全面开展公共法律服务打下了坚实基础。

2. 构建支撑平台

根据“设施规范化、职责规范化、运行规范化、服务规范化”的要求，重点推进市、县（市）区、乡镇（街道）和村（社区）四级实体平台建设。按照“窗口化、综合性、一站式”的标准，建设市本级和 9 个县（市）区司法行政综合服务中心；按照“城市半小时、农村一小时”的标准，建设 128 个乡镇（街道）司法行政服务站和 1634 个村（社区）司法行政工作室。各级实体平台实现了统一形象标识，统一工作制度，形成了“纵向到底、横向到边、要素集成、部门联动”的公共法律服务供给基地。

3. 建立管理规范

在市司法局建成市级司法行政综合服务中心，设立四个咨询接待台，提

供律师服务、公证服务、司法鉴定服务和综合服务，与市法律援助中心协调互动、资源共享、优势互补，形成“一个体系领导、一个中心统揽、一个窗口受理、一个场所服务、一套机制运行、一个整体运作”服务模式。各县（市）区统一了辖区司法行政服务站，司法行政工作室大部分建立了独立的办公场所，部分依托司法所、服务大厅建立了服务窗口，建立了较为规范的规章制度，实现了工作人员信息、服务项目、服务流程、服务承诺及监督方式的统一上墙公示，切实方便群众办事。

4. 落实配套措施

在人员保障方面，市、县（市）区两级司法行政综合服务中心组织志愿律师或业务处室人员参加工作值班或咨询接待，乡镇（街道）司法行政服务站配备相对稳定专兼职人员，村（社区）司法行政工作室由村（社区）工作人员兼职或由乡镇（街道）聘请专职司法协理员，确保各级服务中心、工作站、工作室有人提供服务。在经费保障方面，市、县（市）区级司法行政综合服务中心基本上由相应司法局全额保障，乡镇（街道）司法行政服务站工作经费大部分由县（市）区司法局解决，部分由县（市）区司法局与乡镇（街道）协商解决。长丰县司法局积极争取到县财政支持，为全县司法协理员落实专项工作补贴。目前，各级财政累计投入人员工作经费1300多万元。

（二）基本成效

1. 基本建成服务网络

司法行政综合服务中心（站、室）建成后，主要承担法律咨询、法律援助、法制宣传、综合服务四项职能。以市司法行政综合服务中心为例，其日常工作由市法律援助中心代管，安排志愿律师承担相关法律咨询服务工作，志愿律师值班补助参照市法律援助中心志愿律师办法和标准执行，相关业务处室提供对应宣传彩页和服务指南。逐步健全工作机制，完善岗位责任制、服务承诺制、服务公开制等制度，根据不同法律服务特点探索“限时办结”“休息日预约服务”“工作日延时服务”和“上门服务”等制度，有效提升了公共法律服务质量和水平。

2. 积极开展适需服务

完善法律援助网络，降低法律援助门槛，开通法律援助绿色通道，着力打造“城市半小时、农村一小时”法律援助服务圈。推动法律援助纳入民生工程，开展“公证便民惠民服务年”活动，免费为70周岁以上老人办理遗嘱公证，为特殊群体提供公证法律援助。创新开展新市民普法，组织17家市直单位编写《新市民学法用法读本》，编印7万张普法挂图、建立“新市民普法之家”“新市民普法学校”11所、“新市民工地普法学校”1800多所，形成多层次普法网络。自2014年公共法律服务体系建设以来，全市累计接待群众到访咨询56836人次、办理法律服务事项3576件、开展法制宣传7083场次、办理法律援助案件5509件、12348专线提供咨询8.8万人次。

3. 有效维护社会稳定

在市县两级法院和司法鉴定机构设立法律援助工作站，为符合条件的群体提供公共法律服务，切实维护其合法权益。完善调解网络，推广行业调解中心建设模式，实现医患纠纷和道路交通事故调委会全覆盖，将一大批矛盾纠纷化解在基层。仅2016年1—10月，全市2045家调委会13485名人民调解员共调解纠纷63609起，调解成功62915件，协议涉及金额171.6亿元。公共法律服务体系在政府与社会之间构筑一道矛盾纠纷的“缓冲带”和“减压阀”，基本做到了小事不出“窗”，一般事不出“门”，有效地维护了社会和谐稳定。

4. 全面提升法治意识

以“法治合肥”建设为主线，紧扣中心工作抓普法，突出重点对象抓学法，着眼依法治理抓用法，宪法和国家基本法律法规得到广泛普及，群众遵纪守法和依法维权意识显著增强，群众法治教育、法治文化建设等多项工作走在全省前列。合肥市圆满完成了“六五”普法各项任务，为经济社会发展营造了良好的法治环境，再度被评为“全国法治宣传教育先进城市”，市普法办被评为先进普法办，成为全省唯一连续15年蝉联“三连冠”的城市。

（三）存在问题

1. 资源配置不够均衡

现有法律服务资源区域分布不平衡，市区和五县（市）差别较大。从资金投入看，市、县（市）区服务中心平均投入18万元，乡镇（街道）工作站平均投入3万元，村（社区）工作室平均投入0.8万元，经费保障明显不足。从法律服务人才来看，全市律师（含省直所）每万人比约5%，绝大多数律师集中在城区，五县（市）律师仅157人，县（市）律师事务所规模小、力量弱。此外，肥东、肥西、长丰3县均没有司法鉴定机构。基层司法所法律服务力量更加薄弱，农村基层法律服务工作者素质高低不一，无法满足群众日益增长的法律服务需求

2. 服务效能发挥不够

截至2016年4月26日统计，全市公共法律服务总量累计较高，其中：接待群众来访咨询35457人次，办理法律服务1852件，成功调解纠纷16377件，开展法制宣传3983场次，特殊人群帮扶155件。但若以各级服务实体总

数平均来看，服务数量明显偏低，其中：市级服务中心提供来访咨询 256 人次，集中办理法律服务 28 件，转办法律服务 46 件；平均每个县（市）区提供来访咨询 641 人次，办理法律服务 184 件，转办法律服务 13 件；平均每个乡镇（街道）工作站接待群众咨询 97 人次，受理法律援助申请 10 件，导引法律服务 14 次，开展法制宣传教育 6 次，成功调解纠纷 25 件；平均每个村（社区）工作室接待群众咨询 10 人次，开展法制宣传教育 2 场次，开展矛盾纠纷排查 7 次，成功调处矛盾纠纷 8 件。这四级服务实体平均服务数量不大，服务效能尚未充分发挥。

3. 专业人才相对匮乏

“一站式”公共法律服务平台对工作人员综合素质提出了更高要求，现有公共法律服务队伍整体素质难以满足群众公共法律服务实际需要。目前从事公共法律服务的工作人员，主要由市、县（市）区和乡镇（街道）司法行政机关抽调的工作人员，村（社区）多数由“两委”工作人员兼任，通过财政购买服务和志愿参与的法律专业人员很少，造成主动服务、创新服务动力不足。此外，基层公共法律服务人员大部分缺少正规法律知识培训，综合素质参差不齐，在解决群众法律诉求时不及时、不专业，解答法律咨询、调解矛盾纠纷、提供法律援助等服务质量不高、效果欠佳，公共法律服务公信力受到质疑，社会认可度大打折扣。

4. 保障机制不够有力

公共法律服务目的是满足群众的基本法律需求，体现的是政府公共服务的公益性特点，现有的公共法律服务基本上都在司法行政体制内运行，尚未完全纳入政府公共服务保障体系，特别是工作经费没有纳入财政预算，严重制约了公共法律服务功能的发挥和深入发展。公共法律服务考核评估机制没有真正建立，部分地方政府对公共法律服务工作重视不够，公共法律服务成效不明显。律师等行业协会、法律志愿者等各类可用社会资源参与公共法律服务机制不健全，难以有效弥补司法行政体系提供服务短板，制约了公共法律服务的快速发展。政府部门信息资源开放共享机制不完善，致使司法公证、司法鉴定、法律援助等调查取证难，办事环节多，影响公共法律服务效率。

5. 群众宣传有待加强

公共法律服务宣传多数仍然停留在法制宣传、律师、公证、法律援助等单项宣传服务上，整体上缺少统一包装和形象设计，宣传力度相对不大，知晓渠道不广，这造成社会公众认识程度不够。司法部门调查问卷显示，约有四成受访对象对公共法律服务体系毫不知晓。部分群众往往对接触过、听说过的单项服务内容和程序有所了解，但对整个公共法律服务体系的概念、作用和范围等缺乏足够认识，遇到法律问题往往习惯于求助于信访、公安等部门，这造成一些原本能够通过公共法律服务体系得到服务解决的事项，没能及时对接导入，影响了公共法律服务资源利用效率。

三、部分城市公共法律服务体系建设探索实践

南京、杭州、武汉、长沙等地率先开展公共服务法律服务体系建设，研究分析其主要做法和成功经验，对于深化完善新时期合肥公共法律服务体系建设具有重要参考价值。

（一）南京做法

南京市普遍建立法律顾问制度，推进法律顾问工作向社区、村居延伸，协同做好公证服务、法律援助、人民调解、社区矫正、安置帮教工作；组织制定法治宣传教育、公共法律服务等“四个全覆盖”体系建设，通过一系列的验收指标和评分细则对完成情况予以检查验收；推进“公共法律服务产品目录”“法律风险防控典型案例目录”（“双目录”）建设，提升律师行业专业化水平；南京市统战部门、司法行政部门联合发起“同心律师服务团”服务工作，着力推进法治宣传工作、解决社会矛盾纠纷。

（二）杭州做法

杭州市着力构建上下联动的四级公共法律服务纵向服务网络体系。在人民调解方面，重点培育一批行业性专业人民调解组织，探索建立民事、轻微刑事案件律师主持和解制；全面推进法律顾问工作，市、县、乡三级政府和政府主要部门全面建立法律顾问制度，着力推进政府依法行政；建设高标准“杭州公共法律服务网”，逐步实现远程咨询、远程普法、远程调解和远程案件，提高信息化水平；各级政府完善购买公共法律服务机制，把公共法律服务产品列入当地政府向社会力量购买服务指导目录；将人民调解组织服务纳入政府购买服务范围，加大法律援助案件补贴力度，落实普法工作经费保障，对法律服务人员参与法律援助、人民调解、律师进社区（村）工作给予必要经费保障。

（三）武汉做法

武汉市市、区分别建立 14 个“公共法律服务中心”，整合门户网站、微博、微信等资源，推动公共法律服务网络全覆盖；在全市中心城区和新城区政府所在地街道 1088 个社区推行社区律师免费法律服务制度的基础上，推动在全市村委会普遍建立法律顾问制度，推动公共法律服务进社区（村）；整合 86 个群团组织法援工作站、160 余家律师事务所受援点等，打造法律援助半

小时便民服务圈，推动公共法律服务覆盖弱势群体；整合社区律师及法律服务志愿者等社会力量参与基层纠纷化解工作，推动以法治手段解决社会矛盾纠纷；在《长江日报》开辟法治专版进行普法宣传，利用微博、微信等新平台，推动建立“互联网＋法制宣传”的新模式。

（四）长沙做法

长沙市各政府部门及其他单位以实事求是、分类指导、因地制宜、注重应用为指导思想，整合法律服务资源，通过购买服务和志愿者相结合的方式，建立市、区县（市）、乡镇（街道）、村（社区）四级公共法律服务平台。在加强实体平台建设的同时，各级政府及有关部门依托统一的湖南省公共法律服务网络平台（如法网），突出公众需求导向，拓展延伸网站、微信服务模块和功能，推行公共法律服务全流程、全天候、全地域网上提供，实现公共法律服务低成本、高效率、零距离、均等化、全覆盖。

四、深化新时期合肥公共法律服务体系建设总体思路

“十三五”时期是合肥创新发展、转型升级，全面率先建成小康社会，加快建设长三角世界级城市群副中心、打造“大湖名城、创新高地”的重要时期。实现“十三五”各项发展目标任务，离不开良好的法治环境和强有力的法治保障，深入推进公共法律服务体系建设，是构建“法治合肥”“平安合肥”“幸福合肥”的重大举措，对于促进经济社会加快发展具有重要意义。

（一）基本思路

坚持实事求是、改革创新、因地制宜、分类指导、注重实效的指导原则，以完善公共法律服务网络为基础，深入整合各类法律服务资源，加强法律服务人员队伍建设，大力拓宽法律服务领域，不断提高法律服务供给水平，建立健全公共法律服务保障机制，形成覆盖城乡、结构合理、供给充分、保障有力、管理规范、运行高效的公共法律服务体系，为人民群众提供基础性、公益性、均等性、便利性的公共法律服务，深入推进“法治合肥”“平安合肥”“幸福合肥”建设，维护社会和谐稳定，彰显社会公平正义，保障人民安居乐业。

（二）实施路径

1. 纳入发展规划

根据依法治市工作部署，把建立健全公共法律服务体系纳入经济社会发展总体规划，把公共法律服务作为综合绩效考核、平安建设考核和文明创建考核的重要内容，统筹安排、协调推进。各级要结合实际，制定具体发展规

划和实施办法，精心组织实施，确保落到实处。

2. 制定深化政策

全面总结前期公共法律服务体系建设工作的成功经验、存在不足和困难问题，广泛征求意见，准确把握群众需求，参考先发地区经验和做法，制定深化公共服务体系建设实施意见，争取以市委市政府名义发文，通过高位推动，提升公共法律服务水平。

3. 列入财政预算

推动各级政府把公共法律服务纳入为民办实事范畴，工作经费列入各级财政预算，科学安排资金，发挥资金绩效。建立公共法律服务产品政府购买机制、补偿机制，推动公共法律服务纳入政府购买服务项目目录。

（三）工作重点

1. 筑牢支撑基础

坚持政府主导，鼓励社会参与，整合各类资源，筑牢四级服务实体平台，完善网络平台功能，加强人员队伍建设，建立服务项目清单，规范服务项目标准，形成支撑有力、运行规范的支撑体系。

2. 创新服务方式

创新法律服务供给机制和参与渠道，建立部门联动、志愿参与和购买服务等多种参与机制，创新法律服务网络信息功能，充分发挥信息网络服务精准、实时高效、便利可及的优势作用，实现法律服务资源高效供给。

3. 健全保障机制

深化司法行政体制机制改革创新，理顺司法公证、司法鉴定、法律援助、人民调解等体制机制，推动建立财政长效保障机制，建立健全监督、考核、评估机制，保障基本公共法律服务常态化、可持续发展。

五、深化新时期合肥公共法律服务体系建设对策措施

按照市委市政府“依法治市”工作部署，深入推进新时期公共法律服务体系建设，积极开拓工作思路，不断推出创新举措，持续提升公共法律服务的能力和水平，为全市经济社会更好更快发展提供规范有序、保障有力的法治环境。

（一）规范实体平台建设

大力加强司法所、司法行政综合服务中心（站、室）规范化建设，按照“有工作人员、有办公场所、有办公设施、有标牌、有制度、有工作台账”的建设要求，继续规范实体平台建设，配齐办公和服务设施，配齐专兼职服务

人员，夯实公共法律服务基层，提升公共法律服务水平。推进公共法律服务资源合理布局，支持发展县（市）律师、公证、司法鉴定、法律援助工作，通过机构之间合作、兼并和设立服务点等方式，优化法律服务站点布局。支持律师资源合理布局和律师事务所规模化、品牌化、专业化发展。

（二）完善网络平台功能

按照数字化、智能化要求，优化整合律师、公证、法律援助、司法鉴定等工作职能和业务流程，连接全省各法律援助中心、律师事务所、公证处、司法鉴定所、司法所，把信息流与业务流、管理流有机结合起来，实现公共法律服务网上咨询、受理、办理、审核、监督，面向社会公众提供多渠道、一体化的各类在线公共法律服务应用。通过网络服务平台深化完善法制宣传、法律服务咨询、法律服务信息查询、法律援助服务、律师服务、公证服务、司法鉴定服务、基层法律服务、人民调解、安置帮扶、监管对象家属探视（社会帮教）预约与实施服务等功能，实现公共法律服务低成本、高效率、零距离、均等化、全覆盖。

（三）有效整合各类资源

整合法制宣传、人民调解、律师服务、公证服务、司法鉴定、基层法律服务、特殊人群管理等职能，充分发挥各类法律服务机构在普及法律知识、以案说法、开展法治创建等方面独特作用。加强人民调解组织规范化建设，推进乡镇（街道）、村（社区）、企事业单位人民调解委员会和行业性专业性人民调解组织建设，完善人民调解与行政调解、司法调解的衔接配合机制，发挥人民调解在社会矛盾化解中的基础作用。加强司法所等基层基础和规范化建设，夯实公共法律服务基层，提升公共法律服务水平。探索与信访、工会、妇联等部门工作对接模式，共同促进公共法律服务事业发展。

（四）拓展法律服务范围

深入开展“法律六进”“江淮普法行”等“七五”普法宣传教育活动，扩大法制宣传覆盖面。合理降低法律援助门槛，将经济困难标准放宽到不低于本地最低生活标准的 2 倍，使法律援助覆盖范围逐步拓展至低收入群体。拓展银行证券、城镇化建设、民营企业发展、农村土地流转等新兴领域公证服务，推动公证由单纯证明模式向综合服务模式转变。探索交通事故、保险理赔、医疗损害、职工工伤、房屋拆迁等领域公益性司法鉴定服务工作，对经济困难、符合条件的群众提供上门、预约等法律服务。

（五）提升法律服务质量

推进法律服务标准化建设，建立法律服务质量评价机制、监督机制、失信惩戒机制，开展法律服务评查、服务质量检查公布、质量跟踪检查等工作，促进法律服务机构和工作人员依法诚信执业，提高法律服务质量。加快公共法律服务工作制度规范建设，完善综合服务中心、服务站、工作室建设规范和指标评估体系。优化法律服务、法律援助、人民调解、法制宣传等直接满足社会需求职能，打造公共法律服务体系核心业务，建立公共法律服务产品目录。

（六）加强人才队伍建设

深入推进律师、公证员、司法鉴定人、基层法律服务工作者的思想政治建设、职业道德建设和业务素质建设，培养一批有影响力的法律服务专业人才，建设一批高端复合型法律人才队伍，发挥典型示范带动作用。加强乡镇（街道）、村（社区）公共法律服务人员培训，提高其法律知识、理论水平和工作能力。加强公共法律服务志愿者队伍建设，培育一大批热心公共法制宣传和法律服务的社会志愿者。扶持专事公共法律服务民间组织发展，推动基层公共法律服务常态化和专业化。加强监督管理，完善公共法律服务执业公示，服务质量反馈、回访、投诉等制度，营造良好的公共法律服务环境。

（七）健全服务保障机制

按照国家和省市有关文件规定，推动各级政府把公共法律服务纳入经济社会发展规划，公共法律服务工作列入财政预算，公共法律服务产品纳入政府购买服务指导目录，保障公共法律服务常态化实施。推动全市乡镇（街道）、村（社区）普遍建立法律顾问制度。推进公证机构改革，支持公证机构扩大用人和经费管理自主权。推行“属地管理、分级负责”的律师管理机制，加强律师协会建设，发挥协会行业监管作用。建立健全激励机制，合理提高人民调解、法律援助、律师驻点服务等个案补贴标准，激发基层公共法律服务工作热情。

（八）加大宣传推广力度

对公共法律服务产品进行统一包装，充分运用报刊、电视、网络、微博、微信等多种形式，广泛宣传公共法律服务的好经验好做法，提高群众知晓率和社会影响力，树立公共法律服务品牌，增强群众社会治理法治化观念。培养群众运用公证、调解、仲裁、诉讼等法律方式表达诉求、维护权益、解决纷争，维护合法权利必须依靠法律的服务消费理念和习惯。营造办事依法、遇事找法、解决问题用法、化解矛盾靠法的良好社会氛围。

（**课题参与单位**：合肥市司法局）

合肥乡村旅游转型升级发展对策研究

课题负责人：吴春梅

乡村旅游是现代旅游业的重要组成部分。从产业发展历程看，乡村旅游可追溯至19世纪中期的欧洲，经历100多年的积淀和创新，正呈现出日益强劲的发展势头以及多重价值。在经济新常态背景下，大力发展乡村旅游，对于调整农业产业结构，引导现代农业和旅游业深度融合，促进新型城镇化建设和推动转型升级具有十分重要的意义。

一、乡村旅游及其发展模式与态势

（一）乡村旅游的概念

乡村旅游是指以乡村为依托，以乡村自然风光、人文遗迹、民俗风情、农业生产、农民生活及农村环境为旅游吸引物，以城市居民为主要目标市场，满足游客休闲、度假、体验、观光、娱乐等需求的旅游活动。其核心是塑造乡村本土个性，开发独具特色的乡村旅游产品，拓展乡村旅游产业，满足游客需求，促进城乡居民互动和利益共享，促进农村经济社会发展。

（二）乡村旅游的发展模式

综合国内外乡村旅游资源特点、产品业态和运营方式，普遍认同的乡村旅游成熟发展模式主要有十多种。从推动机制看，有市场推动型、政府推动型和政府—市场互动型；从开发依托看，有城市依托型、景区依托型、产业依托型、历史文化依托型等，这些类型和模式在发展过程中已经彼此渗透、相互融合。

1. 根据推动机制来划分

——**市场推动型**。政府很少干预产业发展，主要由市场自动调节乡村旅游的成长和变动趋势，但政府不是放任自流，在自然生态保护方面往往进行指导和控制。实行该模式的国家一般市场经济较发达，具备较为完善的市场机制，各种行业协会等非政府组织能进行行业自律和保护行业利益，如美国、英国等。

——**政府推动型**。政府以规划或立法方式推进乡村旅游的发展。其典型特征就是政府参与规划、经营、管理与推销等活动。较多采取该模式的包括日本和葡萄牙等。

——**政府—市场互动型**。即把政府的指导监管机制与市场经济自我调节机制相结合。政府往往把乡村旅游作为促进乡村发展的手段，在资金、基础设施建设、规划、促销、培训方面给予指导和支持，积极培育乡村旅游市场。同时鼓励扶持乡村旅游行业协会等非政府组织成长壮大，以有效实施行业自律。政府和市场的两种力量相互呼应，彼此配合，保证了乡村旅游健康有序发展，如法国、意大利等。

2. 根据开发依托来划分

——**城市依托型**。依托城市的区位优势、市场优势，通过打造环城旅游综合体，形成环城市乡村旅游圈。此类乡村旅游可称为都市依托型，主要指在大城市周边地区发展起来的乡村旅游，客源市场主要是都市居民，特点是重游率高，易形成忠诚客户。

——**景区依托型**。指在著名风景名胜区周围发展起来的乡村旅游，客源市场大部分来自本国甚至海外的观光客，特点是初游率高、重游率低，不易形成忠诚客户，属典型的观光旅游。景区周边乡村借助成熟景区的资源和市场优势，通过完善互补配套功能来发展乡村旅游。近年来我国“黄金周”的景区拥堵现象，充分暴露出封闭型景区的弊端，景区与周边区域配套发展成为必然趋势。

——**产业依托型**。以产业化程度极高的优势农业为依托，通过拓展农业观光、休闲、度假和体验等功能，开发“农业＋旅游”产品组合来发展乡村旅游，适用于农业产业规模效益显著的地区。

——**历史文化依托型**。依托古村古镇有形和无形资源，挖掘历史文化内涵和价值，开发相关旅游产品，促进乡村旅游发展。

——**民俗依托型**。依托独具一格的民族民俗、建筑风格、饮食习惯、服饰特色、农业景观和农事活动等民俗文化资源，实施保护性开发，通过旅游产品使乡村文化得以传承和发扬。

——**创意主导型**。通过传统艺术创新，促进民间艺术旅游产品开发规模化、产业化，丰富乡村旅游产品类型，延伸产业链条，传播品牌形象。

——**科技依托型**。指依托科技园区，加强科技与农业和旅游的融合，开发集教育、体验、观光、展示功能于一体的现代乡村旅游产品来发展乡村旅游。农业科技旅游是我国乡村旅游未来发展的重要方向。

（三）乡村旅游的发展态势

随着乡村旅游爆发式发展，新主体、新产品、新业态、新模式不断涌现，呈现出以下发展态势。

一是全域化。游客对小、散、乱的景点式乡村旅游产品越来越不满意，乡村旅游必须按照全域化的理念和思路来打造提升。全域旅游更加注重环境优美、公共设施完善、产业要素完备、管理规范有序、服务品质优良、社会统筹协调，注重旅游点的联动和互补，注重多种业态集聚，从而形成具有不同特色的旅游产品或旅游产业集群，全面满足游客体验需求。

二是多元化。随着城乡居民收入水平的提高、休闲时间的增加和城乡空间的缩短，低端的初级产品已满足不了游客的需求。虽然数量上可能“农家乐”仍占较大比重，但产品必将日趋多元化、精品化、高端化。随着市场的深耕拓展，乡村旅游的投资开发主体也日趋多元化，乡村旅游的“新概念”“新观念”“新形态”将不断涌现。

三是产业化。产业化既是政策导向，也是乡村旅游产业自身发展提升的必然选择。通过产业要素的整合和产品集约化发展，推动乡村旅游与三大产业及细分行业不断融合，促进乡村旅游从分散经营的“小生产”方式向产业化方式转变，是乡村旅游产业化发展的重点。

四是个性化。以“农家乐”和采摘活动为主要形式的乡村旅游，处于产业低端，同质化普遍，提供的体验和异趣有限。游客越来越重视乡村旅游的多样性、内容的丰富性和体验的差异性等，乡村旅游必须改变产品雷同、内容泛化的局面，创新产品特色，增加游客更多的选择。同时在交通出行、旅游事务以及订房、订票、订餐等方面更加关注自主化、个性化需求，充分满足旅游者的独特诉求。

五是智慧化。在澳大利亚、爱尔兰、葡萄牙等国外乡村旅游发展成熟国家，信息化、智能化已广泛应用。国内自 2011 年以来，在北京、南京、杭州、扬州等智慧旅游试点城市的带动下，诸如旅游商品在线营销、乡村旅游电子商务采购、乡村旅游资讯等平台开始成为旅游业的发展主流，有效推动了智慧乡村旅游的应用和发展。受基础环境、农村经济以及服务配套设施等客观因素限制，乡村旅游亟须通过智慧化管理、服务和营销来提升整体水平，为游客带来更多愉悦体验和感受。

二、国内外乡村旅游发展情况

（一）国外乡村旅游发展概况

通常认为，1865 年意大利“农业与旅游全国协会”成立，标志乡村旅游的诞生。伴随着工业化和城市化发展，城市人口急剧增多、规模不断扩大，到郊外乡村观光旅游、休闲度假的需求随之增加，乡村旅游迅速发展起来。20世纪七八十年代，随着带薪休假制度的普及、交通设施的完善，欧美日主要发达国家的乡村旅游日益兴盛，显示出旺盛的生命力。目前，欧美发达国家的乡村旅游已具有相当规模，积累了丰富经验。

1. 法国：政府—市场互动型的乡村旅游

法国的乡村旅游产品涵盖了农场客栈、农产品市场、点心农场、骑马农场、教学农场、探索农场、狩猎农场、暂住农场和露营农场等九大系列，新兴的“绿色度假”每年收益可达700亿法郎，相当于全国旅游业收入的1/4。一是实施振兴乡村旅游计划。1955年法国政府启动“农村家庭式接待服务微型企业”计划，对经营乡村旅游的农户提供资金资助，开发多元化产品体系。二是重视乡村旅游目的地营销。政府部门牵头协调行业协会、会展企业、媒体、社会组织等多方力量，每年拿出促销经费约600万欧元，宣传乡村旅游整体形象。三是行业协会发挥重要作用。1998年法国农会专门设立“农业及旅游接待服务处”，成为推广乡村旅游的中央机构，联合其他有关社会团体，建立名为“欢迎莅临农场”的组织网络，广泛吸引农户加盟。

2. 美国：市场推动型的乡村旅游

美国的乡村旅游传统悠久，主要类型有观光农场、农场度假和家庭旅馆等，是典型的城市依托型。一是出台扶持政策和法律。农业部设有多项基金，资助乡村旅游项目，为从事乡村旅游的个人和团体提供优惠贷款和补贴。二是建立国家乡村旅游基金（NRTF），发挥各地农会作用，助推乡村旅游项目规划、资金募集、营销宣传。三是依托特色资源开发主题产品，在市场定位和宣传上从本地资源特色和文化历史中挖掘题材，突出与众不同的“卖点”。最著名的有根据梵·高名画《向日葵》创作的20英亩的“庄稼画”。四是举办乡村旅游巡回展览和专题研讨会，鼓励所有农牧业生产者加盟协会和组织。五是开展节会营销，将田园风光、农业作物、乡土风情、农耕文化等融入节庆活动，吸引媒体、社会公众和目标市场的兴趣与关注，提高乡村的知名度、美誉度。

3. 日本：政府主导型的乡村旅游

日本乡村旅游创始于20世纪70年代，主要类型有观光农园、市民农园、农业公园、乡村休养、交流体验等，形式有农业观光、农事参与、乡村度假、参观学习、品尝购物等。日本最具代表性的是务农旅游，每年举行两次，即以春播和秋收为主，组织旅游者和农民一起到田间干活，体验乡村生活。一是政府主导。中央政府主要承担技术支持、公共设施完善、财政支持以及国际合作等责任，地方政府则主要负责制定地方乡村旅游规划、对外宣传促销、旅游教育与培训等。二是法律保障。出台《旅行业法》《市民农园事务促进法》《农山渔村旅宿型休闲活动促进法》《山村振兴法》《农山渔村余暇法》《温泉法》等法律法规，对乡村旅游进行宏观调控和规范管理。三是抱团发展。日本各地观光农业经营者们均成立协会，强化行业自律和管理服务水平。

（二）国内乡村旅游发展概况

我国乡村旅游始于20世纪80年代的“农家乐”，90年代后迅速涌起。随着全国休假制度改革以及1998年“华夏城乡游”、1999年“生态旅游年”的推出，乡村旅游进入全面发展阶段。2006年“中国乡村旅游年”、2007年“中国和谐城乡游”的推出，进一步释放了发展动能，乡村旅游获得空前大规模发展，产生了丰富多样的旅游产品、经营模式和产业形态。“十二五”时期，乡村旅游与新农村建设、新型城镇化、产业转型升级相结合，新主体多元涌现、新机制不断探索、新功能更加拓展、新类型多式多样，乡村旅游除了满足国民旅游休闲需求，还承担了扩内需、保增长、调结构、转方式等功能，呈现出“发展加快、布局优化、质量提升、领域拓展”的特点。在当前经济下行压力不断增加的情况下，乡村旅游一枝独秀。2015年全国实际完成投资2612亿元，休闲农业和乡村旅游接待游客超过22亿人次，营业收入超过4400亿元，从业人员790万人，其中农民从业人员630万人，带动550万户农民受益。总体看，我国乡村旅游发展迅猛，态势良好，潜力巨大。

1. 我国乡村旅游发展的基本特征

应该说目前还处于初级阶段，产业化、市场化、现代化程度较低。表现为：一是发展规模大小共存。既有高科技的农业示范园区，也有简陋的农家乐。二是地域水平参差不齐。大城市与小城市的周边之间、沿海地区与西部地区之间，虽同为“农家乐”，但发展差距大。三是产业形态优劣分明。既有廉价雷同的农家乐、家庭旅馆，也有与国际接轨的生态田园、国际乡舍。四是经营模式差异明显。既有个体私营、个体参股，也有集体所有制、现代企业公司制管理。

2. 国内部分乡村旅游发展实例

——**北京蟹岛：环城市乡村旅游模式**。采用“前店后园”式经营格局，以“一产—有机农产品生产”为基础，以“三产—观光采摘休闲度假”为龙头，集多业态于一体，发展都市型现代农业，形成了一条“自种—自养—自卖”有机食品产业化链条，为环城市乡村旅游摸索了一条可借鉴的成熟发展模式。这种模式的要点是，瞄准特殊消费群体，以市场为导向，实现多产业融合发展，创建多功能的旅游综合体。

——**北京十渡：景区周边乡村旅游发展模式。**依托十渡国家地质公园风景区资源，因地制宜，定位景区配套服务功能，延续景区山水意境。景点旅游与乡村旅游比重呈85%和15%的分布格局，在景点旅游的推动下，乡村旅游收入约占总收入的三分之一，成为景区增收的重要增长点。这种模式的要点是，景区依托型乡村旅游的最终目的依然是打造一个独具吸引力的景区。必须深度契合，打好景区牌、特色牌，依据客源市场及本身特点开发深度乡村体验产品，阐释乡村风俗风情。

——**台湾台一庄园：特色庄园旅游发展模式。**突出打造“花系列”特色项目，从住宿、就餐到游览、体验，不管是景观营造还是精致花卉餐，到处可见其所生产的高品质花卉，位列台湾十大旅游行程及特色小镇风情游。这种模式的要点是，休闲农业旅游要建立多层次立体式的发展结构，突出综合性，以特色农业的大地景观、加工工艺和产品体验作为旅游吸引物，开发观光、休闲、体验等不同等级和性质旅游产品，带动餐饮、住宿、购物、娱乐等产业延伸，提高产出价值。

——**浙江乌镇：古村古镇乡村旅游发展模式。**乌镇是全国20个黄金周预报景点之一。其显著特点有二：一是对古镇文化进行实体活化，增强传统文化景区的可体验性。如古建筑保护、氛围营造、古工艺传承、民风体验、旅游纪念品和民宿客栈开发等。二是创新商业模式，盘活民宅使用价值。如分区开发东栅和西栅，保留东栅原住民打造传统观光旅游，买断西栅原住民民居产权开发休闲民宿。特别在开发西栅民宿时，吸纳原住民经营餐饮，使其成为民宿管家，形成特色经营。乌镇以此方式既实现了规范化经营，也实现了传统文化保留。联合国教科文组织将其誉为“乌镇模式”，这种模式的要点是，文化的有机传承和融合发展是古镇古村可持续发展的关键。既要对传统文化进行有效保护（村镇风貌、古建筑等物质文化遗产）与传承（手工艺、民俗等非物质文化遗产），注意设置文化门槛，主动选择目标市场类型，控制游客接待总量，避免破坏；也要融合现代元素，提升文化资源，创意经营水平。

——**青海互助土族自治县：民俗文化活化与社区发展模式。**将土族民俗旅游作为重头戏，成立土族民俗博物馆，挖掘和整理土族民俗资源，以“整旧如旧”原则维护和修缮文物古迹，编印《互助旅游指南》，在央视、凤凰卫视等大力报道，推动互助土族民族文化资源的旅游开发和宣传营销，使民俗旅游服务业成为当地主导产业。这种模式的要点是，挖掘少数民族风情要特别注重保持民俗文化的原生性和质朴性，提升文化品位和旅游吸引力；设计开发产品和活动要具有参与性，并引导当地少数民族农民参与旅游接待活动；

改善当地村容村貌和基础设施条件，提供良好的通行居住条件。

——**无锡惠山：民间艺术创意推动乡村旅游发展模式。**围绕泥人艺术创意开发产业链结构，实行“产业＋市场”带动发展策略，开发“泥彩时光”类泥艺术创意工坊、“泥之梦想”泥艺交流教育中心、泥人博物馆、泥筑江南景观带、中国泥塑艺术露天秀场、甜蜜工坊泥人主题餐厅等项目，激活泥人产业，推动泥人文化国际化、品牌化。在运营模式上，采取自营、出租、招商、转让等多种方式结合，扩大资金来源，最终实现赢收端点的多元化。这种模式的要点是，传统艺术由于独立生存和发展空间有限，其设计开发必须立足文化传承和本土旅游产业链特点，注重广泛吸引社会投资，同时还要培养传统艺术人才，防止断层，避免传统艺术的庸俗化。

——**海南兴隆：科技引导现代乡村旅游发展模式。**立足打造热带野生植物的百科全书，重视产品开发、观赏旅游、生态安全和科普教育等功能，构建打造观光休闲、科技示范、科普教育、休闲体验、特色餐饮和旅游商品等产品体系，使科研和旅游形成良性循环，为科研事业发展和科技成果推广开创了新模式，是海南最早对外开放参观的集科研、科普、生产、加工、观光和种质资源保护为一体的综合性热带植物园。这种模式的要点是，关注科技研发在农业中的应用与体现，以科技手段和科技产品促进对农业的感知和体验，让科技、新农村建设和乡村旅游相互推动发展。

三、合肥乡村旅游发展情况

合肥乡村旅游从21世纪初起步，经过多年实践创新，实现从无到有、从小到大、从量到质的跨越式发展，为全市旅游产业奠定了坚实基础。回顾合肥乡村旅游发展历程，大致可分为三个阶段。

第一阶段：引导发展阶段（2002年至2005年）。我市真正意义上的乡村旅游起步于2002年开始的长丰草莓采摘一日游活动，这也是合肥农家乐的雏形。此后以农产品销售为主要目的并融入旅游要素的乡村旅游节庆活动虽越来越多，但多以农民自发为主，影响有限。2004年，市旅游局将全市分为田园生态型、花圃苗木型、科技农业型、各村各镇型等10个资源类型，初步排出乡村旅游项目40个；2005年，下发《关于在全市开展创建乡村旅游示范点的通知》，委托北京旅游学院编制《合肥市乡村旅游发展规划》和《合肥市大圩乡乡村旅游规划》，明确以乡村度假为主、农家乐为辅，高科技农业项目为依托，突出企业化运作的思路，探索推动乡村旅游发展。

第二阶段：迅猛发展阶段（2006年至2008年）。2006年，国家旅游局大力推进乡村旅游发展，乡村旅游成为中国旅游新亮点，合肥农家乐步入迅猛发展阶段。2006 年 3 月，长丰县政府和市旅游局共同主办“合肥市首届桃花节”，有规模的乡村旅游节庆活动就此拉开帷幕。当年“十一”前夕，合肥市启动乡村旅游首游式，推出 9 个乡村旅游点，整合 3 条线路，举办了包河区大圩乡第四届菜花节、新农村一日游、庐阳区三十岗西瓜节等节庆活动，激发了城市居民热情，吃农家饭、尝农家菜、体验乡村生活逐渐成为市民节假日休闲度假的好方式，同时也让农民尝到了甜头。仅 2006 年“十一”，肥西三岗、包河大圩分别接待游客 3.42 万人次、2.35 万人次，创收 50 多万元、70 多万元。大圩乡在 2007 年 1 月的全国旅游工作会议上还做了经验介绍。2007 年 4—6 月，合肥市举办为期两个月主题为“走进新农村，和谐城乡游”的乡村旅游节，推出 18 项主题旅游活动，推动乡村旅游全面开花，影响不断扩大。同时针对发展中出现的问题，市旅游局制订了《合肥市乡村旅游接待点服务标准》《合肥市农家乐旅游等级评定标准（试行）》《乡村旅游标准化厨房规范》，组织评选首批 28 家星级“农家乐”，其中三星级 8 家、二星级 20 家，促进了乡村旅游的规范和成片发展。

第三阶段：调整提升阶段（2009 年至今）。调整提升既是乡村旅游经营主体适应市场需求的自我修正，也是各级政府加强调控、规范发展的必然选择。一是推动集聚发展。依托便捷交通和优越的自然生态环境优势，完善乡村旅游服务功能，涌现肥西县三岗村、紫蓬镇，庐阳区三十岗乡，长丰县水湖镇，包河区大圩镇等一批聚集区，显现出规模效应。二是塑造节庆品牌。依托苗木、草莓、龙虾等优势特色农业，培育打造出合肥龙虾节、长丰草莓节、肥西苗木节、陶楼“桃花节”、大圩“葡萄节”，三十岗“西瓜节”等节庆品牌，提升了知名度和美誉度。三是打造特色项目。包河区在牛角大圩引入安徽华绿、安徽桃蹊、徽王蓝莓等企业，打造了四季花海、蓝莓和鲜桃采摘项目；庐阳区三十岗乡开发了桃花观赏、果品采摘、美食品尝、艺术体验等项目；庐江县汤池镇在温泉、茶叶两大优势基础上，通过美好乡村建设、调整发展优质果品，温泉乡村旅游持续升温；合巢经开区利用荒弃山坡开发了郁金香高地和“三瓜公社”，在促进休闲农业发展的同时，促进了温泉洗浴业的发展。四是强化示范引领。肥西老母鸡、包河大圩和庐阳三十岗被列入全国旅游休闲农业示范点；肥西县、包河区、庐阳区被评为省级休闲农业和乡村旅游示范县（区）；肥东建华、巢湖巢父、长丰寿子湖畔、庐阳桃蹊、庐江金汤白云、合巢安徽三瓜公社、巢湖安徽资环巢湖好生态园被评为省级休闲农业和乡村旅游示范点。五是加强治理整顿。2012 年首次对星级农家乐实行复核制度，取消 32 家星级资质，限期整改 4 家。2014 年，以“三线三边”环境整治为抓手，结合美丽乡村建设，对全市46家景区进行整治，在部分农家乐试点推行三星级酒店卫生标准，并组织各级旅游主管部门业务人员和星级农家乐管理人员赴先发地区学习培训。通过治理整顿和培训，规范了市场秩序，提高了乡村旅游经营管理人员的素质和整体服务水平，保护发展了乡村旅游品牌。

经过多年的发展，合肥乡村旅游经济社会效益显著，呈现出以下特点：

一是产品可观。依托独有的自然资源、地理区位、农耕文化特色以及产业基础，打造了“环城、沿湖、依山、戏水”四大休闲农业集聚带，涌现出农事体验型、休闲农庄型、农业园区型、农家乐型、温泉养生度假型、古村镇旅游型等10余种休闲农业和乡村旅游产品类型，大圩葡萄采摘游、三河古镇水乡游、紫蓬山生态体育健身游、官亭万亩现代农业游等成为合肥知名度较高的乡村旅游品牌。

二是规模可观。拥有184家星级农家乐，创建了3个国家级休闲农业与乡村旅游示范点，国家金牌农家乐30个，1个省级休闲农业和乡村旅游示范县，7个省级休闲农业与乡村旅游示范点，五星级、四星级等高星级农家乐增至98家。

三是效益可观。2011年，休闲农业和乡村游接待游客超1000万人次，旅游收入超10亿元。2015年休闲农业和乡村旅游接待游客数量超2600万人次，休闲农业经营总收入突破20亿元。五年时间，接待游客量增长1.5倍、收入增长1倍，促进了农民脱贫致富和生活质量的提升。

区划调整后，合肥步入环湖时代，具备了加快乡村旅游转型升级的基础和条件。一是合肥历史文化悠久，名人古迹众多，人文底蕴深厚，自然资源优势明显，境内拥有众多山峦湖泊，富有独特山水意境。二是农业产业基础良好，拥有现代农业园区445家、“一村一品”特色村镇522个、市级以上龙头企业775家、专业大户10000家、家庭农场2502家、三品认证756个。三是交通和区位条件优越，是建设中的国家交通枢纽，以合肥为圆心、500公里为半径，基本涵盖中国东、中部7省1市、近5亿人口，是中国经济发展和消费最具活力的区域之一，市场容量庞大。四是合肥是长三角世界级城市群副中心和“一带一路”节点城市，是皖江示范区、合肥经济圈、合芜蚌试验区核心城市，拥有“国家森林城市”“国家级生态文明先行示范区”“全国文明城市”“中国最幸福城市”等众多国字招牌，有利于乡村旅游品牌塑造。综合来看，合肥发展乡村旅游“天时、地利、人和”，优势和潜力十分巨大，应乘势而上，加大力度，加快发展。

四、合肥乡村旅游发展中存在的问题

纵向看，我市乡村旅游发展迅猛、成就巨大、优势明显、前景广阔，为合肥经济社会发展做出了重要贡献。但同时也有明显不足，横向与对标城市南京、杭州以及乡村旅游后起之秀湖州相比，无论是产品、服务、产出都有一定差距；面上从广大游客和基层干部以及从业者的反映看，还存在不少突出问题，对乡村旅游转型升级形成掣肘。综合判断，我市乡村旅游整体位居中端水平，正处于“成长的烦恼期”。

（一）乡村旅游产品供给不足

一是产品同质化比较普遍。多数乡村旅游项目缺乏科学规划和技术指导，开发建设水平较低，产品多停留在餐饮、观赏、采摘品尝、农事体验等层面，跟不上游客多样化的需求。特别是其主打产品——农家乐，准入门槛低，服务项目少，竞争性不强，效益不高。二是产品文化品位不高。重物质景观资源开发，轻非物质文化资源利用；重活动造势，缺创意设计，产品比较粗糙，文化底蕴和审美情趣不足，满足不了游客的文化需求。三是产业链条较短。缺乏统一包装和整体打造。产品品牌体系不健全，重吃、重娱，轻住、轻购，观光型产品居多，休闲、度假、参与等产品缺少，且规模较小，分布零散，季节性强，淡旺季明显，难以满足游客多层次、个性化需求，无法延长游客的逗留时间，导致游客重游率较低，产品综合效益不强。四是区域之间发展不平衡。我市各地都不乏独特的资源，乡村旅游产品和活动也在不断增加，但由于对乡村旅游重视程度不一，投入和产出不同，在产品、业态、服务、人气、效益等方面呈现冰火两重天景象。

（二）乡村旅游基础设施和公共服务滞后

一是景区（点）与省级、县级公路干线连接通畅性有待提升。乡村道路大多是村村通公路，只能单车通行，部分乡村道路管护不力，路况差，标识缺乏，安全隐患多。二是多数景区（点）基础设施和公共服务标准不高。在调研中，包河大圩反映停车场不足、难建，庐阳三十岗东瞿美食村反映供水供电满足不了需要、环评审批难以通过，瓜牛公园反映虽然人气火爆，但停车场以及临时厕所短缺严重，还有一些资源丰足、适宜发展乡村旅游的区域仍以旱厕为主，至今没有公厕。总之，乡村旅游停车场、通信网络、游览步道、休憩场所、旅游厕所、垃圾收集、污水处理等公共基础设施缺乏，商业设施也较为落后。部分农家乐旅游点的卫生状况和设施条件还远不尽人意。三是缺少住宿和娱乐场所。乡村旅游活动多以一日游和简单的采摘、购物为主，产品和形式单一，缺少体验性、互动性游玩项目，民宿一直没有得到很好发展，多数游客留不住、待不久。

（三）乡村旅游管理服务水平较低

一是经营主体仍以当地农民为主。多数经营主体存在较强的小农意识，不注重学习先进经验，不愿意协同经营，不善于创新发展。二是旅游专业人才较为缺乏。乡村旅游是一产向三产的延伸，迫切需要一批旅游新业态人才、高层次人才、复合型人才和经营管理人才，而旅游专业人才出于乡村生活条件、工资水平和社会保障等方面顾虑，不愿意到乡村就业创业。三是不重视软环境建设。仅在设施设备和外观形象舍得花钱，在经营特色、环境卫生、服务质量等方面却不愿投入。四是市场营销策略简单。单打独斗，缺乏创意，绝大多数乡村旅游点还只依靠政府的宣传推介和游客口碑，自主策划宣传营销较少，更谈不上利用新媒体开展营销来吸引游客，促销手段单一。

（四）乡村旅游治理体系薄弱

一是重视程度不够。各级政府及相关部门虽然认识到乡村旅游事关城乡居民的共同利益，需要多主体参与、多部门联合、多层次协同来共同治理，但往往是喊得多、做得少，重视程度和工作力度与人民群众对旅游的期盼不相适应，浪费了许多资源，甚至贻失发展时机。二是政策合力不够。乡村旅游涉及旅游、农业、水利、林业、国土、发改等十几个部门，各部门都有政策，但信息不相往来，政出多门，合力有限，乡村旅游只能在各条线的惠农政策中打擦边球，缺少系统性专业性政策措施，很难融合发展壮大。三是治理手段有限。市旅游主管部门主要通过旅游规划、宣传培训以及星级评定等有限手段抓乡村旅游，遇到需多部门协调的问题时则力度有限。在乡镇一级层面上，缺少旅游管理服务机构。四是行业组织作用不明显。建立完善乡村旅游行业组织，帮助提高乡村旅游服务质量和管理水平，是欧美发达国家和国内先发地区普遍做法，我市类似组织还很少，已有的作用发挥也不明显。五是社区参与度不高。无论是本地化经营还是外来资本的进入，惯于通过景区化、企业化、专业化、组织化等形式把农民摒除在外，而无意兼顾和保障农民利益，整体上弱化了农民的主体地位。

（五）乡村旅游政策环境亟须改善

一是土地政策的限制。国家对农业用地控制严格，致使乡村旅游配套及经营设施建设用地困难，一些规划好的项目难以落地，已有的项目很难改造升级，也制约了项目招商引资。特别是集中成片开发乡村旅游度假区、开发民宿，开发农田、林地、果园以及在农地上建设休闲度假设施，均会涉及宅基地政策、土地或用地性质的变更等问题，实施难度很大。如包河区由于其经营范围基本上是农田，大型停车场和配套娱乐设施无法建设到位。二是准入制度的限制。江浙经验表明，乡村民宿是发展乡村旅游的有效切入点和“牛鼻子”。但目前按现有规定利用农户房屋开发民宿或者进行其他旅游经营活动，难以办理规划、环评、工商及消防等准入证明，很难实现规模化、规范化经营发展。如我市庐阳三十岗、包河大圩等乡村旅游较为成熟的地方渴望发展乡村民宿，可由于房屋性质、消防、环评等因素，乡村民宿难以取得经营证照，制约了乡村旅游拓展提升。三是资金的困境。乡村旅游开发总体上资金投入不足，大多数项目只能算低成本开发，难上水平。投入不足的原因，一方面是政府支持资金不多，市每年旅游发展专项资金只有800万，与湖州市安吉县乡村旅游专项资金相当（600万）；另一方面是融资渠道少，由于无法获得土地使用权和承包经营权的稳定预期，社会资本不敢长期大笔投入，甚至是见好就收，而农民因缺房地产证等相关资产证明文件，也难以办理银行抵押贷款。

我市乡村旅游存在的问题，既有全国范围内普遍存在的问题，也有属于地方区域的个性问题。概括起来，综合实力和核心竞争力不强，缺少大项目、大品牌，价值链短、附加值低、综合效益不高，这与我们打造“大湖名城、创新高地”和建设长三角世界级城市群副中心城市的目标极不适应，加快乡村旅游发展、促进转型升级势在必行。

五、合肥乡村旅游转型升级对策建议

总体思路：坚持以创新、协调、绿色、开放、共享发展理念为指导，顺应旅游业大发展趋势，抢抓国家大力促进旅游投资和消费的政策机遇，围绕打造“大湖名城、创新高地”，建设长三角世界级城市群副中心和提升合肥都市区国际化水平的目标要求，以创建环巢湖国家旅游休闲区试点工作为抓手，把新型城镇化建设、农业现代化发展、美丽乡村建设、环巢湖综合治理等成果转化为乡村旅游发展优势，加强政府引导，推动多元共治，转变发展方式，促进融合发展，创新产品业态，推动乡村旅游实现“三个转变”，即由“景点旅游”向“全域旅游”转变，由观光旅游向乡村度假等高级形态转变，由散打式、粗放式发展向集聚化、精致化发展转变，全面提升乡村旅游的发展质量和服务水平，把我市打造成为合肥都市圈乡村旅游中心城市、长三角和中部地区乡村旅游重要目的地。到2020年，创建2～3个全国休闲农业与乡村旅游示范县（市、区），全国休闲农业与乡村旅游示范点5～8个，中国乡村旅游模范村10个，省休闲农业与乡村旅游示范县覆盖，省休闲农业与乡村旅游示范点和四星级以上农家乐数量翻倍，乡村旅游接待游客数量超4000万人次，总收入突破60亿元（2015年20亿），有力带动就业和农村发展致富。

（一）加强顶层设计，加快转型发展

一是提升发展理念。重点学习江浙闽沪以及中国台湾地区乡村旅游发展的先进理念和成功经验。树立“全域旅游”理念，把乡村区域作为功能完整的旅游目的地来建设，通过“穿针引线”，打通块状分割，实现景点内外一体化，处处是旅游环境；树立“旅游＋”理念，加大乡村旅游与农业、林业、水利、文化、体育、医药等产业的融合力度，创新产品和业态，形成综合新产能；树立“365＋24”全时服务理念，突出乡村旅游产品的多样性、差异性，避免淡旺季落差和季节留白，保障乡村地区一年四季有看头、有玩头。

二是完善规划体系。编制《合肥市乡村旅游发展总体规划》，立足资源禀赋、区位特点和交通优势，打造“两圈四区”，即以“巢湖风光览胜、古镇文化休闲”为主题打造环巢湖乡村旅游圈，以“环城慢生活、休闲时尚秀”为主题打造环庐阳古城乡村旅游圈，以“温泉养生、山居休闲”为核心内容打造庐江乡村旅游集聚区，以“淮军文化、森林休闲”为核心内容打造肥西乡村旅游集聚区，以“历史遗存、农业观光”为核心内容打造肥东乡村旅游集聚区，以“高效农业、田园休闲”为核心内容打造长丰乡村旅游集聚区，构筑全域乡村旅游格局。建立“乡村旅游休闲项目数据库”，加强对核心旅游资源的掌控力，推动旅游资源的统筹管理和高水平开发。

三是加强统筹治理。旅游是综合产业，必须由部门行为向党政统筹推进与社会共治转变，形成大旅游格局。市级层面应成立全市旅游产业发展协调领导小组，由市委、市政府领导任组长，成员由市旅游、农业、林业、水利、国土、文化、发改、城建、财政、宣传等部门以及各县（市）区组成，负责决策乡村旅游发展的全局性、政策性问题。领导小组办公室设在旅游局，负责制定落实发展扶持政策、开展评优评先等日常工作。各级应高度重视乡村旅游，县区（乡镇）主要领导亲自抓，要强化乡镇一级政府管理服务职能。深化旅游改革，组建合肥市旅游投资开发公司，以资本为纽带，以资源整合为手段，围绕打造环巢湖国家旅游休闲区和旅游目的地目标，投资大型旅游项目，推进全市旅游资源和资本的有效聚合，提升旅游资源开发利用水平，推动旅游产业大发展。成立合肥市乡村旅游协会，推进行业治理，促进行业自律和规范发展。推动各县（市、区）成立旅游投资开发公司，对重大乡村旅游项目进行统一开发打造，并吸纳社会资本，提升乡村旅游经营管理专业

化水平。

（二）突出资源特色，打造旅游品牌

高品质的山、水、林、农、路资源是我市发展乡村旅游的独特优势，重点是围绕巢湖建品牌。

一是依托巢湖自然风光、生态环境和人文资源，着力打造环巢湖十二镇历史文化品牌。要依据规划，分步实施，处处体现历史人文内涵，带给旅游者身临其境的体验感。首先，坚持修旧如旧、古今融合，加强对历史遗存、古群落的修复保护。重点是对三河镇和同大、长临河、炯炀、柘皋等四个历史文化老街区进行保护性修复，对六家畈古民居、三湖梅、洪家疃等进行整治保护，对唐咀水下居巢古国、银山智人等遗址进行保护式开发，系统再现古镇历史文化和民俗风情。其次，对古镇历史文化进行有机活化。组织本土专家和文化名人进行艺术创作，通过文学、绘画、书法、影视、话剧等艺术形式，重点打造吴楚文化、三国文化、淮军文化、焦姥文化、巢父文化等原生文化演艺品牌，让古镇历史、人文、神话、传说、风俗等活起来，带给旅游者巢湖版“清明上河图”和厚重文化体验。支持万达文旅等旅游综合体参与本土文化活化活动。再次，大力推动古镇乡村创客行动。引导支持创业者和艺术爱好者利用古镇资源开展乡村旅游创客，重点打造风情民宿、客栈以及时尚创意产品和时尚创意活动，为古镇注入时代文化内涵，提升古镇旅游品位。最后，持续强化宣传营销。突出古镇差异性和主题定位，在主流媒体投放文化创意广告，广泛宣传古镇历史文化形象和生态美景。采取高密度举办节庆活动、名人纪念活动、邀请高层人物、选拔形象代言人等方式，全方位宣传促销。立足巢湖资源特点，举办全国性乃至国际性生态、文化、体育等主题论坛和高端商务会议，不断增强影响力和吸引力。

二是依托独特的温泉资源和生态环境，打造温泉养生养老度假品牌。加强汤池镇乡村旅游规划管理、资源开发和产品设计，将温泉、古村、山林结合起来，打造温泉养生养老度假品牌。

三是依托高效特色农业，打造田园生活体验品牌。以长丰为重点，依托国家、省、市现代农业示范区，配套建设现代艺术庄园、生态餐厅、度假酒店、民宿客栈、娱乐场所等旅游功能设施，举办经常性节庆活动，为游客提供采摘、餐饮、购物、住宿等服务，打造田园生活体验品牌。

四是依托丰富的森林资源，打造森林休闲运动品牌。如肥西林木资源丰富，特别是肥西花岗镇、紫蓬镇、官亭镇等植被丰富，公路相通、林地相连、山路起伏，适宜举办长跑、自行车等活动，应努力打造森林休闲运动品牌。

五是依托牛角大圩、东大圩、三十岗等近城休闲农业资源，打造乡村慢生活。这些地方发展相对成熟，项目较多，离城较近，交通便利，且具有一定格调，适宜打造慢生活品牌。

六是依托地方风物特产，打造旅游商品品牌。突出四大名点、合肥龙虾、巢湖三珍、石塘驴巴、肥西老母鸡、三河米饺、吴山贡鹅、长丰草莓、大圩和同大葡萄等风物特产，加强创意开发，注入时尚元素，丰富产品系列，推进产业化经营，打造旅游商品品牌。

七是推动传统农家乐转型升级和集聚发展。坚持有进有退，推动精品农家乐向风情民宿、特色农庄和乡村度假酒店等特色休闲服务场所转变，引导集聚互补，拓展服务项目和内容，提升服务水平和盈利能力。

（三）完善基础设施，提升服务功能

结合创建环巢湖国家旅游休闲区试点工作和美丽乡村建设，全面开展乡村旅游精品示范点创建活动，强化标准和要求，重点是提升基础设施和服务功能，力争每个乡（镇）创建一个乡村旅游精品示范点，为实现全域旅游奠定坚定基础。一是完善乡村通景交通体系，加快连接高速公路匝道口、火车站、码头、机场、节点城镇的路网建设，通往重点美丽乡村旅游景区（点）的道路在三级以上，满足旅游大巴和自驾游客通行和停车要求，建设沿线旅游配套服务设施工程，设置旅游交通标识牌，提供方便、多样的交通换乘服务，改善进入美丽乡村的可通达性、通畅性和安全性。二是大力改善乡村旅游景区（点）的供电、供水、通信、消防、卫生、医疗以及文化教育条件，完善特色餐饮、住宿、购物、娱乐等配套服务设施，强化旅游功能服务标准和规范，加强监督管理，努力提高乡村旅游的方便性和舒适性。三是加快建设乡村旅游公厕。全面推进旱厕改造，按照国家旅游局的标准，兼顾功能性、主题性和景观性，突出乡村旅游景区、乡村旅游点、重要旅游交通线路以及散客自发集聚游玩地等重点地带，加紧新建或改建一批旅游公厕，提高乡村旅游文明程度和城市旅游品质。四是建立乡村旅游志愿者队伍。依托乡村旅游协会等行业组织，调动企业和经营者的积极性，共同维护乡村旅游环境。

（四）加强人才建设，提升服务水平

缺乏专业化人才是我市发展乡村旅游的短板，必须加快补上。一是强化针对性、实用性培训。以乡村旅游经营管理人员为重点，采取“走出去”“请进来”“结对子”等方式，分期、分批、分层次组织培训，开展研究式、案例式、体验式、互动式、模拟式教学，保证培训质量。依托安徽大学、安徽农业大学的师资和专业优势，各县（市）区各选择一家乡村旅游示范企业或乡

村旅游点，建立一批乡村旅游人才实训基地，为乡村旅游科学化、标准化建设提供人才保障。二是大力推进乡村旅游创客行动。要抓住创建国家小微企业创业创新基地示范城市的机遇，积极打造乡村“创客”基地，组织引导大学生、返乡农民工、专业艺术人才、青年创业团队等投身乡村旅游发展。在环巢湖十二镇周边乡村、环庐阳区古城周边乡村等旅游资源、基础设施、公共服务、客源市场较好地区，利用特色古民居、闲置厂房等开展在线旅游服务、旅游商品开发、乡村客栈、创意设计和营销推广等创业创新活动，提供特色产品和服务，引领乡村旅游创意化、时尚化发展。

（五）加强营销推广，拓展客源市场

围绕打造国内知名的长三角乡村旅游目的地，加强各县（市）区政府、行业主管部门、企业、个体经营者、旅行社、在线服务企业等多主体合作，创新营销方式，广泛开拓旅游市场。一是组织宣传推介活动。将乡村旅游作为全市旅游宣传推介的重要内容，加强产品策划、组织和包装，推出精品线路并不断推陈出新，编印乡村旅游宣传册，评选乡村旅游形象大使，广泛开展推介活动。与国内品牌旅行社和本地大型旅行社开展合作，加大组团营销力度，培育扩大客源市场。同时，与旅行社、大企业、学校、车友俱乐部和相关机构建立良好的合作关系，形成稳定的客源渠道。二是强化客源地宣传。以合肥经济圈和长三角城市群为目标市场，制作乡村旅游广告词，拍摄乡村旅游形象MV，在客源地电视广播、旅游杂志、海报、户外广告等媒介上宣传营销，提高市场影响力。三是创新节庆营销。在合肥现有乡村旅游节庆品牌基础上，进一步策划打造特色主题节庆营销活动，提升节庆活动的互动性和体验性，展示合肥乡村旅游地的品牌形象。逢节假日、周末等时段来临之前，要在重要客源地和机场、车站、商场以及其他人群密集的地方，开展宣传营销。四是创新新型营销方式。在知名网站上建立乡村旅游网站的链接，提升网站的点击率，扩大宣传覆盖面。加快乡村旅游目的地网络营销管理系统建设，指导乡村旅游景区、农家乐等建立网上预定系统，提高信息化发展水平。五是开展学术营销。与中国旅游研究院、中国乡村旅游协会等专业服务机构合作，举办乡村旅游论坛等活动，总结推广合肥经验，塑造合肥乡村旅游地的形象。

（六）推广智慧旅游，提升游客体验

顺应年轻游客决策智能化、出游自主化、消费个性化和体验多样化的偏好，大力推进“互联网+旅游”，建立完善智慧旅游服务体系，提升乡村旅游管理和服务水平。一是建立乡村旅游信息资源数据库。利用物联网、大数据、云计算等技术手段，主动获取、处理和储存乡村旅游经营活动、游客量、交通信息等相关旅游信息，建立并适时开放智慧乡村旅游信息数据库。二是全面推进乡村旅游智慧营销。与中国乡村旅游网（中国乡村旅游协会主办）、合肥论坛、腾讯、新浪等门户网站展开合作，开通乡村旅游官方微博和微信公众号，推进微信、QQ 等互动服务在乡村旅游营销中的应用，建立并通过乡村旅游在线互动营销平台。三是加快建立智慧乡村旅游服务体系。完善合肥市政府旅游门户网站功能，增强互动性、时效性，提供乡村旅游信息资讯及特色服务。加快推进无线局域网建设，在重点乡村旅游景区（点）实现 Wi-Fi 全覆盖。积极支持农村地区银行卡产业的发展，加强对乡村旅游经营者和服务人员支付结算知识的培训，推广支付宝、微信支付等新型支付方式，满足游客便捷性消费需求。积极推进“VR＋旅游”发展，加快重点乡村旅游点 VR 内容创作和制作，给游客提供更多体验，提高乡村旅游附加值。依托市政府应急指挥平台，建立乡村旅游社区监控网络，确保乡村旅游地和游客安全。

（七）强化多元投入，破解融资难题

建立完善财政引导、金融支持、社会参与的多元化投入体系，破解乡村旅游发展融资难题。一是扩大全市旅游发展专项资金规模。整合各类财政资金向乡村旅游倾斜，增加乡村旅游资金比重，重点用于乡村旅游精品打造、“创客”行动和营销推广活动。二是支持农行、农发行、农信社创新乡村旅游金融服务。推行经营权、林权及土地使用权抵押等担保形式；积极开发农户小额信用贷款、农户创业贷款、农户联保贷款、丰收小额贷款卡等适合乡村旅游的信贷产品，加强对乡村旅游专业合作组织金融支持。三是加大招商引资力度。着力打造引领性乡村旅游项目，通过市场化手段拓宽资金渠道，积极引导懂经营、有品位、善营销的企业家，把优质旅游资源变成优势旅游资产，推动我市乡村旅游转型升级。四是制定社会资本参与乡村旅游管理办法，在确保农民作为乡村旅游受益主体的基础上，鼓励社会资金以租赁、承包、联营、股份合作等多种形式投资开发乡村旅游项目，鼓励农民以土地入股、优先就业等方式加入外来乡村旅游开发企业。

（八）创新政策机制，优化发展环境

一是解决好土地制约问题。研究制定全市乡村旅游发展的土地利用总规划及其项目实施计划，制定相关适宜乡村旅游经营的各类土地依法流转的政策措施。市、县（市）区分配年度用地计划指标时，对重点项目用地指标应予以支持。同时明确乡村旅游用地面积占农用地总面积的比例，也可在符合乡村土地利用总规前提下，尽量利用处于闲置状态的存量集体建设用地。鼓励在荒山、荒坡、荒滩进行乡村旅游开发，支持农民在承包的果园、水面、林地开展农家乐旅游项目。积极探索利用旧民房开发乡村旅游项目，由村集体收购并统一管理运作。二是进一步降低准入。在乡村旅游发展比较成熟的地方开展试点，探索乡村旅游规划、土地、消防、环评、工商等方面灵活有效的方式方法，可以学习庐江、汤池等地做法由镇政府出面统筹协调，对民俗发展制定相关管理规定予以扶持奖励。降低办证门槛、简化审批手续，在经营者申请新办乡村旅游项目特别是民宿项目时，允许使用农民宅基地、农村集体经济组织各类合法的闲置存量用地上的既有建筑物进行修缮发展。凡未使用建筑材料硬化地面，或虽使用建筑材料，但未破坏耕作层且易于复耕的旅游临时性服务配套设施用地，经核定后，可作为设施农用地办理用地手续，不纳入农用地转用范围，不占建设用地指标。三是精心设计乡村旅游项目。集成新农村建设扶持政策、农村水利扶持政策、农业新品种推广、沼气建设、乡村公路、技能培训支持等一系列支持三农的政策，形成乡村旅游发展的政策优势。四是制定和完善乡村旅游监督管理规范。建立以旅游、公安、交通、劳动、质监、工商等部门组成的监管体系，加强对经营者的监督检查，促进乡村旅游规范、安全、健康发展。

（**课题参与单位**：合肥市政府政策研究室）

合肥打造内陆开放新高地的思考

课题负责人：王民生

对外开放是我国的基本国策，是国家繁荣发展的必由之路。自 1978 年实行改革开放政策以来，我国对外开放历经创办经济特区、开放沿海港口城市、建立沿海经济开放区以及开放沿江、内陆和沿边城市等四个阶段，形成了全方位对外开放格局。党的十八大以来，党中央、国务院做出了实施“一带一路”战略等一系列对外开放新的重大决策，在更大范围、更宽领域、更深层次上推动开放型经济发展。作为“一带一路”和“长江经济带”双节点城市，在建设长三角世界级城市群副中心的新定位下，加快构建开放型经济新体制，促进全方位对内对外开放，全力打造内陆开放新高地，对于合肥新一轮发展意义重大。

本课题从合肥打造内陆开放新高地目标定位的深刻内涵入手，概括分析我市的现实基础、国内外发展新形势及其带来的机遇与挑战，在此基础上深入思考，提出我市打造内陆开放新高地的基本思路、工作着力点和若干具体推进措施。

一、厘清概念，明确合肥打造内陆开放新高地的定位

开放是指一个国家、地区或经济体自觉、主动地融入外部世界，并与外部世界形成全方位互动的过程，核心是放宽政策积极主动地扩大对外经济交往，放开、取消各种限制，发展开放型经济。

（一）开放型经济的基本内涵

开放型经济是指利用内外两个市场、两种资源，实现最优要素组合和资源配置效率的一种经济模式。开放型经济要求要素、商品与服务可以较自由地跨国界流动，强调把国内经济和整个国际市场联系起来，尽可能充分参与国际分工，在国际分工中发挥出自身的比较优势。不同于以出口导向为主的

外向型经济，开放型经济以降低关税壁垒和提高资本自由流动程度为主。

（二）内陆开放新高地的内涵

随着我国对外开放格局的逐渐完善，内陆地区在经济中所发挥的作用越来越大。2013 年，十八届三中全会做出进一步扩大内陆和沿边开放，全面建设开放型经济新体系的战略部署。内陆城市积极融入国家新一轮开放发展格局，对外开放广度、深度不断拓展，大力推动从内陆腹地向开放前沿转变。在区域竞争格局下，内陆城市中开放型经济发展水平高、体制机制健全、基础设施完善、比较优势明显的城市将成为内陆开放新高地。

（三）合肥内陆开放新高地的目标定位

打造内陆开放新高地，是国家实施“长江经济带”战略赋予合肥的重要任务，是以开放促改革，推动区域经济发展，再造竞争新优势，厚植发展潜力的重要举措。具体来说，就是建设“七个高地”：一是外贸扩张、转型升级的新高地。以培育主体、产业升级、结构优化为工作重点，形成以技术、品牌、质量、服务为核心的出口竞争优势，对外贸易规模再上新台阶。二是服务贸易的新高地。打造服务外包基地和企业、培育新兴服务业态，提高专业化水平，扩大服务贸易份额。三是利用外资、科学承接的新高地。围绕招商引资、园区平台升级以及引资、引技、引智联动，进一步提高利用外资综合优势和总体效益。四是借势出海的“走出去”新高地。增强企业国际化经营能力，积极推动特色产业走出去、资本技术走出去、优势产能走出去。五是综合保障能力的新高地。全面融入国家及区域多重发展战略，高水平建设运营“四港三区一中心”，成为全国综合交通枢纽，人流、物流、资金流、信息流汇聚高地。六是效能提升、环境优化的新高地。积极营造优良的政务环境、政策环境和创新发展的环境。七是适应国际化都市的社会管理新高地。营造开放、文明、安全及友善、和谐、包容的社区生活与生产经营环境，等高对接国际惯例和通行规则。

二、认清现状，打造内陆开放新高地初具基础

近年来，合肥开放型经济厚积薄发、加速追赶，在总量、增速、结构及综合环境、开放平台等众多方面取得突破性进展。

（一）大产业已生根

抓住东南沿海先发区域产业转移的战略机遇，坚定不移实施“工业立市”战略，基础设施大建设产生大需求，大招商实现大投资，创新服务实现区域

发展环境更加优化。通过改造提升传统产业、大力发展战略性新兴产业、加快发展现代服务业，培育形成汽车及零部件、装备制造、家用电器、食品及农副产品加工、新型平板显示及电子信息等支柱产业，取得发展新成效，成为经济增长新引领。初步形成的现代产业体系为打造内陆开放新高地奠定了产业基础。

（二）强势头已显露

经济总量再上新台阶。“十二五”期间，生产总值连跨三个千亿台阶，达到5660.3亿元，年均增长12.2%。规模以上工业总产值9312.8亿元，年均增长15.7%。全社会固定资产投资累计完成2.36万亿元，年均增长19.8%。在省会城市中，地区生产总值从第15位升至第12位；地方财政收入居第11位；固定资产投资由第8位升至第5位。

进出口逆势上扬。从2011年的123.09亿美元增长至2015年的203.4亿美元，年均增幅13.38%。

外贸结构趋于优化。加工贸易占全市贸易比重由2011年的27.6%上升到2015年的32.9%。

外贸企业主体数量迅猛增长。从2011年的1440家增长到2015年的2059家，累计批准设立外商投资企业3006家，其中境外世界500强企业52家，省级以上服务外包示范园区6个，年进出口总额过亿美元的企业33家。

利用外资明显增长。累计利用外商直接投资94.8亿美元，年均增长15%。累计实际利用外资196亿美元，实际对外投资11.2亿美元。

外经合作步伐加快。累计签订外经合同额85.6亿美元，完成营业额107.3亿美元，年均增长25%和0.5%，2015年底各类在外劳务3.5万人。

服务外包发展迅速。2015年，全市服务外包接包合同签约金额22.7亿美元，同比增长21.6%；接包合同执行金额12.61亿美元，同比增长4.7%，分别是“十一五”末的16.2倍、14.7倍。

（三）硬基础已夯实

坚持加快建设与完善功能相结合、提升实力与创新机制相结合、丰富内容与拓展领域相结合，推动全方位、多层次、宽领域地对外开放，内陆开放新高地基础进一步夯实。构筑了全国重要的综合交通枢纽，以强化对外辐射为重点，公路、铁路、机场、港口等纵横交错的现代综合交通体系基本建成。“四港三区一中心”八大平台为核心的基础设施和服务功能硬软件同步推进，水、陆、空齐头并进，打通了对外经济走廊，承载力、吸引力、竞争力和辐射力进一步增强：合肥水运港集装箱吞吐量突破18万标箱；国际内陆港“合新欧”国际货运班列常态化运行，合肥—宁波铁海联运正式运行；航空港获批进境水果、冰鲜水产品指定口岸，开通多条国内外货运航线；跨境电子商务港成为国家跨境电子商务综合实验区，国际邮件交换局成立运营；综合保税区实现封关运营；出口加工区实现进出口总额45.86亿美元；空港保税物流中心（B型）已正式获批；对外经济合作服务平台机构成立并正式运行。

（四）软环境已优化

着力完善发展的软环境，全社会开放意识与氛围逐步增强。在思想观念上，改革的观念深入人心，各领域改革取得巨大成就。在开放氛围上，开放开发已达成共识，区域定位进一步提升。在服务效能上，持续推进行政审批制度改革，大力推行负面清单制度，致力打造高效廉洁政务，不断优化规范的制度环境和稳定的市场环境。在政策体系上，不断健全完善政策，形成“1＋3＋5”产业扶持政策体系。涉企收费、通关便利化、行政审批和商事制度改革持续推进，政策环境持续优化。

三、审时度势，抢抓内陆开放新高地发展机遇

经济全球化趋势下，发展开放型经济已成为各国的主流选择。充分认识当前国际、国内经济发展大势，是合肥打造内陆开放新高地的前提。

（一）打造内陆开放新高地是顺应经济全球化和区域一体化的必然选择

2008年金融危机以来，全球经济结构发生深刻调整，国际产业分工面临新变化，一些中高端制造业向发达国家回流，服务外包和服务投资成为国际经贸合作新热点。与此同时，区域经济一体化越发强化，自贸区建设成为世界经济发展的潮流。作为中国经济重要引擎的长三角，上海自贸区建设应运而生。国际经贸环境的深刻变化，尤其是在贸易规则、资源整合等变革下，必然带来产业的重新布局。作为长三角区域经济发展的重要组成部分，合肥历经“工业立市”战略的构建和完善，当前正处于结构调整和产业升级的重大转型期，这也是基于适应经济全球化和区域一体化时代机遇而做出的战略选择。合肥作为内陆区域性中心城市，各类开发园区、产业聚集区平台建设完善，承接梯度转移基础条件优厚、扎实，在创新加工及服务贸易模式，拓展开放型经济新体系的过程中，必将迎来参与区域一体化乃至国际产业分工的新机遇。

（二）打造内陆开放新高地是落实国家开放战略的内在要求

面对世界经贸格局新变化，我国积极参与重大经贸合作谈判，在新的货

物贸易、服务贸易和投资规则制定中抢占先机。统筹开放型经济顶层设计，出台《关于构建开放型经济新体制的若干意见》，做出“引进来”和“走出去”相结合、统筹国内发展和加速与世界经济融合、把握开放主动权和适应经济发展新常态等重大部署。合肥无论出于自身发展要求，还是贯彻落实国家总体开放战略，都要抢抓机遇，因势利导，积极探索对外经济合作新模式、新路径、新体制，加快培育国际合作和竞争新优势，大力发展内需和外需市场，开拓东南亚等新兴市场，大力引进外资、扩大外贸，形成全方位开放新格局。

（三）打造内陆开放新高地是建设长三角城市群副中心的重大举措

2014年9月，国务院出台《关于依托黄金水道推动长江经济带发展的指导意见》，明确将合肥与南京、杭州并列为长三角世界级城市群的副中心，对合肥给予了前所未有的新定位和新期待。作为长三角城市群的副中心，也是长江经济带的重要城市，合肥建设全国性综合交通枢纽、国际化都市区已上升为国家战略，打造内陆开放新高地机不可失、失不再来，唯有大力推进实施合肥国家级新区，加快复制并实施自贸区体制机制和发展经验，促进外贸、投资、技术创新协调发展，形成新的产业集群，建立新的制造业中心，才能形成横贯东中西、联结南北方的对外经济走廊，促进内陆开放发展进入新阶段。

（四）打造内陆开放新高地是实现率先在中部崛起的现实需要

国家新的《促进中部地区崛起规划（2016—2025）》《长上江中游城市群发展规划》和《长江经济带规划纲要》中突出合肥等长江中游城市对中部地区的带动作用，对于合肥发展开放型经济是重大利好。中部区域合作共建，促进内陆贸易、投资、技术创新，将使合肥左右逢源。有关研究显示，目前东南沿海先发地区每年向外转移的产业大约40%转向东南亚，60%转向国内中西部地区。这表明，承东启西、贯通南北的合肥，与处于你追我赶、争先恐后的竞争状态的武汉、郑州、长沙等相比，承接产业转移方面还有很大空间优势，只有加快打造内陆开放新高地，才能进一步发挥“大枢纽”的区位优势、“大产业”的发展优势、“大开放”的战略优势。

（五）打造内陆开放新高地是对接“一带一路”战略机遇的新要求

国家实施“一带一路”对外开放战略，配合之前的京津冀协同发展战略和长江经济带战略，整体推动东西双向开放，促进基础设施互联互通，扩大对沿边开发开放，形成全方位开放新格局。合肥作为“一带一路”节点城市，全国综合交通枢纽地位基本成型，打造开放新高地具备利用内陆纵深广阔、科技资源丰富、产业基础扎实、人力资源等要素成本不高等多方面的比较优势，在以“一带一路”为标志的新一轮对外开放中，尤其是在以“互联网+”带动的新兴产业发展的时代，深化与“一带一路”沿线国家多层次经贸合作，与国内先发地区相比几乎同处一条起跑线。

四、正视不足，迎接打造内陆开放新高地新挑战

在区域激烈竞争格局中，合肥要成为加速崛起的一极，向东必须瞄准南京、杭州、苏州；向西则应把武汉、郑州、长沙、重庆等市作为对标城市；认清差距、找出不足，接受挑战、寻找发力点。

（一）对外贸易规模小，后续增长优势不明显

“十二五”时期，合肥市对外贸易规模与中部地区其他省会城市相比，落后于郑州、武汉，且差距较大，2015 年仅占郑州的 35.7%、武汉的 72.4%。郑州、长沙分别保持了年均 37.41%、14.68%的增幅，高于合肥的 13.38%（见表 1)。

表 1 “十二五”期间部分城市进出口总额对比表 （亿美元）

城市＼年份	2011	2012	2013	2014	2015	年均增长（%）
合肥	123.09	176.42	181.90	200.87	203.38	13.38
杭州	639.71	616.84	650.71	679.98	665.67	0.01
苏州	3008.63	3056.92	3093.46	3113.57	3053.50	0.37
南京	573.44	552.35	557.57	572.21	532.70	−1.82
武汉	227.90	203.54	217.52	264.23	280.72	5.35
长沙	74.83	86.93	98.93	125.61	129.53	14.68
郑州	159.96	358.32	427.50	464.31	570.30	37.41

（二）“引进来”总量低、增长速度偏慢

过去 5 年，在对标城市中，合肥实际利用外资最低。2015 年外商直接投资 25 亿美元，只占武汉的 34%、长沙的 57%、郑州的 65%、杭州的 35%，是成都的 33%、重庆的 23%。从增速看，比发展较为成熟的苏州、南京高出 14.23、10.11 个百分点，但比武汉、长沙、杭州分别低 9.77、5.64、2.53 个百分点。境外世界五百强企业，合肥 52 家，杭州 112 家、成都 199 家、重庆 262 家。(见表 2)

表 2 “十二五”期间部分城市实际利用外资对比表 （亿美元）

城市＼年份	2011	2012	2013	2014	2015	年均增长（%）
合肥	18.13	16.56	18.90	21.82	25.07	8.44
杭州	47.22	49.61	52.76	63.35	71.13	10.97
苏州	89.10	91.65	87.00	81.20	70.20	−5.79
南京	35.66	41.30	40.33	32.91	33.35	−1.67
武汉	37.60	44.44	52.50	61.99	73.43	18.21
长沙	26.01	29.77	34.00	39.69	44.06	14.08
郑州	31.00	34.30	33.20	36.30	38.30	5.43

（三）“走出去”质量不高、方式单一

外经龙头企业少，企业“走出去”规模小，大项目总体偏少，带动力不足。2015 年合肥外经合作完成 19.4 亿美元，超过苏州（10.4 亿美元）和长沙（6.1 亿美元），但远低于深圳（179.48 亿美元），比郑州（20.9 亿美元）、南京（33.34 亿美元）、武汉（28.07 亿美元）低。“走出去”龙头企业多数集中在国企、央企，民营企业走出去步伐较慢，2015 年全市走出去的前十名企业中，国企 8 家、民企 2 家。

（四）平台建设起步晚、口岸数量少功能不足

初步构建“八大平台”立体内陆开放承载体系，但与发达地区相比，市场竞争能力弱，设施、功能还需完善阶段。现有平台仅水港、空港、综保区和出口加工区 4 个拥有口岸功能，而邻近的南京、武汉分别有 6 个，郑州有 5 个。目前我市水运港仅为二类口岸；铁路货运中心口岸尚处于申报阶段，外贸出口集装箱总量不大；航空港客流量、货邮量不足，口岸功能受限；跨境电子商务港及其产业园缺少龙头平台企业，单一窗口建设刚刚起步；综合保税区封关运行，但口岸功能还不完善。

（五）企业主体整体竞争力不强、基础弱

2015 年，全市进出口过亿美元企业 33 家，远低于苏州的 159 家、南京的 94 家，略高于长沙的 22 家、郑州的 16 家，与武汉的 33 家持平。对外投资总量下滑明显。“十二五”期间，合肥境外实际投资由 4.39 亿美元下滑至 0.67 亿美元，年均下降 37.43%，累计对外投资 11.19 亿美元。高附加值、自主品牌产品所占对外贸易产品比重仍较低。

（六）环境资源要素刚性约束较大、成本攀升

劳动力成本快速上升趋势，原材料等生产成本大幅攀升，制约着企业的健康持续发展；企业融资及汇率环境普遍趋紧，融资难、融资贵未有效缓解。巢湖水质及其环境治污任务艰巨，环巢湖周边及延伸流域产业发展受到制约，综合发展成本上升；合肥水资源量的绝对短缺，使工农业、居民生活乃至城市发展规模等方面在很大程度上制约了增长的速度。

（七）城市比较优势不突出、开放意识待提升

与杭州、南京、深圳及重庆、武汉等开放型经济大市相比，合肥在规模小、积淀少、基础弱的起点上实施追赶型发展的现状，短期内不会根本改变。全市整体开放意识不浓，国际化程度还比较低，在对接国际市场、外引国际资本，利用国际资源、带动经济发展等方面，与打造内陆开放新高地的目标、建设长三角世界级城市群副中心的定位还不能完全适应。

五、锐意创新，寻找内陆开放新高地发力点

合肥打造内陆开放新高地任重道远，要树立久久为功的观念，摒弃一蹴而就思维，务实推进。着眼中长期发展，应把握好以下六个方面的发力点。

（一）持续招商不放松

一是落实招商新举措。促进招商引资与开放型经济转型升级相结合，积极引导外资投向高端制造等战略性新兴产业；组建国际化招商专业队伍，吸引跨国公司等在肥设立区域总部、研发中心、地区营销中心和采购中心；支持企业以商招商引进上下游企业，灵活运用政府投资引导基金，采取配投产业基金、直接投资重大项目、投资研发机构、并购企业等方式促进招商；实施县域开放发展战略，加快承接产业转移力度，突出产业、突出项目、突出创新、突出特色，提升县域经济外向度。二是加速实施管理创新。实施准入前国民待遇加负面清单管理模式，强化投资权益和知识产权保护，创新外资管理机制，改善审批及日常动态管理与服务；外商投资领域从制造业向服务业拓展，从营利性向非营利性机构延伸，大胆放开教育、文化、医疗、养老等没有禁止性规定的领域。三是持续发挥园区优势。立足经济开发区、保税区、出口加工区、跨境电商、航空港等各类园区特点，提升土地、基础设施利用率，灵活运用金融、税收、土地政策，持续再掀招商引资热潮。

（二）推进外贸转型升级扩张

一是坚持扩大对外贸易。强化外贸扩张战略，深入推进行政审批制度改革，

完善配套和后续服务；深化区域通关改革、推进“单一窗口”建设，实现贸易便利化，提升监管效能；进一步简化出口退税手续，降低贸易企业营运成本，提高外贸企业扩大出口积极性。二是促进转型升级。以服务贸易为重点，做强优势产业及其产业链基础，推动产业链向研发设计、营销上下游两端延伸拓展，扩大高附加值商品贸易、促进技术成果转化与输出，着眼新起点上的竞争，外贸迎头赶上的速度势头才能加快。三是优化贸易格局。根据不同的贸易方式的特性，采取有针对性的财政政策、园区布局、用工帮扶等差别举措，推动一般贸易、加工贸易、服务贸易协调发展。转变外贸发展方式，加速推动外贸企业更加便利的由出口转向直接在中国销售，开发国际、国内两个市场。

（三）挖掘合肥人力资源优势

一要大力促进科技成果转化。不折不扣地执行国家科技成果转化法，进一步提高科研人员成果转化收益比例，制定相关管理办法促进专利的实施和运用，促进科技成果本地转化。二要实施高层次人才创业团队引进计划。围绕合肥战略性新兴产业和主导产业，强化实施高层人才引进，尤其是要引进“高、精、尖、缺”的领军型人才。三要加强人才配套服务。包括高层次人才子女就学、配偶就业及为高层次人才落户、外籍高层次人才签证居留和出入境等提供便捷服务。四要改进外事服务，促进国际交流与合作。方便科技人员、企业家走出去、引进来，支持高校和科研院所开展国际合作与交流，支持和鼓励在肥院校吸引“一带一路”沿线国家留学生。五要加强国际培训。建立外经贸人才库，加强经营管理人才出国境培训，扩大视野、增强开放意识和服务本领。

（四）规划合肥“一带一路”重点合作领域

以对外承包工程等领域为重点开展经济合作，推动我市优势汽车制造、工程机械、大型成套设备、技术和劳务输出到沿线国家。一是加强与沿线国家的产业投资合作，共建一批经贸合作园区。引导我市家电、电子信息、平板显示、光伏、新能源等优势产业在“一带一路”沿线国家布局，鼓励我市具备国际竞争力的企业，通过并购、参股等方式参与境外投资，鼓励企业积极参与沿线国家对外承包工程业务，加强国际产能和技术合作。二是鼓励发展面向沿线国家的电子商务，倡导电子商务多边合作。重点围绕合肥家用电器及电子信息等产业优势，拓展“一带一路”沿线电商业务。三是开展科技人文交流。扩大与沿线国家互派留学规模，境外教育合作招生。寻找产学研、医疗卫生、会展旅游合作机会，开拓市场。

（五）积极做好自贸区的研究申报

一是加快研究、复制上海自贸区的试验经验。探索实施外商投资准入前国民待遇加负面清单管理模式，推动投资管理制度改革。二是积极申报设立中国（合肥）自由贸易试验区。从集聚合肥创新资源、完善创新管理体系、营造开放型经济环境等领域，研究制定合肥内陆开放新高地建设过程中的瓶颈问题。三是加快培育适应自由贸易体制的创新主体。发展技术创新主体、知识创新主体、产业创新主体，立足合肥资源条件、技术基础、区位优势、政策环境等特点，强化集成发展、创新发展能力，引进吸纳自贸区经验，在转化运用基础上形成产业动力、开放动力、竞争动力。

（六）营造公平、透明、可预期营商的法制环境

一是完善产业政策。着眼公平对待所有企业主体，财政扶持重点应转向依据产业类型，力逐步调整按企业主体规模大小、经营性质等划分方法而给予扶持。改进奖补方法，通过政府采购、区域布局及技术创新程度等办法，运用市场竞标等方式，引导本地重点品牌发展。二是落实透明理财。在人大代表、政协委员、智库专家、媒体社会等多个层面，逐步建立公开论证或评价各级财政预、决算的科学性、合理性，把事前、事中及事后透明理财、监督理财落到实处。三是营造经济活动的法制环境。在充实司法力量基础上，强力监督司法，在全国树立保护产权、维护契约、平等交换、公平竞争的营商、护商环境。

六、虚实结合，完善内陆开放新高地建设的工作措施

（一）加快通关口岸建设

一是报请省级政府向上争取，寻求海关部署、质检总局支持，扩充地方人员编制，切实解决海关、国检面临的点多面广、人手少的困难。二是扩大以市政府购买服务的“协关员”“协检员”队伍，力争让企业享受实实在在的24小时通关，切实回应企业期盼的时效问题。三是高标准加快内陆港口岸建设，积极申请合肥铁路对外开放口岸。四是加快申报设立合肥空港进境冰鲜水产品指定口岸步伐。

（二）实施“一区两园”模式

推动综合保税区和出口加工区率先资源整合，重点在招商信息、土地利用、税收政策、关检协同等领域开展合作，无缝对接，在保留两个牌子基础上，按照“一园两区”来实际运作。市口岸办安排专人督促综保区封关运行后的配套建设工作，跟踪服务出口加工区“两单一审”改革进程，推进特殊监管区域内企业与口岸货物通关一体化落到实处。

（三）着手培训涉外人员

一是开展涉及对外劳务的专业技能培训。日常储备性的各类培训，可仍

由劳动主管部门按照年度计划进行；但对于单项应急性的专项培训，可由企业提出需求，委托市对外经济合作服务中心组织安排，同等适用财政培训奖补政策。二是涉及对外贸人员的报关、报检、出口退税等专业知识培训。由市对外经济合作服务中心牵头提出培训工作方案，报市开放型经济领导小组研究，采取单项追加财政预算给予补贴的办法解决。

（四）营造开放性国际化城市环境

一是增设城市英文标识。可先行实施城市主次干道路、站牌、公园、广场、公交车次以及重要景点、博物馆、纪念碑、中小学校、大专院所、公益组织等场所，设立英文标识。二是电视、广播推出英文时段节目。合肥电视台、广播电台推出英文时段新闻。鼓励星级以上宾馆、酒店等场所将电视英语新闻作为客房电视备选节目，后续再逐步向其他生活娱乐类等节目推开。三是引导民间创办“新洋务论坛”。可在现有的“合肥讲坛”开辟专栏，也可由政协组织或民间协会创办，财政给予支持，或直接成立相关基金会运作。广泛宣传教育，坚定合肥发展开放型经济、打造内陆开放新高地的自觉性。

（五）增强市民开放型城市体验

鼓励新建或改造以合肥国际友好城市命名的商业、文化场所，在中德教育合作示范基地、德国创新产业园、中韩（合肥）科技产业园等项目附近规划建设具有德国、韩国特色的商业街。完善台湾小吃一条街，将十五里河按照异国风情打造，可在沿岸增设世界著名景点、建筑物等微缩景观，增强市民开放城市意识与体验。

（六）举办世界科技城市联盟城市系列活动

充分利用合肥是世界科技城市联盟（WTA）成员城市这一平台，举办世界科技城市联盟城市系列活动，申办“会员大会”，举办“国际内陆开放城市论坛”“科技大市场”“电子贸易博览会”等方式，共享经验与信息，促进合作科研，提高合肥的国际知名度。

（七）与“一路一带”国家开展文教等合作

推进完善中德教育合作示范基地、引进沿线知名大学、职业院校来肥合资合作办学，鼓励有实力的高校“走出去”办学、设立奖学金鼓励在肥高校招收沿线国家留学生、互派医疗人员援助或进修学习、推动在经贸项目基础上产学研协同配合、与沿线国家互办文化年、艺术节等活动，推出环巢湖旅游品牌与沿线国家旅游合作，打造国际精品旅游线路和旅游产品。

（八）合肥名特优地产品组团境外巡展

“商品”的价值蕴含着人文、自然、审美等多重因素，认识一个“商品”，就可以认识一个国家或地区。组织名特优地产品境外巡展，解决单一企业在信息获取、面临国际大展时的资格申报、外事手续、物流运输等多方面问题，可采取政府或行业协会牵头组织、财政给予集中运输和展位补助的办法推动。

（九）规划并尽快启动建设国际社区

内陆开放新高地必然是个创新、包容、国际化区域，规划建设国际社区有利于外国人士、海归人才的引进，有利于本土企业家、文化名人、知识精英、娱乐体育明星等高收入人群集聚，在“人流”基础上促进“物流、资金流、信息流”汇集，强化合肥对外交流交往，使其成为合肥的“新名片”。可在巢湖周边建设集国际医疗、教育、智慧运行等于一体，兼具金融贸易、文化旅游、生态居住等功能的高度复合的国际社区。

（十）提升适应国际开放城市的社会管理

制定《合肥国际化发展规划》，以适应国际企业总部、高端人才集聚，国际交往日趋紧密的要求，构建便捷的人财物流动、快速口岸通关、包容的文化氛围，着力改进、完善合肥在外语人才培养、不夜城的商业管理、治安检查方式、对不同族群文化差异的认知和尊重、外事礼仪的运用、权利维护意识等方面的社会服务，全面提升城市管理水平，营造亲和、自在、宽松的社会环境。

（**课题参与单位：**合肥市政府政策研究室）

第二章

探索与关注

践行五大发展　提升城市能级

凌　云

最近召开的中央经济工作会议对2017年经济工作做出了宏观战略部署，不久前举行的安徽省第十次党代会描绘了落实五大发展、建设美好安徽的蓝图，这都对合肥今后一个时期经济发展提出了新要求。我们要深入贯彻落实中央经济工作会议精神和省委、省政府的决策部署，以“讲看齐、见行动”学习讨论凝聚实践动力，加快实施五大发展行动，奋力提升城市能级，争当创新协调绿色开放共享的美好安徽建设的“排头兵”。

1. 推进创新发展，当好核心城市

坚持把创新作为第一动力，打好“科教牌”，下好“先手棋”，加快科技创新、产业创新、企业创新、产品创新、市场创新，完善技术和产业、平台和企业、资本和金融、制度和政策等四大创新体系，在合芜蚌国家自主创新综合示范区和系统推进全面创新改革试验区建设中，充分发挥核心城市的引领带动作用。实施创新发展，主要是构筑大平台、发展大产业。构筑大平台就是在争取国家布局、开展协同共建、搭建众创空间、谋划创新长廊等四个层面上同步发力。超导核聚变中心、量子信息国家实验室等七大国家工程平台建设都力争取得突破性进展，中科大先研院、清华公共安全院等已建的协同创新平台要大力发展，最近签约的北航合肥科学城等一批创新平台要加快建设，孵化器、加速器、众创空间等双创平台要完善功能。省政府领导提出，要在巢湖沿岸建设内化创新发展四大支撑体系的“创新长廊”。我们正积极谋划，在巢湖北岸规划建设全国一流的巢湖湾科创大走廊，着力打造全球知名创新共同体、全国重要的科技创新策源地和全省创新发展新引擎。发展大产业就是在壮大新兴产业、改造传统产业、提升服务业等三个层次上同步推进。新兴产业要再上一批国家级、省级集聚基地和一批重大项目，新一轮工业技术改造三年行动计划要形成亮点，现代服务业聚集区和服务业特色小镇、商业特色街区建设要有新突破，加快打造第4个千亿级产业，加快催生第1个两千亿级产业，大力构建创新型现代产业体系。

2. 推进协调发展，当好中心城市

按照城湖共生、产城一体、全域统筹、融合发展的思路，深入实施“1331”城市空间发展战略，统筹推进城市有机更新和城区转型发展，提升城市功能品质，加快开发园区转型升级，全面推进县域“五化”同步，着力建成城乡一体、区域联动的发展新格局。协调发展对合肥来说，不仅要着眼全市，更要面向全省。实施协调发展，主要是推进城市大建设、环境大城管、城乡大统筹、区域大联动。建设长三角世界级城市群副中心，合肥城市基础设施还有很多短板和欠账。今后的大建设不仅力度只加不降、投资只增不减，而且要在精品城市建设上出新动作、树新形象。全国性综合交通枢纽建设要有新突破，轨道交通建设要有新模式，国省干线建设要有新进展，城市路网、海绵城市、综合管廊、信用城市、智慧城市建设要有新成效，国家级合肥滨湖新区要力争早日获批启动建设。提升城市环境品位，群众热切期待，社会高度关注，已经成为一项紧迫而重大的任务摆在我们面前。城市环境综合整治是一项系统工程，必须建立大城管模式。大城管就是围绕“净化、硬化、亮化、绿化、美化”的目标，按照“一年大突破、两年大变样、三年树品牌”的要求，全面开展城市交通管理畅通、立面容貌提升、老旧小区整治等“十大行动”，打造文明城市创建升级版。

与先发地区相比，我市县域经济占全市经济的比重不够高，与新型工业化主战场的定位还有差距，必须加大城乡统筹发展力度。大统筹的着力点是在基础设施、产业布局、支持政策、公共服务等方面加大对县域倾斜力度，辖区各县市要主动融入城市，勇攀新高，肥西、肥东、长丰县要巩固提升全国百强县位次，庐江县、巢湖市要奋力冲刺全国百强县。按照国家颁布的长三角城市群发展规划，未来合肥都市圈的外延将拓展到芜马两市，与沪宁合发展轴并轨。省委、省政府也明确要求，强化各市与合肥联动发展，构建核心引领、圈带互动的区域发展新格局。合肥作为中心城市，必须主动作为，积极行动。大联动就是在提高现有五市一体化发展水平的基础上，积极推进合肥都市圈扩容，加快形成“5+2”主体架构，不断放大区域联动效应。

3. 推进绿色发展，当好示范城市

现在，人民群众对清新空气、清澈河流、优美环境的要求越来越强烈。我们要牢固绿水青山就是金山银山的理念，持续实施生态优先战略，高水平建设巢湖生态文明先行示范区，发展壮大绿色经济、循环经济，加快推动生产方式、生活方式和消费模式绿色转型，全域打造“有土皆绿、是水则清、四季花香、处处鸟鸣”的美丽合肥，在绿色发展上闯出新路，走在全国前列。实施绿色发展，主要是建设大生态，重点是“三治一创”。巢湖综合治理要加快“引江济淮”工程建设，一到八期工程要统筹推进，确保巢湖水质有新改善。大气污染防治要在“九大行动”上持续发力，确保空气质量不断向好。土壤污染防治要加快制定实施方案，加强监管能力建设。国家生态园林城市创建要以“五森工程”、老城区绿化品质提升工程为重点，力求取得新进展。

4. 推进开放发展，当好先行城市

开放广度决定着要素丰度与发展高度。我们要积极融入国家“三大战略”，充分发挥“一带一路”、长江经济带“双节点”城市功能，利用好国际国内两个市场、两种资源，坚持“引进来”与“走出去”并重，创新开放模式，发展开放型经济，完善投资贸易体制机制，扩大对外投资贸易规模，不断提升城市国际开放水平。推进开放发展，主要是拓展大通道、开展大招商。八大开放平台是对接国际市场、国际资本、国际产业、国际营商环境的重要通道。拓展大通道，就是要按照今年市政府1号文件明确的目标任务、实施路径、支撑项目，大力提升八大开放平台功能，为打造内陆开放新高地提供更加有力的支撑，在此基础上，积极争创国家自贸区。要拓展外贸渠道，推进长三角区域大通关建设，提升贸易便利化水平，扩大进出口。加快中德、中美、中俄、中韩等国际合作项目建设，强化上海合肥双城合作，推进与长江中游城市群互联互通。招商引资是加快发展的第一要事，任何时候都不能松懈。大招商要加快实现“三个转变”：由粗放招商向精准招商转变，由单纯重视规模向更加重视量质齐升转变，由招商引资为重向招商引资和招才引智并重转变。

5. 推进共享发展，当好标杆城市

共享发展是执政为民的必然要求。我们要守住底线、突出重点、完善制度、引导预期，顺应全面小康的新要求、民生内涵的新变化，以补齐社会短板、释放改革红利、促进社会和谐、体现公平正义为核心，以实施民生工程为重要抓手，加快社会事业发展，提升公共服务水平，加强和创新社会治理，让人民群众物质更富足、精神更富有、生活更幸福，全面提升人民群众获得感。实施共享发展，主要是改善大民生、优化大环境。改善大民生，就是顺应全面小康新要求、民生内涵新变化，充分反映民意，加大财政投入，加快推进脱贫攻坚行动计划，全面提高就业和社保水平，加快发展文化、教育、卫生、体育等社会事业，加强社会治理，让群众物质更富足、精神更富有、生活更幸福。优化大环境，重中之重是要提升服务效能。首先要加强学习，切实解决本领恐慌、能力不足等问题。结合“放管服”改革，要对办事流程再简化，对审批事项再精化，对服务保障再优化。同时，要强化依法行政，自觉运用法治思维、法治方式谋划和推进工作；恪守廉洁从政，认真开展“讲看齐、见行动”学习讨论，严守政治纪律和政治规矩，严肃党内政治生活，认真执行党内监督条例，强化“一岗双责”，确保政府系统风清气正。

坚定不移强党性　驰而不息抓发展

韩　冰

学习贯彻习近平总书记“七一”重要讲话精神，就是要从中增强信心和决心，从中汲取智慧和力量，以强烈的责任感和坚定的看齐意识，坚持发展是第一要务，牢固树立创新、协调、绿色、开放、共享发展理念，自觉把习近平总书记“七一”重要讲话和省、市委的工作要求，转化为践行发展新理念、实现发展新突破的实际行动，切实做到不忘初心、不辱使命，勇于担当、开拓进取，努力在当好全省“三个排头兵”、全面建成小康社会的新征程中闯出新路、走在前列。

着力加快发展。习近平总书记强调，要“让人民更有获得感”，这为我们进一步抢抓发展机遇、增进人民福祉增强了紧迫感。“十一五”以来，我市主要经济指标位次由省会城市20位左右，跃居或接近前10位，综合实力大幅跃升，人民群众获得感、幸福感显著增强，一个很重要的原因，就是我们始终抓住经济建设这个中心不放松，持续推进“创新、转型、升级”发展。但同时我们也看到，我们的综合实力和城市量级与国家的战略定位、与群众的发展需求、与同为长三角副中心城市的南京、杭州相比还有不小差距。要准确把握和立足我市的基本市情，以发展新理念引领经济发展新常态，全面落实“十三五”发展规划，着力加快发展，更好造福百姓。要进一步强化责任意识、担当意识，认真落实属地责任和主管责任，找准薄弱环节、存在问题和主攻方向，把任务、责任和压力层层传导，抓实、抓细；加强政策落实、督查调度和协调服务，确保保持“双中高”平稳较快增长，努力为全省闯出新路多做贡献。

着力抓实项目。习近平总书记强调：“发展是党执政兴国的第一要务，是解决中国所有问题的关键。”抓发展就必须抓项目。牢固树立抓项目就是抓发展、抓好项目就是抓科学发展的理念，坚持和强化经济工作项目化、项目工作责任化。全面落实“四督四保”要求，健全完善项目协调调度机制，推行重大项目挂图督战，将项目推进细化分解到每个节点，实行建账、挂牌、销号管理，着力提高项目开工率、竣工率、达产率和转化率，抓好固定资产投资5000万元以上的统计直报工作。扎实开展重大项目协调推进年活动，进一步把抓项目的责任和压力落实到单位和具体责任人，对计划开工未开工项目、参加集中开工未实质性开工项目等逐一明确责任领导、推进路径、时间节点，加快形成有效投入。积极争取专项建设基金等中央、省项目资金。大力拓展融资渠道，积极发展多层次资本市场，着力激发民间投资热情，运用基金支持等形式促进招商项目早落地，不断强化抓项目的力度和效果。加强风险防控，帮助困难企业化解风险，完善融资担保行业风控机制，加强互联网金融风险专项整治，防止引发区域性系统风险。进一步抓好重大项目谋划储备，围绕国家重点项目和重大事项，谋划一批既利当前又管长远的重大项目，着力提高创新驱动、新兴产业和高端服务业项目的投资比重。

着力转型升级。习近平总书记强调，要“着力推进供给侧结构性改革”“推动经济更有效率、更有质量、更加公平、更可持续地发展”，这与我们实施“创新、转型、升级”发展战略高度契合。要把加快实施调转促“586”行动计划作为推进供给侧结构性改革的主抓手，加强对八大工程的调度推进，以建设战略性新兴产业集聚发展基地、先进制造业基地和现代服务业集聚区为突破口，不断推进经济转型升级。坚持国际视野、战略思维、世界眼光，进一步集聚发展新兴产业，积极培育未来型先导产业，加快新一代信息技术、新能源、高端装备制造、生物产业、新能源汽车等新兴产业发展，推进量子通信、燃气轮机、数控机床等一批前瞻性重大项目建设，着力打造国际一流的新型显示产业集聚区、IC之都、中国声谷、全国智能制造产业集聚区、国家强基产业化基地、中国光伏产业第一城等。大力改造提升传统产业，围绕“中国制造2025”和工业4.0，落实“互联网+”行动计划，全面实施《推进新一轮技术改造加快工业转型升级三年行动计划》，进一步提升装备制造、家用电器、汽车及零部件、安全食品等优势传统制造业核心竞争力。更加突出发展服务业，丰富业态、完善功能、提升水平，加快推进服务业向中高端转移，逐步形成以服务业为主的产业结构，更好地满足企业、社会、个体的多元化、多层次需求。

着力创新驱动。习近平总书记强调“创新是引领发展的第一动力”，要“加快形成崇尚创新的机制和环境”，特别是习近平总书记在视察安徽时强调指出要“把创新作为首要任务”，提出了“五大创新”，并对我市依靠创新驱动引领发展给予充分肯定。要充分发挥合肥科教资源优势，紧紧抓住系统推进全面创新改革实验和合芜蚌国家自主创新示范区建设的重大机遇，加快推进综合性国家科学中心建设，发挥合肥地区大科学装置集群效应，大力推进超导核聚变中心等“六大平台”建设，加强基础研究，强化原始创新、集成创新、消化吸收再创新，推动关系发展全局的重大技术突破。加快推进中科大先研院等新型协同创新平台建设，加快政产学研用深度融合，建立推进科技成果转化的新体系，打通科技成果转化的“最后一公里”。加快推进全国性产业创新中心建设，强化企业创新主体地位和主导作用，推动跨领域跨行业协同创新，坚持全球视野，形成一批具有国际竞争力的创新型领军企业。进一步加快推进创新型人才队伍建设，突出“高精尖缺”导向，着力发现、培养、引进、集聚科技领军人才、企业家人才、高技能人才队伍，造就一批世界水平的高水平创新团队。

着力深化改革。习近平总书记强调：“改革开放是决定当代中国命运的关键抉择，是党和人民事业大踏步赶上时代的重要法宝。”要以勇于自我革命的气魄、坚韧不拔的毅力推进改革，勇当改革促进派、实干家，确保各项改革举措落地生根、开花结果。坚持国进、民也进，在发展混合所有制经济上取得新突破，加快建立市场准入负面清单制度，进一步放开市场准入，促进民间投资，加快推广运用PPP模式，突出抓好“三去一降一补”、财税金融等重点领域改革，扎实推进要素保障、开放合作机制等改革。继续推进“放管服”改革，建立完善“3＋2”清单体系，优化完善权责清单、涉企收费清单，加快建立全方位的公共服务清单、全口径的中介服务清单，做好为民服务的“加法”、中介服务事项的“减法”，加强权责清单动态管理，推进“互联网＋政务服务”，变市场主体“跑路”为数据“跑腿”。创新社会保障、医疗、卫生、教育和文化体制改革措施，在社会事业领域改革取得新突破。

着力改善民生。习近平总书记强调：“党的根基在人民、党的力量在人民，坚持一切为了人民、一切依靠人民。”作为党员领导干部，要牢记为民之“志”，不忘公仆“初心”，紧紧围绕与群众利益密切相关的工作，扑下身子，深入一线，实地发现问题、解决问题，帮助群众纾忧解困，始终做到与人民群众心心相印、甘苦与共。倾听为民之“声”。进一步拓宽渠道、改进方法，坚持从群众中来、到群众中去，尤其要把“请上来”和“走下去”、“面对面”和“背靠背”的方法结合起来，力求听到最真实的群众意见、最迫切的民生需求，把群众反映最强烈的问题找准抓实。恪尽为民之“责”，勇于担当，善于较真，敢于负责，在事关发展的重大发展战略、重大项目建设方面，真正拿出一些管用的办法，干成几件实实在在的事情，凡是定下来的事情，扭住不放、狠抓落实，确保落地见效。

筑牢思想根基　提升政治定力
恪守纪律规矩　增进责任担当

韩　冰

党员干部特别是党员领导干部讲看齐、见行动，不仅是一个基本的道德品质、党性修养问题，更是一项重要的政治原则、政治责任。

着力在筑牢坚实的思想根基中讲看齐、见行动

思想是行动的先导，理论是思想的支撑。有什么样的理论，就会有什么样的思想；有什么样的思想，就会有什么样的行动。共产主义远大理想和中国特色社会主义共同理想，是中国共产党人的精神支柱和政治灵魂，也是保持党的团结统一的思想根基。讲看齐、见行动，就要坚持把理想信念教育摆在首要位置，深入学习贯彻习近平总书记系列重要讲话精神特别是视察安徽重要讲话精神，坚持用马克思主义中国化的最新理论成果武装头脑，自觉做共产主义远大理想和中国特色社会主义共同理想的坚定信仰者、坚决维护者、忠实实践者，不断增强自觉服从党中央的政治自觉、思想自觉和行动自觉，筑牢信仰之基、补足精神之钙、把稳思想之舵。对照这些年来的学习、思想和工作实际，我深感虽然很重视学习，往往片面强调工作忙、事务多，学的深度、广度和系统性还不够。作为党员领导干部，要更加高度重视理论武装，以“钉钉子”的精神，以“讲认真”的态度，深入学习十八届六中全会精神，研读习近平总书记系列重要讲话特别是视察安徽重要讲话精神，领会精髓、把握要旨，学深悟透、融会贯通，更好地坚守共产党人的理想信念和精神追求，自觉做到想问题、作决策、办事情始终立足于党的基本理论、基本路线、基本纲领，立足于党中央、国务院和省委省政府的决策部署，确保与以习近平同志为核心的党中央在思想上政治上行动上保持高度一致。

着力在提升坚强的政治定力中讲看齐、见行动

党中央有权威，党才有力量，国家才有力量。党中央的权威来自每一个党员、每一级党组织，与我们每一个党员、每一级党组织都息息相关。我们讲看齐、见行动，就是要保持并不断提升政治定力，在任何情况下都把党的利益放在第一位，坚定不移地向以习近平同志为核心的党中央看齐，坚定不移地向党的理论和路线方针政策看齐，坚定不移地向党中央决策部署看齐，服从党中央领导，维护党中央权威，保证党中央政令畅通。这不是一般问题和个人的事，而是方向性、原则性问题，是党性，是大局，是规矩。作为党员领导干部，要始终把党放在心中最高位置，时刻牢记自己的第一身份是共产党员，第一职责是为党工作，任何时候都保持对党绝对忠诚。要时刻想到自己是党的一分子，是组织的一员，任何时候不能游离于组织之外，相信组织、依靠组织、服务组织，严格执行党的民主集中制，坚决抵制个人主义、分散主义、自由主义、好人主义、宗派主义、山头主义、拜金主义，始终做到不因时势纷繁复杂而迷向，不以局部利益得失而动心，顺境时不骄傲不急躁，逆境前不消沉不动摇，坚定政治方向，站稳政治立场。

着力在恪守刚性的纪律规矩中讲看齐、见行动

没有规矩，不成方圆；没有纪律，不成政党，更不能称其为马克思主义政党。我们党是靠革命理想和铁的纪律组织起来的马克思主义政党，纪律严明是我们党的优良传统和独特优势。无论是革命战争年代，还是建设、改革开放时代，党团结带领全国人民克服各种艰难险阻，从小到大，由弱变强，从胜利不断走向胜利，靠的就是铁的纪律和规矩，纪律和规矩就是党的生命线。作为党员领导干部，要时刻敬畏并不断强化纪律规矩的高压线意识，以党章党规为准则，以党内各项规章制度为基本遵循，树立正确的人生观、价值观、世界观，严格坚守“四个服从”、全面做到“五个必须”、坚决杜绝“七个有之”，在任何地方、任何时候、任何岗位上，始终绷紧纪律和规矩这根弦，坚持按党纪国法、按规则制度用权办事，没有制度的抓好建章立制，把权力置于制度的“笼子里”、置于公开透明的“阳光下”，让自由裁量空间降至最小直至为零。要不断拉高道德标尺，筑牢思想防线，自觉净化社交圈、生活圈、朋友圈，管好分管部门、家属子女和身边工作人员，坚决做到在公务用车、办公用房、人情消费、职务消费、公务出行、外出招商等各个方面，严格执行中央、省、市有关纪律规定，坚决抵制“三俗”之风，敢于斗争不

正之风，清白做人、干净做事、坦荡为官。

着力在增进强烈的责任担当中讲看齐、见行动

讲看齐、见行动，既是政治要求，也是行动指南；既是基本准则，更是具体指向。衡量是不是真正做到了讲看齐、见行动，归根结底要看改革发展稳定的实绩和群众是否实实在在的有获得感。当前，党中央、国务院和省委省政府赋予了合肥一系列新定位新要求，合肥正处在一个新的起点上，发展的平台更宽，对应的标杆更高。讲看齐、见行动，就要进一步倡导敢于担当、敢于负责之风，鼓励更多的干部敢啃硬骨头、敢于涉险滩，面对问题敢于迎难而上，面对失误敢于承担责任，凝聚见贤思齐的正能量，创造奋发有为、奋力赶超的加速度。要按照中央和省委的战略部署，把自觉强化看齐意识、服从党中央领导与敢于担当、敢于负责统一起来，把坚决贯彻党中央决策部署与主动作为、发挥各方积极性统一起来，细化实化加快发展各项目标任务，做到合肥的发展既与中央和省委省政府的目标一致、方向一致，又能创造出更多的“合肥特色”“合肥经验”“合肥模式”，不断在实施“五大发展行动”中闯出新路子、开辟新境界，确保合肥更好地在全省发挥“排头兵”作用，确保如期实现“两个率先”发展目标，确保人民群众更多地共享发展成果。

大力实施产业精准扶贫 坚决打赢全市脱贫攻坚战

江　洪

脱贫攻坚是“十三五”时期一场非赢不可的重大战役，2016 年初市委市政府确立了“一年脱贫攻坚，四年巩固提升”的目标，在全市人民面前许下了一份沉甸甸的庄严承诺。4 月 24 日，习近平总书记视察安徽时强调，要脱贫也要致富，产业扶贫至关重要，产业要适应发展需要，因地制宜、创新完善。5 月 23 日，汪洋副总理在全国产业扶贫电视电话会议上指出，产业是发展的根基，也是脱贫的主要依托。产业精准扶贫是一项可持续可推广的“造血式扶贫”，易于为贫困农户广泛接受和快速掌握，对于打赢全市脱贫攻坚战至关重要。同时，产业精准脱贫也是脱贫攻坚最难啃的硬骨头，必须采取超常措施、过硬办法加以解决。推进我市产业精准扶贫，关键是要“把握一大核心、抓住三个关键”：

第一，要牢牢锁定产业精准扶贫的目标主体。这是解决“扶持谁”的问题，是产业精准扶贫的核心环节。我市现有省级重点贫困村 112 个，建档立卡贫困户 21.56 万人、10.6 万户，其中完全具有劳动能力或者具备一定劳动能力的贫困户 1 万多户，占全部建档立卡户数的 9.4%。对 112 个重点贫困村，要通过化解历史债务、培育主导产业、盘活集体资产、加大招商引资，实现村集体经济持续快速发展；对 1 万多个具有劳动能力的贫困户，要因户施策，因人设法，通过产业精准扶持，实现脱贫致富。这 112 个省级重点贫困村和 1 万多个贫困农户，是我们实施产业精准扶贫的“核心”，必须牢牢锁定，重点扶持，到 2016 年底，每个有条件的贫困村至少发展 1 项特色产业，每个有需求的贫困户都能从事 1 项特色产业生产；到 2020 年，每个有条件的贫困村形成“一村一品”特色专业村，每个从事特色产业的贫困户家庭经营收入达到当地平均水平。

第二，要精确识别产业精准扶贫的对象需求。这是解决“扶什么”的问题，是产业精准扶贫的基础工作。产业精准扶贫的困难主要表现在两个方面：一是方法不奏效，二是对象不清楚。开展产业精准扶贫，首要任务是精确识别贫困村、贫困户的基本情况。针对贫困村，要根据地理环境、资源禀赋、制约要素和发展需求，按照“缺什么就扶持什么”的原则，坚持市场导向，遵循市场和产业发展规律，因地制宜合理确定产业发展方向、重点和规模，提高产业发展的持续性和有效性；积极盘活资产资源，发展壮大村集体经济。针对贫困户，要根据建档立卡成果，在摸清贫困户的数量、分布、致贫原因基础上，重点聚焦有劳动能力的贫困人口，按照缺资金、缺技术、伤残等级等分类和“有什么能力就发展什么产业、适宜什么岗位就推荐什么工作”的原则，因户施策，因人设岗，靶向治疗，精准发力，通过培育特色产业和推荐特定岗位，帮助发展生产，解决就业困难，通过发掘自身潜能实现增收致富。

第三，要积极探索产业精准扶贫的多重路径。这是解决“怎么扶”的问题，是产业精准扶贫的重中之重。在推进产业精准扶贫时，必须遵守水土相服、因地制宜的原则，结合地方实际，充分利用当地优势特色资源和产业基础，大力发展有资源、有市场、有比较优势的特色产业。一要大力推进农业特色产业精准扶贫。以开展农业产业精准扶贫十大行动为抓手，发挥新型经营主体的吸纳带动能力，带动贫困户从事特色农业生产。种植业上，重点发展绿色蔬菜、有机大米、樱桃、草莓、葡萄等市场受欢迎、附加值高的特色农产品；养殖业上，重点发展肉牛、草鸡、龙虾、白鹅、黑毛猪等畜禽产品；林业上，重点发展受市民欢迎的家庭花卉和林果业。二要大力推进农产品加工业精准扶贫。依托城乡两个市场、两种资源，深入开展城区、开发区结对帮扶活动，引导城市农产品加工企业到贫困村建设农产品生产基地和加工基地，带动贫困村产业发展，吸纳贫困户就地就业。三要大力推进农村现代服务业精准扶贫。结合美丽乡村建设，推进贫困村发展休闲农业、旅游农业、生态农业，引导贫困户从事旅游产品开发、农家乐等服务产业以及保洁、保安、物业管理等服务岗位。四要大力推进农村资产收益精准扶贫。深化农村产权制度改革，积极盘活农村集体土地、闲置房产、水面、林地、山场等资源要素，支持贫困户将房屋、承包土地经营权通过租赁流转等方式获取资产性收益。

第四，要创新完善产业精准扶贫的体制机制。这是解决“见实效”的问题，是产业精准扶贫成败的关键之举。一要探索产业精准扶贫的多种模式。鼓励先行先试，大胆创新，根据土地、生态、劳动力等资源要素和政策优势，多渠道、多路径尝试产业精准扶贫的新做法、新模式。二要健全产业精准扶贫的服务体系。重点是建立到村到户的“五大平台”：科技平台——实施百名农业科技人员进百村开展技术扶贫行动计划，指导产业发展；项目平台——分级建立贫困村和贫困户农业产业精准扶贫项目库，实施一批农业产业项目；营销平台——开展农超、农批、农企、农网、农校对接活动，促进农产品销售；融资平台——对在贫困村发展一定规模基地和带动一定数量贫困户的农业企业等新型经营主体实行贷款贴息，对有发展产业需求而缺资金的贫困户实行小额信用贷款或免息贷款；政策平台——各级各类涉农项目资金优先向贫困村、贫困户产业发展倾斜，竞争立项的涉农项目要将贫困户直接创业增收、带动贫困户就业增收等作为重要的分配权重因素。三要完善产业精准扶贫的风险防范机制。要确保贫困户的知情权、参与权、选择权、管理权、监督权，强化受益主体监督。要综合考量产业扶贫项目效益，做好风险评估工作，防范市场风险。要改“事前控制”为“见苗浇水”，采取先建后补、以奖代补、民办公助、政府购买服务等形式给予扶贫资金补贴的，可直接拨付各类市场主体并报账。要坚持和完善公示公告制度，对市场主体享受扶贫资金补贴、实施项目规模、帮扶和带动贫困农户等情况进行公示公告，接受贫困农户、专门机关和社会各界的监督，做到真扶贫、扶真贫。

产业精准扶贫是一项功在当代、泽惠万家的惠民工程，关键在领导，关键在引导，关键在投入。要切实加强领导，级级分解任务，层层落实责任；要切实加大投入，脱贫攻坚资金要优先用于产业扶贫项目；要切实加强督查，建立并实施月小结、季调度、半年巡查、年终考核的督查机制，全力推动产业精准扶贫工作实现新突破，确保全市顺利实现整体脱贫目标！

把握精髓　结合实际
自觉抓好《问责条例》精神贯彻落实

江　洪

充分认识《条例》出台的重大意义

党的十八大坚持把全面从严治党作为加强党的建设的重中之重，2016 年 7 月 8 日《中国共产党问责条例》（以下简称《条例》）正式施行，成为我党首部规范党内问责的基础性党内法规，具有重大而深远的意义。《条例》是《中国共产党章程》关于党纪处分规定的丰富拓展，为党组织和党的领导干部履职尽责提供了基本遵循，为进一步严肃党内政治生活、净化党内政治生态提供了重要保障；《条例》是习近平总书记“问责”讲话精神的高度概括，切实强化了“有权必有责、有责要担当、失责必追究”，集中体现了权与责的对应统一关系；《条例》是全面从严治党的制度创新，体现了从严治党从治标到治本的转变，是管党治党理论的创新成果。我们要充分认识《条例》对统筹推进“五位一体”总体布局和协调推进“四个全面”战略布局的重大意义，切实增强贯彻执行的自觉性和坚定性。

深刻领会《条例》凝聚的丰富内涵

《条例》全文简明扼要，内容丰富全面，重点突出明确，要求十分严格。我们要深入学习《条例》，深刻领悟其丰富内涵和精神实质。明确了一个目标，旨在为深入开展问责提供理论依据和制度遵循，夯实了从严治党的理论基础；贯彻了两种精神，全面贯彻落实党的十八大和习近平总书记系列重要讲话精神，明确了党内问责制度的标准和要求；紧扣了三个核心，即有权必有责、有责要担当、失责必追究，是全面从严治党的“重拳出击”；强化了四种意识，牢固树立严肃的政治意识、长远的大局意识、强烈的核心意识、高度的看齐意识，把管党治党的责任担当起来；强调了五大问题，围绕党的领导弱化、党的建设缺失、全面从严治党不力、维护党的纪律不力和推进党风廉政建设、反腐败工作不坚决不扎实等五大问题，较真碰硬、层层传导压力，让失责必问、问责必严成为常态。《条例》仅有短短 13 条，但内容源于管党治党实践，又将实践创新成果固化为制度，具有很强的针对性和实效性。

认真抓好《条例》精神的贯彻落实

紧密结合分管工作，坚决抓好贯彻落实，确保《条例》落地生效。当前主要抓好三个方面工作：

严于问责，努力夺取防汛抗洪工作的全面胜利。2016 年入梅以来，我市多地遭受严重洪水灾害，特别是巢湖流域发生了 1991 年以来又一次流域性大洪水，降雨强度大，汛情来势猛，险情发生多。面对严峻汛情，我们始终把强化责任意识摆在第一位，严于问责，加强督查，强化组织领导、科学会商研判，强化工程调度、发挥工程作用，强化险情处置、抓好物资保障，强化工作指导、严肃防汛纪律。严格的问责提升了执行的效率，人民群众生命财产得到最大程度保护，灾害损失被降到最低限度，防汛抗洪取得了阶段性成果。目前到汛期结束还有一段时间，我们将进一步强化问责意识，抓好部门联动，加快水毁设施修复；抓好实地调研，加快水利工程建设；抓好调度供给，加快开展农业生产自救，最大限度地把灾害造成的损失补回来，努力夺取防汛抗洪抢险救灾的全面胜利。

勤于尽责，全力打造合肥都市现代农业升级版。近年来，全市各级农业部门深入推进农业现代化建设，全市农业农村改革在全国实现“五个率先”，农业农村工作在思路、政策、产业等方面实现“六个转变”，农民收入、新型经营主体等农业指标实现“七个翻番”。“十三五”时期是我市建设都市现代农业的关键五年，我们要深刻把握长三角城市群副中心的新定位和现代农业发展全省领先的总要求，满怀发展现代农业的责任感，坚持深耕细作的责任心，落实目标任务的责任制，尽心履职尽责，奋力创优争先，建设高效生态、特色精品、绿色安全的都市现代农业，打造面向长三角地区的绿色农产品供给基地、优质农产品精深加工基地、休闲农业与乡村旅游首选地。重点要在五个方面聚焦发力：一是建设现代农业园区等“十大工程”，推进农业转型发展；二是实施农业经营体系等“十项改革”，推进农村经济发展；三是建设美丽乡村，推进城乡统筹发展；四是建设生态园林城市，推进城乡绿色发展；五是建设现代水利，推进水利事业改革发展，为全市经济社会发展提供坚强支撑。

勇于担责，奋力开创巢湖综合治理工作新局面。环巢湖生态示范区建设启动以来，我们充分发挥市直相关部门、县市区和设计单位联合体的积极性，巢湖综合治理取得显著成效，实现了五大变化：一是改善了水质状况，湖区消灭了劣Ⅴ类水体；二是降低了富营养指数，西半湖营养状态由中度富营养转为轻度富营养，东半湖及全湖保持轻度富营养、指数下降；三是抑制了蓝藻集聚，湖区蓝藻发生的面积、频次及密度逐年降低；四是提升了考核成绩，11个国控断面考核结果逐年提升；五是优化了环境面貌，巢湖的生态效益、休闲功能、审美功能得到初步展现。下一步，我们将紧扣国控考核断面达标、巢湖水质进一步好转、湖区蓝藻有效抑制这三大目标，以勇于担责、敢于担当为座右铭，强化担当意识和进取意识，克服小进则满、小富即安的惰性思维，进一步调动各方面积极性，着力做好三件事：一是点源治理方面抓好提标扩面，加快城区污水处理厂提标改造、乡镇污水处理设施建设、养殖小区标准化建设；二是面源治理方面抓好流域治理，结合农业结构调整、造林绿化、美丽乡村建设等方面，对全市进行小流域综合治理；三是内源治理方面抓好调水引流，推进引江济淮工程，扩大巢湖水容量，加快巢湖水体交换和更新，进一步改善巢湖水质。

准确把握《条例》提出的具体要求

充分认清全面从严治党形势，坚定不移贯彻党的路线方针政策，自觉加强作风建设，严格遵守党的纪律，切实履行岗位职责。

紧扣忠诚这一信念，积极进取改革创新。认真学习《条例》，始终坚持理想信念，坚守对党绝对忠诚。深入贯彻五大发展理念，用创新的思维解决遇到的难题，推动经济社会发展。坚持敢为人先、与时俱进，转变思想观念，勇于突破束缚，提升工作标杆，完善发展思路，优化发展举措，努力开创农业农村工作新局面。

强化干净这一要求，切实做到勤政廉政。自觉贯彻《条例》，紧扣为民务实清廉要求，全面加强党风廉政建设和反腐败工作。自觉执行领导干部廉洁自律各项规定，注重警钟长鸣、防微杜渐。认真履行党风廉政建设责任制，指导分管部门形成风清气正的氛围。

围绕担当这一核心，始终坚持求真务实。深刻领会《条例》，敢于担当，真抓实干，为美丽合肥建设尽职尽责。科学规划，打造城乡共存、功能互补、合肥特色的都市美丽乡村和农民幸福家园；加快水利改革发展，推进工程、民生、资源、生态“四大水利”；开展城乡绿化大会战和植树造林，创建国家生态园林城市；加快城乡统筹发展，为合肥在全国提前、全省率先全面建成小康社会奠定坚实基础；要推进巢湖综合治理，努力实现安澜巢湖、碧水巢湖、活力巢湖、美丽巢湖、生态巢湖。

全面推进法治公安建设的四个着力点

姜　明

党的十八届四中全会把全面推进依法治国提升到前所未有的高度，具有里程碑意义。公安机关作为行政执法和刑事司法的重要力量，在全面推进依法治国的进程中肩负着重大的历史使命，必须准确把握依法治国的本质特征，加快法治公安建设进程，推动公安工作和公安队伍建设再上新台阶。

坚定法治信仰、强化法治思维，夯实筑牢依法治国的思想根基。要坚持不懈地开展社会主义法治理念教育，让广大民警提高自身法治修养，提升法治境界，开阔法治视野。教育民警始终把维护社会公平正义、维护人民群众根本利益作为公安执法工作的首要价值追求，从灵魂深处打牢立警为公、执法为民的思想基础。教育全体民警始终对法律怀有敬畏之心，将法治信仰内化于心、外化于行，时时处处坚守执法良知、讲求职业操守，时时刻刻做到法定职责必须为、法无授权不可为。要有的放矢地开展警示教育，让广大民警切实感受到因执法不规范造成的严重危害，进一步用正确的执法理念武装头脑。

要积极运用法治思维化解社会矛盾、协调利益冲突，依法履行维护国家安全和社会稳定的法定职责。深化维稳与维权的关系认识，在矛盾纠纷排查、预防控制、现场处置等各个环节中，自觉把维护群众合法利益、满足群众合法诉求摆到首要位置。积极推动党委政府建立健全群众利益诉求依法表达机制、群众合法权益保障机制，让群众通过法定程序来表达诉求、解决纷争。

要积极运用法律手段预防惩治犯罪、维护公平正义，依法履行推进平安建设及打防管控等法定职责。强化问题导向和底线思维，主动与检法部门沟通对接，针对新型犯罪方面法律适用不够的问题，加强法律政策研究，积极推动相关司法解释、适用办法和指导意见的出台，为现实斗争提供强有力的法律支撑。坚持专项打击与前端管理相衔接，加大源头执法力度，按照法定职责落实重点行业场所管控、出租房屋管理、内部单位防范等方面的工作责任。

要积极运用法治方式强化社会治理、高效服务群众，依法履行实施行政管理和服务社会的法定职责。正确处理管理与服务、秩序与活力的关系，大力宣传法律知识、弘扬法治文化，强化公民法治意识，广泛发动和引导社会公众依法理性有序参与交通、消防、危爆物品等公共安全管理事务，履行公民法定义务。加快实施居住证制度及配套措施，在法定范围内，最大限度地做好实有人口服务和权益保障工作。

规范执法行为、提升执法公信，以执法规范化推进依法治国进程。要完善执法制度体系。按照标准化、流程化、精细化要求，从容易发生问题的执法环节入手，全面梳理、细化执法标准和操作流程，不断严密执法程序，强化执法指引，堵塞执法漏洞，确保民警在各项执法活动中、在每个执法环节上都能有法可依、有章可循。要规范行使行政裁量权，在法律规定的行政处罚幅度内，按照依法、公正、合理的原则，细化裁量标准，杜绝同事不同罚、处罚畸轻畸重。要全面梳理涉及公安的法律法规，做好归类、统一，形成完备的体系，解决相互之间不协调、不衔接问题。

要建立科学、系统、高效、规范的执法管理体系。深化执法办案系统的实战应用，努力全面实现所有案件网上审核审批、主要证据材料及时上传。探索基层所队执法管理中心建设，加强执法活动的前端管理、源头监督。规范使用执法记录仪、视频监控设施等技术设备，以信息化手段加强执法流程管理，实现执法流程全程监督、闭环管理。建立完善重大执法决定法制审核制度，严格落实案件审核把关、报备抽查等管理措施，积极探索刑事案件“统一审核、统一出口”的工作机制，确保每一起案件都能做到程序公正、实体公正。

要完善执法责任体系。建立健全执法责任清单制度，依托执法办案系统等平台，强化执法全程记录。执法过程中的任何一个环节出现问题都要及时发现、及时纠正。要严格执法责任追究，按照“谁办案谁负责、谁审核谁负责、谁审批谁负责”的原则，建立执法责任终身追究机制。特别是对群众有理、公安机关有错的信访案件，群众投诉、媒体曝光的问题，以及检察机关绝对不诉、法院判决无罪等案件，要进行会审评议，查找问题，及时整改，严肃问责。要完善执法绩效考评机制，激励民警想办案、多办案、办好案。

坚持法治引领、深化警务改革，更好地适应和服务依法治国需要。要主动适应群众对公安工作的新期盼、新要求，努力打造民生警务，让法治公安建设更多惠及群众。“人民的安全应是至高无上的法律”，以群众安全感、满意度为最终衡量评判标准，畅通民意表达渠道和途径，健全完善公安工作社会评价体系；坚持大案和小案并重、破案和追赃并举，加强案件回访，开展防范宣传，安抚群众情绪；优化公安行政审批事项，积极推行便民惠民制度。主动适应公安机关队伍正规化、执法规范化的新思路、新内容，依照法律法规、规章制度来调整和规范公安业务工作和队伍管理，使执法执勤、队伍管理、警务保障等各项警务工作有章可循、照章运作，进一步提升公安工作科学化、规范化、标准化水平。主动适应信息化、互联网社会的新变化、新趋势，努力打造阳光警务，以看得见的方式实现公平正义。

要在法治框架内深化公安改革。警务改革涉及警务管理体制、警务运行机制、警务操作方式等内容，改革构想必须有法律依据和合理的现实保障，注重统筹兼顾、因地制宜。按照有理有据有法可依的要求，积极稳妥推进户籍制度、涉法涉诉信访、公安行政管理等各项改革，确保在法制轨道上推进。健全依法决策机制，对于公安改革事项，加强顶层设计、注重基层创新，在充分调研的基础上，采取“警务试验田”等方式，小范围实施论证，条件成熟后逐步推广，确保科学决策、民主决策、依法决策。

提高法治素养、强化法治能力，打造德才兼备的公平正义之师。建立推进法治公安建设的领导责任制。将法治公安建设成效作为衡量公安工作绩效的重要内容。要坚持正确的用人导向，按照重品德、重实绩、重实干、重作风、重群众基础，把干部选拔好、培养好、使用好。同时，加强对领导干部任职前法律知识考查和依法行政能力测试，将是否遵守法律、能否依法办事作为考察识别干部的重要依据。

加强执法能力建设。完善分类分层递进式培训体系，经常性开展通用法律知识、专门法律知识培训及新法专题培训，使广大民警熟练掌握规范取证、非法证据排除、警察出庭作证、正确适用强制措施、保障犯罪嫌疑人诉讼权利等法律具体要求。要探索完善网上学法积分、创建执法标杆所队、开展执法大比武、推行说理式执法、新提拔民警到法制部门跟班作业等多种形式，丰富培训内容、创新培训方式、提升培训效果。

转变公安队伍纪律作风。公安队伍庞大，且结构多样、成分复杂，既要严格管理，严防发生违法违纪问题，又要关心关爱，激发队伍活力。要坚持依法治警、从严治警，严格制度约束，强化责任追究，让广大民警心存敬畏。要经常性开展警规警纪学习教育活动，打牢廉洁从警的思想防线。要统筹整合各种监督力量，加强对权力运行的监督，以铁的纪律作风打造过硬队伍。

以民意为引领　以改革为驱动 合肥市完善“四大体系” 推进平安合肥建设

姜　明

2015年以来，合肥公安坚持顶层设计与实践探索相结合，以推进“四项建设”为主线，以开展警务创新“试验田”工作为载体，以情报指挥、巡逻防控、合成作战、科技支撑“四个体系”建设为重点，不断深化警务改革创新，努力在有效提升公安工作实战效能上实现新突破。

一、进一步完善情报指挥体系，推动粗放警务模式向集约警务机制转型升级

紧紧抓住情报、指挥、行动三个关键环节，建立完善情指对接机制和情勤联动机制，不断提升情报精确服务指挥调度工作水平。

一是加强情报引领实战建设。按照“立足精确指导、保障精准打防”的思路，研究制定《关于进一步加强公安情报工作的指导意见》，建立高效、规范、有序的情报信息管理制度和工作机制，提升情报信息向警务生产力的转化效率。切实加强综合情报部门、警种专业情报部门与指挥调度部门的整体联动、协作配合，着力在“事件预知、警情预报、治安预测、类案预防、要案预警、综合预测”等方面狠下功夫。近期，市局优化了情报平台刑事警情、刑事案件研判模型，开发了刑事警情四色预警和警情、案件发案趋势、类别分析图形展示，指导基层动态调整警务，确保“警力”跟着“警情”走。

二是加强指挥调度分层建设。市局将启动对110指挥大厅进行全面改造，按功能分区布局，汇集接处警、通信、PGIS、GPS、预案系统、信息联动平台、天网、动中通、智慧110等资源，整合打造指挥调度平台。按照“统一

接警、分级调度、同步处警”模式，在市区建立警情分级调度处置机制，探索非警务类报警分流处置机制。通过前线和后台联动、情报与处置并行、辅助和决策一体，形成集警情指挥调度、视频资源整合应用、情报信息综合研判、案（事）件合成作战“四位一体”的“大指挥”工作格局。同时，推动分县（市）局做强指挥部门，在基层所队探索设立指挥研判室，集成作战指挥、情报研判、视频应用、线索查证等功能，实施动态勤务，打通“中枢神经”。

三是加强应急反应机制建设。围绕“止于未发、发能快处”的目标，健全应急指挥、联动处置、舆论引导一体化的应急处置机制。制定下发了《合肥市公安局重大警情应急响应机制》《合肥市公安局重要信息报送规范》《合肥市公安局警务指挥运行机制》。市局应急平台制定完善内容齐全、流程科学、操作性强的预案体系，完善社会专家、社会物资应急保障等机制，制定演练计划，确定上半年在分县（市）局层面开展队伍快速集结和警情模拟实兵演练，下半年开展不少于一次的全局性合成拉练，各分县（市）局和支队结合实际加强模拟推演和实兵演练。在 2015 年 3 月 20 日一小型飞机坠落事件处置中，我局打捞搜救、秩序维护、事件调查和舆情引导同步开展，应对处置高效。

二、进一步完善巡逻防控体系，以点带面推进数字化立体化治安防控体系建设

确立“巡逻是民警基本职责”的指导思想，进一步明确各级公安机关巡控防控工作责任、勤务规范及配套机制，不断完善巡逻防控格局。

一是加强重点部位的巡逻防控。在高铁南站成立了合肥首个综合警务站，整合便衣、特警、交警、战训队、地方和铁路派出所 51 名警力，进一步加强区域内联勤联动，提高应急处突能力。目前，市局正在研究制定综合警务站管理办法，各分局已经在辖区内车站、商业繁华地带、治安复杂地段规划选点，按照两年规划分批建立若干个综合警务站，或者利用多功能执法车驻点控制，实行联勤联动，强化显性用警。

二是加强主次干道的巡逻控制。明确由各分局巡逻力量和街面交警具体负责辖区内主、次干道和治安复杂场所周边的巡逻控制。各分局积极争取党委政府支持，配备专职巡逻辅警队伍，探索建立一支警、辅结合的机动巡逻队伍，担负巡逻防控、设卡盘查、应急处突等职责。交警部门要求路面交警在做好交通管理的同时，主动承担防范打击犯罪职责，专辅兼顾开展巡逻盘

查、接受非交通类报警求助等工作。

三是加强社区的防范管控。本着“固本强基、转型升级、提质增效”的工作思路，不断夯实社区警务，健全完善社区民警管理机制，严格落实“一村一警”包村联系制度，促进社区民警切实履行五大职责，让社区警务成为维稳创安的信息源、打击犯罪的增长点。各派出所组织民警、专业巡逻队和义务巡逻队开展巡逻守候，加强安全防范宣传，督促落实防范措施，并调动社会各方力量参与群防群治。

四是加强实战技能培训。举办全市公安机关警务实战技能教学示范班，全市各战训基地选派的72名战训教官和基地负责人参加本次培训。培训从实战出发，设置了暴恐案事件处置、巡逻单元微战术、移动中射击等课程。教学方式以情景教学、实兵对抗为主，通过培训着力提升实战教官组训能力和教学水平，熟悉掌握科学的训练方法和手段，为下一步送教基层全面提升全局民警的警务实战能力打下坚实基础。

三、进一步完善合成作战体系，推动各项公安工作向整体联动转变

牢固树立“合成作战”理念，以情报信息的综合研判为手段、以多警种联动为基础、以务实高效的战略战术决策为目标，完善警务资源互援共享机制，最大限度打破区域间、警种间、部门间的分割和壁垒。

一是所队合成共建共享。探索实行派出所分类管理，完善、推广派出所“三队一室”“两队一室”等警务运行模式，建立完善一套贴近基层实际的所队协作机制。对所队工作实行全面捆绑，任务、考核双向挂钩，规范线索研判、传递、落地、反馈等联动流程，努力形成基础共建、资源共享、责任共担的格局。此外，按照“主辅兼顾、一专多能”的要求，教育民警强化责任，提升能力，实现综合执法。

二是警种合成互动对接。针对重大突发事件或重大任务，集中相关警种部门开展合成作战，实行多警种应急联动、装备资源共享使用、图像通信互联互通、处置力量并肩作战。目前，市局、分县（市）局都在试点建立合成作战机制，瑶海、蜀山分局已经先行建立合成作战中心，有效整合警务资源，建立流转便捷、反馈及时的合成作战工作链，经过三个月试运行取得显著成效，进一步提高了维稳处突和打击犯罪的效率。

三是区域合作整体联动。着手建立区域警务信息合作平台，加强各分县（市）局之间、市局与友邻城市公安机关之间日常交流，建立完善信息通报、重点人员查控、重大案事件协查布控、区域应急联动等合作机制。

四、进一步完善科技支撑体系，着力提升信息科技在警务领域的产出效益

以“围绕实战、服务实战、实战检验、实战引领”为目标，立足“抓大聚小促用”，全力打造“智慧警务”。

一是着眼“大数据、大平台、大融合”。利用实施居住证制度的有利契机，按照“一数一源、一源多用”的原则，推行全警采集、全警录入、全警应用、全警受益。加强“警务数据云中心”建设，强力推动警综平台、数据中心与主要业务系统的深度融合、无缝对接，加快推进全市地理人口信息系统和社区公共服务平台建设，探索公安科技装备“物联网”管理模式。

二是立足“微警务、小信息、小科技”。为基层民警配备移动终端，运用自媒体搭建警民交流、信息采集和警务联络平台。推行基础信息采集与日常执法管理一体化运作，推广“核查即录入”工作模式，将公安所需的信息纳入社区网格采录内容，全面采集各类治安要素和人员活动轨迹信息。

三是深化“普及、专业、高端”应用。围绕打防管控，全面推广网上巡查、网上作战，深化普及应用；优化“天网”平台实战应用功能，推行三级视频应用模式，建立规划、建设、管理、维护和应用一体化机制，加强刑事技术、网侦、技侦手段建设，深化专业应用；加强与科研院所、高新企业的战略合作，推进智能语音采集、量子保密通信、虚拟视频卡口、声纹识别鉴定等技术研发，深化高端应用。

立足合肥特色　突出休闲主题
全力推进环巢湖国家旅游休闲区建设

吴春梅

近年来，合肥旅游呈现加速发展态势。2015年实现旅游总收入974亿元，接待国内游客7784万人次，国家旅游标准化试点市建设通过国家旅游局中期评估。三河古镇获批国家5A景区，实现全市5A景区零突破，目前，全市拥有国家A级以上旅游景区50家，其中5A景区1家，4A级旅游景区20家；星级旅游饭店69家，其中五星级11家，香格里拉、希尔顿、喜达屋等众多国际品牌入驻合肥；旅行社288家，2家旅行社进入全国百强社。合肥进入“全国旅游竞争力百强进入”，列福布斯中国旅游业最发达城市榜第26位。

2015年8月，在市委、市政府的坚强领导下，合肥市正式获批环巢湖国家旅游休闲区，成为全国首个国家旅游休闲区创建试点区。这是安徽省在推进皖南国际文化旅游示范区、大别山国家旅游扶贫试验区建设之后的又一战略举措；也是合肥市贯彻落实《国务院关于促进旅游业改革发展的若干意见》《国务院关于依托黄金水道推动长江经济带发展的指导意见》，推动合肥旅游发展转型升级的重要契机。

一、做好顶层设计，明确创建目标任务

认真贯彻落实全市创建环巢湖国家旅游休闲区工作汇报会精神，按照会议审议通过的《创建环巢湖国家旅游休闲区工作方案》，进一步明确目标任务、重点工作和责任分工，各级各部门围绕环巢湖国家旅游休闲区，抢抓机遇，加快推动旅游业创新发展。一是加强组织领导。成立由国家旅游局和省政府领导任顾问，市委、市政府和省旅游局主要领导为组长的高规格创建工作领导小组。二、编制总体规划。以全域旅游的理念，面向全国招标，高起点编制《环巢湖国家旅游休闲区总体规划》。三是明确创建目标。把环巢湖国

家旅游休闲区建成“五个示范”。建设“美丽中国生态旅游”示范区，在生态文明建设和生态旅游发展上发挥示范和引领作用；建设“中国古镇名村文化旅游”示范区，加快“环湖十二镇”旅游开发，重点打造三河、中庙、长临河等古镇文化旅游，修复建设古镇景观，拓展休闲空间；建设“中国研学旅游”创新区，在环巢湖地区创建1家国家级旅游研学基地、3～5家省级旅游研学基地；建设“国际休闲运动旅游”示范区，精心打造国际马拉松赛、世界铁人三项赛等重大赛事活动，办出特色、创出品牌；建设“中国康体养生”示范区，努力把半汤、汤池打造成中国一流的养生养老示范基地。四是落实创建任务。以创建“五个示范”为目标，分解具体任务11项，明确牵头单位、协办单位和时间节点，确保创建工作强力推进。

二、实施项目带动，不断丰富旅游业态

合肥环抱五大淡水湖之一——巢湖，环巢湖区域自然资源丰富多样，历史文化积淀深厚，旅游资源富集独特，旅游休闲产品众多，有以三河古镇为代表的环巢湖十二镇文化体验；以滨湖国家森林公园、三岔河湿地为代表的生态观光；以渡江战役纪念馆、安徽名人馆为代表的研学旅游和文化休闲；以半汤、汤池温泉为代表的温泉度假；以牛角大圩、巢湖三珍为代表的乡村生态体验；还有美食体验、参禅礼佛、康体养生、体育健身、民俗文化欣赏、传统技艺展示展销、商贸会展等休闲产品。以项目为抓手，推动环巢湖休闲旅游产业的发展。一是加快建设重点项目。休闲区内现有签约及在建项目28个，总投资约600亿元，包括总投资190亿元的万达文旅城和160亿元的包河影视基地等重点项目，万达文旅城已完成投资额110亿元，于2016年9月开业。二是加大招商引资力度。加强在谈项目跟踪服务，推进重点旅游项目签约落地。其中，海昌海洋城、华谊兄弟影视小镇等文化休闲项目以及宗申水上飞机、水上摩托艇等运动休闲项目正在持续跟进。三是推动温泉度假、生态度假、乡村度假融合发展。加快推进汤池和半汤的温泉度假区建设，根据国家旅游度假区标准，完善功能布局，力争建成国家级旅游度假区。加快乡村休闲度假产品开发进度，推动乡村客栈、特色文化主题酒店、美食村等项目建设，促进集聚化发展，提高发展档次和水平。

三、完善基础设施，不断提升支撑能力

目前，155千米的环巢湖大道全线贯通，加快环巢湖区域标识标牌、旅游厕所和旅游驿站等基础设施建设。一是坚持交通先行，完善主环线，打通连

接线，构建环网结合的旅游交通体系，不断提升道路可通达性、景区可进入性。二是建设一批旅游驿站、观景平台、停车场、旅游公厕、旅游标识牌等基础设施；三是针对旅游市场自驾游、自助游持续升温的发展趋势，规划建设滨湖旅游集散中心、旅游房车自驾车营地等服务设施；四是加快环巢湖湿地景观建设和绿道建设，打造黄金湖岸休闲大道和国家风景道，成为游客休闲游憩的重要载体；五是加快环巢湖智慧旅游建设，积极推动线下、线上旅游融合发展。

强化品牌引领
深入推进全民健身战略实施

吴春梅

近年来，合肥市深入贯彻落实国发 46 号和皖政 67 号文件精神，大力实施全民健身战略，积极扩大体育产品和服务供给，不断丰富和满足日益增长的多元化体育需求，推动体育事业与体育产业协调发展。截至 2015 年底，合肥市经常参加体育锻炼人数比例达到 36.5%，《国民体质测定标准》总体合格达标率达到 88.4%；拥有体育产业规上企业和非企业法人单位 1657 个，总产值 100.37 亿元，增加值 26.2 亿元。到 2020 年，全市体育产业总产出将达到 450 亿元以上，经常参加锻炼人数将达到常住人口总数的 40%以上。

一、推进场地建设，增强服务供给

以健身场地设施建设推动全民健身活动开展，夯实体育产业发展基础。以“打造十分钟健身圈”为目标，全面推进场地建设，增强服务供给，满足人民群众日益增长的健身需求。一是加快推进大型体育场馆建设，总投资 1.2 亿元的市全民健身中心主体工程基本完工，于 2017 年 6 月正式投入使用；市球类健身馆计划于 2017 年 1 月开工建设，建成后可满足市民篮球、乒乓球、羽毛球等多个球类项目的运动需求。二是加快推进群众身边的体育设施建设，建成农民体育健身工程 1384 个，实现行政村全覆盖；全民健身苑（路径）483 个（套），覆盖全市 80%以上社区；笼式多功能健身场 26 个；全民健身广场 36 个；完成了 10 个社区体育俱乐部、100 个省示范晨晚练点的建设任务；建成以环城健身带、蜀峰湾体育公园、天鹅湖健身广场、杏花公园、花冲公园为代表的全民健身示范工程。全市体育场地数量达到 8526 块，每万人拥有体育场地 11 块。三是充分发挥现有体育场馆的带动作用，以合肥体育中心、合肥市体育馆为代表的市级体育场馆全年向社会开放，2015 年共承办各类赛事、活动102场，常年进行游泳、羽毛球、篮球、健身、舞蹈等体育项目培训，带动全民健身各项运动的广泛开展。四是加强场馆资源整合利用。高度重视现有体育设施，特别是学校体育设施的利用，大力推进学校体育设施对外开放。截至目前，市、县（市）区两级开放学校327所，学校体育设施对社会免费开放的做法得到了教育部、国家体育总局和省体育局的充分肯定。

二、整合资源，充分发挥社会体育指导员的作用

本着“扩大数量，提高质量，优化结构，增强活力”的原则，全面做好社会体育指导员培训、管理和服务工作，不断完善社会体育指导员组织体系。一是加强社会体育指导员管理，全市各级社会体育指导员人数已达到11454人，占总人口数的万分之十五；社会体育指导员活跃在遍布城乡的3566个健身锻炼点上，指导群众参与健身、科学健身，成为推广健康生活的“移动阵地”。二是加强体育社团组织建设，全市体育社团组织数达到365个，注册会员超过20万人；市级单项运动协会达到37个、各类俱乐部达到133个；各县（市）区、开发区均成立体育总会，体育社团达到195个。通过体育组织，规范了项目的管理，促进了项目的普及，在组织、引导、发动、开展全民健身活动中发挥了积极作用。

通过社会体育指导员和各类社会组织，使“健康”与“健身”观念深入人心，扩大了体育消费人群，挖掘了体育消费潜力，助推了我市体育产业发展的良好态势。

三、打造品牌赛事，促进体育与旅游等产业融合发展

合肥市连续举办56届迎新年健身走，举办中日韩三国围棋赛、合肥国际马拉松赛、合肥世界铁人三项赛、全国自行车公开赛、青春毅行等品牌赛事，全面唱响环巢湖体育赛事“四季歌”。合肥国际马拉松赛已连续成功举办三届，被评为全国马拉松“银牌赛事”和“特色赛事”；2016合肥举办世界铁人三项赛，这是该项赛事在中国大陆首次举办，选手来自美国、英国、德国、澳大利亚等58个国家和地区，其中外籍选手619人，创下安徽省单项体育赛事外籍选手人数之最。这两项赛事被安徽省体育局授予“2016年安徽省十佳体育品牌赛事”。系列品牌赛事的举办，有力推动了全民健身的深入实施，提高了人民群众的幸福感和获得感，带动了体育及文化、旅游等相关产业的发展，进一步提升了合肥的国际影响力。

2016年10月18日，李国英代省长、谢广祥副省长在听取省体育局关于全省体育工作情况汇报时强调，要“打好环巢湖国际马拉松赛、铁人三项赛等品牌……通过持续举办、打响品牌，推动赛事办得更精彩、更持续、更有效益”。这充分体现了省政府领导对合肥国际马拉松赛、铁人三项赛的高度重视并寄予厚望。

下一步，在市委、市政府的坚强领导下，合肥市将大力实施全民健身战略，继续深入办好合肥国际马拉松赛、铁人三项赛，打响体育品牌，大力推进“全民健身，健康合肥”建设，为建设长三角国际城市群副中心、打造“大湖名城创新高地”做出新的更大的贡献！

关于新型城市建设的十个问题

王民生

城镇化是通向现代化的必由之路，是经济可持续增长的重要动力来源，在全球经济复苏乏力、挑战和风险增多的形势下，深入推进健康、可持续、以人为核心的城镇化进程，既对创造新供给、释放内需潜力、促进创新发展、推动经济转型升级、打造新的经济增长点具有重要意义，也有利于普及公共服务、提高粮食安全、保护环境、缩小城乡区域差距，实现经济包容增长。

什么是新型城市建设，正在成长中的合肥应该是什么样的城市？我有 10 个问题提出来：

1. 新型城市，是中国传统城市的复归吗?

传统中国的城市格局有两种，第一是《周礼》（西周）的最后一章《考工记》中所强调的“围合城墙”“南北轴线”“宫城居中”和“对称布局”，反映了高度集权的政治体制和中国传统的伦理与哲学思想。此为皇都气派，以北京、西安等为代表。当然，还有第二种格局，即《管子》中倡导的自然的哲学，人类的居住环境应和自然环境相协调，在城市建设中，人们可以利用环境条件达到理想的居住目的。可惜，这两种形态，现在在我国都随着西方规划建设理念的引进已不多见了。现在是到了回归本源的时候吗？

2. 新型城市，是田园城市吗?

现在人们对工业城市很不以为然，对矿业城市甚至嗤之以鼻，但对霍华德的“田园城市”心向往之。但到底什么是田园城市？很多人对田园城市的实质（城和乡的结合体）认识不足，以为田园城市就是绿色城市，就是对空间资源的过度占用，因而不足取。这些都需要真正搞懂。

3. 新型城市，是小城市、中等城市，还是大城市、特大型城市?

是越小越好，还是越大越好。我以为适宜的就是最好。大城市人们会反映有更多“城市病”，但年轻人要去。2016 年 11 月 20 日德国《世界报》一篇文章说：中国政府几十年来一直在尝试抑制北京和其他大城市的人口增长，但收效甚微。现在，国家的城市规划者显然已经死心，转而准备寻找一个从未有过的超级城市时代：今后几年，北京将与周边城市融合成一个拥有超过1亿人口的超级大都市。当然，该文提出中国要借鉴德国经验，德国人口过百万的城市一共才6座。合肥要向千万级人口迈进，妥否？但不管怎样，现在已经上路，未来会如何？

4. 新型城市，是绿色城市吗？

有两大问题要考虑：一是要学习上海九十年建风道的经验，楔形风道，特别是要把握住本地风道，要因势利导而不能阻碍；二是绿道，城市与乡村的自然过渡，城市主城区与副中心的区分，城市与城市的联结，广东佛山经验可以借鉴。

5. 新型城市是智慧城市吗？

当然是。但智慧城市要解决两个问题：一是多头投资、重复建设问题，城市不能到处都是探头；二是尊重公民权利问题。

6. 新型城市是人文城市吗？

没有文化、人文历史的城市是钢筋混凝土的堆砌。人文城市的打造，一要把握历史，合肥有李鸿章，也有“段合肥”，但知道的人不多，或可成立研究会；二要千方百计保护，哪怕是一砖一瓦；三要着力创造、提炼新的城市精神与文化。还要学习外地经验，体现更多人文情怀。

7. 新型城市，是海绵城市吗？

城市强降雨了，水流不出去，出现了“水景房”，于是，海绵城市概念被引用来了，并被强制推广。不要广场，要多绿地，这无疑是正确的，但面积比多大，海绵体的构成到底是什么，需要反复研究。

8. 新型城市，是垂直城市吗？

这是一个新的概念。垂直城市是一个多层次、多种功能的超高建筑结构，鼓励向空中发展，更高、更大。此理念由美籍建筑师金世海倡导，在城市化过程中，将大容量、高效能的超高建筑，建在相对较小的土地上，是解决问题的主要方向。他所倡导的垂直城市将2%的土地面积用作居住，98%的土地用来种植粮食和蔬菜，拥有庞大的体量，超高的容积率，少量的占地，同时建有医院、学校、公园、商店、健身等设施，是一种可循环的可持续发展的新型城市模式。

9. 新型城市，是地下城市吗？

城市空间在向上突进时，无疑也可向地下拓展。我们重视了，但缺乏系统的地下、地表、地上（空中）谋划，往往是在建好后向下开挖，没有在一开始就思考三层空间利用，比如地铁、城际铁路，大半在地下，一定也可在地上跑。我们对地下空间的运用，特别是地下多层交通空间利用交通网（东京地下交通网）研究不够。

10. 新型城市，特别是特大型城市，是具有独特治理特征的社会治理的善治善管的示范城市吗?

肯定是。一是大城市的治理本来就有示范意义。有专家猜想，世界未来是由最大的20个特大城市来带动。中央对大城市也是高度重视的，从干部任用上也是可以看出来的。大城市的善治善管是个大问题，现在立法权下放了，一些大城市也有立法权了。怎样在法制统一下，适当放权，是个需要解决的问题。二是基层的社区建设，合肥市做出了创新，探索大社区制，但社区是自治组织，如何将党的领导与群众自治结合好，也是大问题。

上述这些发问，可能是也可能不是，也可能兼而有之。但不管怎么争论，合肥正朝着“长三副”和“大湖名城、创新高地”建设的目标出发，但效果怎么样，还留待时间、老百姓的检验。

清朝末期，合肥有一知县叫孙葆田，他在官衙正堂大门上写了这样一副楹联：合则留，不合则去；肥吾民，勿肥吾身。以此解释合肥，以此表白执政心态。

在人们有更多选择机会的情况下，对于一个城市的建设，人们是会用脚、用车来选择投票的，合则留，不合则去。

当然，合肥“是一个养人的地方”，未来一定会集聚更多人气，一定会在中华人民共和国版图上发出灿烂夺目的光辉。

关于大开发大产业等若干问题思考

王民生

2016年11月15日下午，凌市长在市政府党组会上指出，谋划明年工作，要围绕“大平台、大产业、大项目、大招商、大城管、大民生、大环境、大开放”等来展开。根据这一要求，结合分管工作，作一发言。

一、在大开放中勇于担纲

开放发展是强国富民之路，是十八届五中全会提出的五大发展理念之一。放眼全国，凡是发展快的地方，都把开放放在十分突出的地位。如成都市就提出，未来要“走好一带一路，抓好科技创新”。

我市一直高度重视对外开放。2016年初，市政府1号文件，出台了加快开放平台建设的实施意见，以此带动开放发展不断取得新的突破。一是“四港三区一中心”等八大开放平台建设扎实起步。水运港全年集装箱吞吐量将达20万标箱，“合新欧”实现“每周一列”常态化运行，“合肥—洛杉矶”国际航空货运航线顺利开通；水果、冰鲜水产品进境指定口岸开检运行，空港保税物流中心（B型）获批。综合保税区晶合12英寸晶圆等重大项目正在加快建设，京东方10.5代线主厂房已经封顶。二是跨境电商等新型外贸业态发展迅速。我市获批成为中国（合肥）跨境电子商务综合试验区，国际邮件互换局正式运营，“单一窗口”平台已建成，阿里一达通、启明星等企业落户。三是面对十分严峻的外贸形势，早在3月份即出台《关于促进进出口稳定增长的若干政策意见》（合政〔2016〕36号），10月15日又出台新的文件，瞄准重点领域和骨干企业，及早谋划，迎难而进，使进出口降幅不断收窄。四是“引进来”与“走出去”取得新的成绩。预计完成外商直接投资28亿美元、增长12%左右；实际对外投资额7700万美元，同比增长14%。其他对外开放工作也取得可喜进展。

但置身于长三角世界级城市群，以副中心的定位对标杭州、南京；置身于内陆开放新高地，对标西部的重庆、成都和周边的郑州、武汉，我市对外开放差距明显，压力巨大。从开放口岸、通道来看，起步晚数量少功能不足。仅有空港、水港、综保区和出口加工区 4 个具有口岸功能，而南京、武汉分别有 6 个，郑州 5 个。空港固定直航的国际货运航班较少与货源不足问题同时存在；与重庆航空货邮吞吐量 30 万吨、拥有 49 条国际客货运航线差距巨大。水港受地理及水文条件等因素影响，仅为二类口岸，物流成本较高，与南京相比处于劣势；与重庆年水运集装箱吞吐量 100 万标箱差距巨大。陆港口岸刚拟启动申报，“合新欧”班列 12 月初计划开通首趟回程业务；面对郑州等地高额运费补贴及优惠政策，以及“渝新欧”每周 5 个班列、每箱公里 0.6 美元运费补贴、班列数占中欧班列 42%、货值占中欧班列 80%的地位，难有竞争优势。

构建国际大通道、打造开放大平台是建设内陆开放新高地的最基础性工作。外贸数字增长的背后是通道、平台建设的大投入。我们要加快通道、平台建设，否则，不知不觉，三五年内与邻近城市开放差距就会更大，我们就要犯历史性错误。从国际化程度来看，水平不高。国际学校、医院等配套项目偏少。城市双语标识缺乏，境外机构缺乏（成都领事馆 16 个），出入境人员流量不足（2015 年出入境 46.7 万人次，境外人员来肥 4.24 万人次）。信息、人才等服务体系支撑不足，国际化经营管理人才和运营团队缺乏。省级对外开放大通道尚未建成，“安徽电子口岸”平台尚在筹建，对外贸易便利化程度有待提高。从外贸规模来看，总量偏小。进出口仅相当于杭州、南京、郑州、武汉的 30.6%、38.2%、35.7%、72.4%，且缺乏像富士康等大进大出的加工型大项目。从“引进来”与“走出去”来看，外商直接投资仅为杭州、南京、重庆、成都、郑州、武汉的 35%、75%、23%、33%、65%、34%。落户的境外世界五百强企业，合肥仅 53 家，杭州、成都、重庆分别有 112、199、262 家。

国家实施“长江经济带”战略赋予合肥打造内陆开放新高地的重要任务，这是对合肥开放发展新的目标定位。为此，我们应把握以下几点：

第一，高举对外开放的旗帜，全力打造内陆开放新高地，持续塑造国际化的开放格局。开放永无止境，不进则退。要消除差不多认识，强化对外开放通道就是发展资源、就是城市生命线的意识，强化率先开放、主动开放意识，增强抢抓开放机遇的责任感和危机感。开放是一项复杂的系统工程，需要加强顶层设计和整体谋划，以开放来统揽全局，强化各项工作的关联性、系统性，使各项开放举措在政策取向上相互配合、在实施过程中相互促进、在实际成效上相得益彰。系统总结开放实践，对标先进发达地区，尽快补齐“开放”短板，如服务、宣传、人员交流等，努力提高国际化水平。

第二，加快大平台大通道大通关体系建设。深入推进市政府1号文件加快开放平台建设实施意见的落实，发挥市开放型经济工作领导小组和市口岸委的统筹抓总作用，集中力量、集聚要素、集成政策，切实增强现有“四港三区一中心”等开放平台承载力、吸引力、竞争力和辐射力，加快构建集水陆空及跨境电商和对外经济合作服务于一体的全方位、立体化的对外开放平台体系。同时，主动争取省委、省政府的重视、支持，积极谋划一批新的开放平台建设。主动对接省商务厅、合肥海关、安徽国检等相关部门，推动“安徽电子口岸”加快建设，尽快形成“电子口岸、电子商务、电子政务”三位一体的跨部门综合管理平台。会同海关、国检部门，积极复制推广上海自贸试验区等创新经验和做法，推动区域内一体化大通关，全面推广“三个一”等新型通关模式，实行“一次申报、一次查验、一次放行”，提高通关效率。

第三，紧紧盯住汇率变化影响，抓好外贸进出口。去年“8.11”汇率改革后人民币出现了一定幅度的贬值，但并没有像大家正常认为的那样促进我国出口贸易，反而进出口规模“双降”，特别是对美贸易和高新技术产品与机电产品的贸易出现了较为明显的负向冲击。而我市外贸主要合作伙伴就是美国（占进出口总额15%），机电产品和高新技术产品更是我市主要出口商品（占出口总额68.5%、40.7%）。因此，我们要高度关注汇率波动对我市外贸的影响，重视“人民币贬值—外贸规模进一步下降—贬值预期加大”这一传导路径，加强对外贸企业汇率风险的指导，提高外贸产品的附加值和国际竞争力，在变动的外部环境下采取更有效的策略。与此同时，要创新贸易业态，大力发展“互联网＋”新型外贸业态。支持企业加快发展跨境电商。我市获批国家跨境电商综试区后，受4.8跨境电商税收、监管新政影响，并未获得特殊优惠政策，致使保税进口业务几乎无法开展，综试区招商也陷入“招不来、留不住”的尴尬处境。我们已就此问题专文报告商务部，恳请批准享受新政实施前税收、监管政策。下一步，要大力引进和培育跨境电子商务龙头企业，支持跨境电商公共服务平台和海外仓建设，推动龙头企业获取第三方跨境支付牌照、自建保税仓。促进本土生产型企业与跨境电子商务企业良性互动，鼓励传统外贸企业利用第三方平台和跨境电子商务拓展国际市场。

第四，密切跟踪新贸易规则变化，吸引更多的加工型贸易企业，增强全市外贸能力。在全球价值链背景下，若特朗普的逆全球化措施和贸易保护主义政策最终得以落实，将导致全球价值链的重构甚至割裂，加速美国在华制造业和资本流失，我们要防止出现“产业断层”的风险。同时，随着我国劳动力、土地价格的逐渐攀升，东南沿海加工制造业也呈现出向东南亚国家转移的趋势。如在我市设厂的佳通轮胎就在美国耗资5.6亿美元设立新工厂。面对美国制造业和资本的回流，以及加工制造业转移东南亚的外贸不利形势，国务院今年5月份出台了《关于促进外贸回转向好的若干意见》等政策，首次动用总理预备金来促进外贸回稳向好，我市获得近5000万元资金支持。我们要贯彻落实好国务院文件中“综合利用财政、土地、金融政策，支持加工贸易向中西部地区转移”等政策，减缓在肥美欧日制造业和资本回流，并加大招商引资力度，将东南沿海加工制造业引入合肥，为外贸长远发展奠定坚实基础。要不断优化贸易便利化营商环境，积极推进以合肥为中心的安徽自贸区申创工作。与此同时，要加快推进国际合作，大力推广江汽、安徽外经等经验，引导我市家电、电子信息、平板显示、新能源等优势产业在“一带一路”沿线国家布局，鼓励我市具备国际竞争力的企业，通过并购、参股等方式参与境外投资，参与沿线国家对外承包工程业务，加强国际产能和技术合作。大力推荐合肥优势企业入驻境外合作园区，积极申报建设国家级境外合作区。发挥走出去企业战略合作联盟作用，推动企业间信息共享、优势互补、强强合作、“抱团出海”。

二、在大产业中加长短板

产业是经济发展的支撑。我所分管的既有传统的商贸流通业，也有高技术产业与现代服务业互动融合，形成的电子商务、服务外包、检验检测认证等新兴服务业，还有粮食产业、供销经济等，一年来也取得了长足发展。一是商贸流通业稳步发展。全年社消零总额预计实现2425亿元、增长11%左右。供销社系统实现营业总收入32亿元，利润总额1.5亿元，超额完成年度目标任务。粮食产业化实现产值502亿元，位居全国省会城市第2位。二是新兴服务业蓬勃发展。电子商务充满活力，全市32个电子商务交易平台前三季度交易规模已突破千亿元。阿里研究院发布2016年中国“电商百佳城市”榜单，合肥位居第19位，较去年前进10位。服务外包稳步推进，成功举办2016中国（合肥）金融外包峰会，软通动力、大宇宙等知名服务外包企业落地合肥或增大投资。会展业荣获“2015年度中国最具竞争力会展城市”称号，举办全国性展会14场。

但对标“长三副”，在我市的三次产业中，现代服务业是短板。增加值仅相当于南京的41%、杭州的39%左右；占GDP比重为40.6%，低于南京、杭州16.7、17.6个百分点。在现代服务业中，知名商圈、龙头企业缺乏是短板。没有杭州武林、南京新街口等档次高、有影响的中央商务区；缺乏“旗舰型”“航母型”企业，年销售额最大的合肥百大仅是南京苏宁云商的1/10。缺乏杭州阿里巴巴等影响力大带动性强的电商平台，也缺乏像芜湖三只松鼠新成长起来的电商平台，导致购买力通过网络流失外地。在粮食产业中，加工规模、品牌影响力缺乏是短板。最大的粮油加工企业槐祥工贸产值24亿元，10家拥有中国驰名商标企业如燕之坊、金润米业等，年产值均在10亿元左右，而郑州年产值超过30亿元企业就有思念（50亿元）、白象食品（40亿元）、三全（30亿元）等3家。在供销系统中，混合所有制企业、龙头企业缺乏是短板。江浙地区在上轮改革中，采取强化市场功能、实行混合所有制改革的办法，社有资产、社有企业及其分支机构均保存完好，杭州供销系统至今都是当地农资供应的主渠道；南京供销系统的日用品销售早已做大做强，创出了苏果等知名品牌。而我市相较杭州、南京等，差距不言自明。

如何补齐短板，不让一个产业在全面竞争中掉队，实现发展提速、比重提高、水平提升？

一是补齐认识不足的短板。目前，我市三产比例为3.4∶53.4∶43.2，已处于工业化中后期。国内外经验表明，此时三产已进入加速发展期，这是历史必然。特别是我国进入经济新常态后，更把刺激内需和消费作为重点，国务院近期陆续出台了35项扩大旅游文化体育健康养老教育培训等消费政策。因此，要消除“服务业不创造价值”“服务业发展不能超前”“服务业多是低端产业、缺乏创新”等模糊认识，按照中央要求，把着力点放在扩大内需和促进消费上。

二是补齐“互联网＋”不足的短板。在经济新常态下，面对经济形势变化以及电子商务的双重夹击，传统商贸流通业已经处在了是继续发展壮大还是会被淘汰的十字路口。如何转型发展？苏宁等企业给出了答案。张近东认为，沃尔玛太重，亚马逊太轻，苏宁不大不小，做O2O正好，搞线上线下融合。国务院出台了《关于推动实体零售创新转型的意见》。改造提升传统商贸流通业，就是要给传统商贸流通业插上“互联网＋”的翅膀，基于互联网经济的思维，将线下物流、服务、体验等优势与线上商流、资金流、信息流融合，形成具有消费者驱动，大数据支撑，供应链快速响应，包括网络化的协作生态环境等特点的全新商业模式。在这方面，商粮供企业都任重道远。

三是补齐龙头企业、知名品牌、特色产品不足的短板。大力培育一批本土型龙头企业。坚持“立足存量抓增量”，积极稳妥推进合肥百大等国有商贸流通企业混合所有制改革，实施大企业大集团培育计划。鼓励槐祥工贸、燕之坊、燕庄油脂等主业突出、核心竞争力强、带动作用明显的粮油加工企业，通过兼并、联合、重组、上市等形式，推进跨地区、跨行业、跨所有制的资产并购重组联合，实现资源和要素的优化配置。以创新型小微企业、成长型中小企业、技术先进型服务企业、高新技术企业为重点，实施科技型、成长型服务业企业培育计划，加快培育一批成长潜力大、商业模式新、产业特色鲜明的电商、服务外包企业。大力培育一批“合肥服务”品牌。深入实施质量品牌塑造工程，结合我市优势产业及服务业发展的特色领域，如家电检验检测、金融软件服务外包等，培育一批能够展示“合肥服务”优质形象、在国内外具有较大影响力的知名品牌和企业。加大对企业争创中国质量奖、驰名商标、中国驰名商标、中华老字号、安徽省政府质量奖、安徽省著名商标、安徽老字号、安徽省名牌等的扶持力度。大力培育一批合肥特色产品。结合区域特点，深入挖掘文化、产业特色，精心包装设计，强化标准制定和商标注册，培育一批具合肥味道的文化、旅游、民俗等特色产品。

四是补齐“块状经济”不足的短板。对于服务业来说，中央商务区、商业综合体、现代服务业聚集地是“块状经济”的呈现形式。我们要规划建设好合肥的现代服务业“块状经济”。高标准打造中央商务区。结合区域发展实际，以现代服务业十三五规划为引领，突出属地责任，提升现有四牌楼商圈、滨湖商圈、环天鹅湖商圈、马鞍山南路商圈、三孝口商圈等品质，高标准建设符合区域定位的中央商务区。加快特色商业街区建设。以“一街一品”为导向，继续打造一批如罍街等有机融合历史文化、城市记忆等多元要素的特色街区，引进一批夜市消费品牌，丰富夜市消费内容和氛围。深入推进现代服务业集聚区建设。选择若干个主导产业突出、商业模式创新、集聚优势明显、在省内有一定影响力的现代服务业集聚区申报省级现代服务业集聚示范区、国家级现代服务业示范产业园区。

五是补齐生产性服务业不足的短板。围绕合肥产业发展实际，以显著提升产业发展整体素质和产品附加值为重点，充分发挥服务业研发设计、物流配送、市场营销、节能降耗等方面作用，推动服务业与工业、农业等在更高水平上有机融合。加快主城区“退二进三”和“优二进三”进度，制定和实施主城区城镇低效用的再开发方案，建成一批服务业特色产业园。以“服务进楼宇（街巷）”为主题，推动政府、中介机构、楼宇业主、物管企业多方合力，大力发展楼宇（街巷）经济，打造一批“亿元楼宇”、特色楼宇（街区）。利用国家双创示范基地、国家小型微型企业创业示范基地建设和集聚区、重点楼宇、高校、科研院所的有利条件，发挥领军企业、创投机构、社会组织等的主力军作用，围绕信息服务、科技服务、电子商务、文化创意等重点领域，形成一批具有较强专业化服务能力的众创空间等新型创业服务平台。

三、在大民生中托底保障

改善民生是发展的出发点和落脚点。我所分管的便民商务、粮食供应保障、食品药品监管、质量监管等，无不与民生服务保障息息相关。一年来，在相关部门的共同努力下，全市以“放心肉、放心菜、放心早餐、放心购物便利店、放心家政服务”为主体的商贸便民服务体系建设有序推进；抓收购、保供给、稳粮价取得实效；食品药品安全态势总体平稳，全市没有发生大的系统性、区域性食品药品安全事件；电梯、压力容器等特种设备监管守住了安全底线。

合肥是省会城市，正在建设“长三副”，群众对民生工程期待更大、标准更高。但从便民商务发展来看，商业网点规划前瞻性不够，部分街道社区留存空间不足，公益性商贸便民网点布点困难；已有的网点品质不优、总量不足，尤其在家庭服务业表现突出。现有网点员工素质、技能等不能满足群众需求。经测算，我市大约10%的家庭用户找不到合适的家政服务。部分县区配套资金投入不足，缺乏龙头企业支撑。从粮食供应保障来看，随着合肥人口总量的持续增加，粮食需求量将持续刚性增长，同时中高端、多元化、定制化的粮油产品消费需求日益增长，我市优质粮油精深加工能力还偏弱，“放心粮油”和“主食厨房”工程网络还不健全。“粮安工程”所需烘干等配套设施建设相对滞后，难以满足高水分粮食及时处置、农户增收减损的现实需要。从食品药品监管来看，对标杭州、南京、武汉等城市，我市基层监管力量、专业化水平、信息化水平等方面差距仍比较明显。南京市规定按照1.5～2名执法人员/百家监管对象的比例，而合肥百家监管对象配备不到1名执法人员。杭州、武汉、南京早就应用了行政执法信息系统，提升了监管规范化和效能，而我市今年才被省食药监局列为全省行政执法信息和OA办公系统试点市。小餐饮隐患也比较突出。从质量监管来看，随着特种设备数量的急剧增加，尤其是电梯、液化气瓶特种设备安全隐患依然存在。技术机构检测手段和检验覆盖率有待提高。电梯应急救援信息平台正在建设之中，依靠现有110电梯应急联动机制反应时间较慢，影响救援及时性。标准化及民用四表计量等方面服务能力需进一步提升。

未来，要坚持以人民为中心的发展理念，加快打造“幸福合肥”。

一是紧紧围绕“便民利民惠民”，做到民生商务“保基本、广覆盖、多层次、可持续”。以满足群众服务需求为原则，坚持问题导向，突出创新引领，强化公共利益，以规模化、连锁化和品牌化为重点，做好品质提升工程，鼓励企业将服务质量作为立业之本，诚信经营，制定服务标准和规范。加强管理、强化内功，通过兼并、联合、重组等方式，形成一批拥有自主品牌的服务集团。以餐饮、家政、洗染等八大服务业为重点，加强网点建设，着力打造“15分钟社区服务圈”；加快完善微利经营的流通设施建设保障制度，继续探索社区生活综合服务中心建设；加强街区的统一管理，提高综合服务中心对各种业态的吸引能力和集聚度；推进便民惠民蔬菜流通体系建设，构筑以批发市场、菜市场为主体，社区菜店（生鲜超市）、网上配送为补充的蔬菜流通体系，建设与“长三副”相适应的便民商业。

二是以粮食安全责任制、推进“两个工程”建设为抓手，落实好民生最基本保障。突出抓好“粮安工程”，加快推进“放心粮油”和“主食厨房”建设，再建“放心粮油”网点100个、“主食厨房”配送中心2家。在开展放心粮油进军营、进学校、进工厂、进社区、进农村活动基础上，启动中小学生“放心午餐”工程。执行好粮食托市收购这项强农惠农政策，让粮农流汗不流泪。继续加强仓储和烘干设施建设，新增1万吨日烘干能力，新发放科学储粮罐5000套，为极端天气下应急处置高水分粮提供保障，为农民增产增收提供更坚实的保障。

三是以创建全国食品安全城市为契机，完善食品药品监管体系和责任体系建设。深化食品安全民生工程建设，按需配备乡镇所检验室和农贸市场快检室，督促已建成34个检验室和70个快检室开展快检工作。加强食品小作坊和小餐饮店整顿规范，开展小作坊示范点建设，创建小餐饮示范街和示范店，继续实施“明厨亮灶”工程，建立“一户一档”的信用管理档案。推进食品安全追溯体系建设。完善零售药房布局规划，鼓励连锁化经营，方便群众购买药品。提高食品药品安全风险防范水平，全面推进食品药品风险分级管理，按人口4‰安排食品安全抽检。全面启动市食品药品检验中心检验工作，建设以市检验中心为龙头，四县一市市场监督检验所和社会检验机构为支撑，乡镇所检验室和农贸市场快检室为补充的全市食品药品安全检验体系。

四是以加快推进信息化建设为契机，强化质量监管服务保障能力。推进特种设备安全监管信息化建设，上线运行电梯安全信息化监管平台，实现市辖区内的全部存量和增量电梯统一编码，满足电梯事故的快速报警、定位、应急联动救援，以及维保工作的基础性监管的需要，打造电梯安全监管的“合肥模式”。加强气瓶安全监管。强化民生计量监督管理，开展民用四表等计量监督检查、诚信计量示范单位创建活动。强化民生产品质量监督，探索产品质量监督抽查数据库的应用。健全“双随机”抽查机制，规范事中事后监管。

四、在大环境中自我革命

优良环境是发展的保障。我所分管的工商、质监、食品药品监管部门既是市场监管的主要执行部门，也是打造良好市场营商环境的重要组成部分。一年来，各项工作全面推进：一是“五证合一”“双证整合”等商事制度改革举措稳步开展，市场经济活力持续释放，各类市场主体数同比增长 23.8%；二是事中事后监管不断强化，市场经济环境持续优化；三是坚持严打高压、打防结合，取缔传销窝点 2 万多处，教育驱散传销人员近 7 万人次，打击传销工作取得压倒性胜利；四是消费维权保障力度不断加大，12315 受理各类投诉、举报和咨询来电 8 万多件，做到迅速处置、准确答复、快速转办。

但尽管如此，与国家构建统一开放、竞争有序、诚信守法、监管有力的现代市场体系，加快形成权责明确、公平公正、透明高效、法治保障的市场监管格局，建成体制比较成熟、制度更加定型的市场监管体系要求相比，我市监管服务理念、科学监管水平等还存在巨大差距。

明年乃至今后一段时间，全市各级市场监管部门要强化“大监管”理念，提高信用监管水平。进一步理顺政府与市场、政府与社会、市场与企业、企业与社会之间的关系，加大“五证合一”涉及工商、质监、国税、地税、人力社保、统计等部门市场监管执法整合力度，推动由单一部门、单一地区监管向跨部门、跨地区协同监管转变，由事后查处向事前预警、准确防控转变，加强对企业的信用监管。培育“大执法”队伍，优化市场监管架构。科学划分市县区机关与基层一线的事权，促进多部门职责深度融合，逐步建立职能清单，建立专业市场监管所，促进执法队伍专业化和职业化，形成“大综合、小专业”的监管格局。强化“大数据”理念，提高信息化水平。高度重视互联网下的监管创新，突出数据引领、强化数据归集和应用，推进部门之间、地区之间信息资源的开放共享、互联互通、协同监管和联合惩戒。强化“大维权”理念，提高消费维权水平。以贯彻落实新《消保法》、新《条例》为契机，提高全社会的消费维权意识。建立健全消费维权网络，不断扩大和畅通 12315“绿色通道”，实现 12315 网络向经营主体的有效延伸。强化“大防控”理念，提高社会维稳水平。进一步抓好打击传销，在全面清扫的基础上，将重点放在小区固守上，巩固来之不易的成果，预防传销反弹。对打击不力、问题严重的，继续实行社会综治考核“一票否决”，严格落实责任追究制度。

当前，合肥已进入了新的发展时期，努力完成今年乃至明年工作任务，需要我们尽职尽责，尽心尽力，敢做敢担，勇于负责，只争朝夕，奋发有为。

第三章

调查与研究

打造环巢湖国际体育旅游目的地的对策建议

体育旅游是旅游与体育结合、健康产业与休闲产业融合的新型业态，是旅游经济的新亮点。《安徽省人民政府关于加快发展体育产业促进体育消费的实施意见》（皖政〔2015〕67号）提出建设一批具有国内外影响力的体育旅游目的地。合肥坐拥巢湖，开展环巢湖体育旅游具有得天独厚的有利条件，打造环巢湖国际体育旅游目的地，对于建设环巢湖国家旅游休闲区，促进旅游和体育产业融合发展具有重要意义。

一、合肥环巢湖体育旅游发展状况及面临的问题

（一）环巢湖体育旅游发展势头良好

近年来，合肥强化体育与旅游融合，打造环巢湖国际旅游目的地，体育旅游不断向环巢湖聚集。一是通过举办大型赛事呼应环巢湖旅游。成功举办两届环巢湖国际马拉松赛，2015年参加人数达到2万人，其中外国、外地参赛者约有1.4万人；举办2014年度全国第29届轮滑（场地）锦标赛。二是开展多种体育休闲活动满足大众需求。每年举行大型群众体育活动达30项次以上。环巢湖全国自行车赛经过三年的运行，获2014年安徽省全民健身十大品牌第一，2015年环巢湖全国自行车公开赛首次与国际骑游大会一同举行；已举办过55届元旦越野赛，自2014年起正式移师在滨湖新区举行；2015年11月举行了中国·合肥（大圩）马拉松赛。三是正在兴建一批体育旅游项目。如文一集团投资8.5亿元，在肥东县白马山打造以篮球为主题的国家级篮球公园，建设集训练、休闲、运动为一体的旅游胜地；肥东长临河国际帆船俱乐部已签约；巢湖市风车山谷项目落户高林镇，包括自驾车露营、皮划艇等体育休闲项目；合巢经开区筹建国际水上运动中心；庐江白山镇筹建巢湖白山国际游艇俱乐部项目等。

（二）环巢湖体育旅游存在的问题

一是体育旅游精品项目缺乏。合肥体育旅游起步较迟，可以带动旅游的品牌赛事少、知名度不够，与青海、无锡、北京等体育旅游强势省市相比还存在一定差距，最突出的是缺少品牌项目。在2015中国体育文化·体育旅游博览会上，青海摘取22个全国奖项，19个项目列入体育旅游精品名单，合肥尚未能进入2015中国体育旅游精品项目名录；无锡市内陆湖帆船赛已举行了七届，而合肥尚未启动，其他水上项目也很缺乏；北京马拉松赛事1981年就开始举办，自2008年起连续六年获得国际田联路跑金标赛事殊荣，而合肥马拉松才办两届。二是体育旅游市场化运作不充分。相对发达城市，合肥市社会资本介入体育旅游较少。合肥旅行社在体育旅游发展中作用没有充分体现，目前除拓展训练、骑行外，极少推出其他体育旅游项目，没有针对大型赛事设计足够的环巢湖旅游产品，体育项目运动员及观众难以向游客转化，客源流失。市场化服务没有跟上，环巢湖区域除热门景点以外，很难租到自行车、垂钓工具、小船等运动休闲旅游装备。三是体育旅游规划滞后。尚未出台体育旅游规划；《环巢湖文化旅游规划基本框架》缺少体育旅游内容；规划滞后对体育旅游整体布局有一定影响，难以满足体育旅游发展对土地等资源的需求，制约了体育旅游的发展。四是体育、旅游等部门合作不够紧密。体育、旅游、文化等部门间没有形成密切合作机制，往往到重大赛事赛前才谈配合，体育与旅游发展“两张皮”现象依旧存在，影响体育与旅游的融合，也加大了体育旅游数据统计的难度，环巢湖体育赛事、休闲项目究竟有多少运动员转化为游客，来了多少观众，增加了多少住宿、餐饮消费，增加了多少产值等等，没有准确数字，无法科学判断、把握市场需求，设计可行的旅游项目。

二、打造环巢湖国际体育旅游目的地的对策建议

（一）打造环巢湖特色精品体育旅游项目

一是围绕体育旅游三要素设计精品赛事项目。从国内外体育旅游成功经验来看，精品赛事、景区和线路是体育旅游的三要素，环巢湖体育旅游首先要抓住这些关键环节，充分利用环巢湖观光大道、巢湖水域、滨湖开阔地、环湖乡镇、丘陵山地的自然条件，以及适宜长跑、骑行、水上项目等特点，做好特色鲜明的项目设计，并做好宣传推介，让世界知道环巢湖具有最美的比赛路线、最宜人的环境、最低的封路成本、最周到的服务、最热情的观众，吸引国内外更多选手参赛、更多游客观赛和旅游。二是提升现有项目。环巢湖国际马拉松赛亟待创立品牌特色，特色主要体现在线路上和跑法上，应以

湿地为招牌，打出享誉国内外的环巢湖国际湿地马拉松赛品牌。充分利用全国自行车协会扩大影响，组织全国优秀运动员来合肥参赛，将环巢湖全国自行车公开赛打造成全国性品牌。三是拓展新项目。引入国际铁人三项联盟赛等国际性项目；争取环中国公路自行车赛这一国际性赛事将环巢湖作为一个重要的比赛路段；争取申办环巢湖国际（全国）竞走比赛；利用合肥江淮汽车居国内纯电动轿车推广规模首位的优势，举办塘西河全国沙滩电动汽车赛。四是积极谋划储备一批水上项目。可以考虑引进适宜内陆湖比赛的帆船赛项目，如帆板、游艇、冲浪、摩托艇、皮划艇、水上篮球、大学生航模大赛，试办环巢湖龙舟国际邀请赛等各种国际国内大型水上赛事、水上运动会。五是增加经常性休闲体育旅游项目。将合肥元旦越野赛打造成休闲类精品项目；将健身走、骑行、夜跑等作为经常性、固定性开展的项目；利用丘陵地貌和风光，在白马山、紫蓬山、四顶山、银屏山等山地开展登山、攀岩、滑草等青年人喜爱的运动项目；利用巢湖水面，开展划船、垂钓等比赛项目。六是推出环巢湖特色乡镇体育旅游项目。环湖 12 镇有悠久的历史文化，不同景致，可以利用这些特色镇将文化、旅游、体育融合，设计一些精品项目，特别是要发挥临水优势，在一些乡镇打造各具特色的水上运动休闲项目。七是规划好度假游体育旅游项目。环巢湖国家旅游休闲区正在规划建设中，应将适合度假游的体育项目纳入其中，如水上飞人表演、水上芭蕾表演、龙舟表演等观赏项目；温泉游泳等康体项目；潜水寻古等文化旅游项目；高尔夫、网球等运动度假项目。

（二）加强体育旅游的市场化运作

一是利用社会资本打造各类体育训练基地。随着我国旅游和体育产业的发展，万达、恒大、绿地、宝能等房地产集团已进军体育旅游产业，其中不少房地产集团在合肥有项目，是合肥市发展体育旅游可以重点挖掘的社会资本富矿。宝能集团投资海上帆船项目已获成功，可与宝能洽谈内陆湖帆船项目，打造内陆湖帆船俱乐部，建设水上项目训练基地。绿地集团拥有上海绿地申花足球俱乐部，应积极争取绿地集团投资合肥足球训练基地项目，建设包括足球公园、足球学校、培训中心等足球训练基地。要以优惠政策鼓励省外体育俱乐部来合肥落户，成立体育俱乐部，利用俱乐部承办各种专业赛事，带动体育旅游发展。二是充分发挥旅行社作用。旅行社的活动影响整个旅游市场，通过旅行社设计、运作各种体育旅游项目，对体育旅游有一定的促进作用。鼓励成立专营体育旅游业务的体育旅游旅行社，对开展本地体育旅游业务的旅行社给以一定的优惠政策，帮助、指导旅行社设计一些环巢湖体育旅游项目。在大型赛事前，由旅行社推出配套旅游项目，吸引更多客流量，增加停留时间。

（三）加强体育旅游规划和组织领导

一是加快编制体育旅游规划。明确环巢湖体育旅游发展思路，指导、引领体育旅游的发展；做好整体布局，在空间规划上为体育旅游留足发展空间，避免环巢湖区域各地体育旅游项目重复建设、无序竞争；将体育旅游纳入环巢湖国家旅游休闲区规划建设，促进历史、文化、体育相融合。二是成立促进体育与旅游融合发展的协调机构。环巢湖体育旅游发展涉及旅游、体育、发改、文广、规划、国土等多部门，以及相关县（市）区，为加强旅游与体育等部门的深度融合，以体促旅、以旅兴体，有必要成立协调机构，如环巢湖体育旅游发展办公室，由旅游局、体育局等多部门组成，共谋体育旅游发展大计，创新体育旅游融合发展的体制机制。三是积极利用体育旅游博览会平台开展推介合作。中国体育旅游博览会是国家体育总局和国家旅游局共同打造，集宣传、展示、推广、项目对接的平台。自 2007 年开始，先后在上海、成都、黑龙江、海南、安徽芜湖、山西连续举办了 9 届。合肥市应积极参与、争取承办，宣传、展示合肥体育旅游品牌项目，扩大环巢湖体育旅游的影响力，引进项目和寻求合作。

（合肥市政府政策研究室　王毓江
合肥市行政学院　夏　琦）

合肥鼓励发展医养结合养老模式对策建议

医养结合养老模式是针对老人医护养的多样需求提供相应的养老服务，根本在于实现医养资源的有效结合。医养结合业务管理涉及卫生、民政、人社等部门，需要建立统筹协调机制，明确医养结合养老政策的定位。医养结合养老应涵盖居家、机构和社区三个领域，将提供专业化医养服务的养老机构与提供日常生活医养的社区、居家养老相结合；着力构建点面兼顾、重心下沉的养老体系，工作重心向社区和家庭下移；整合社会资源、激活存量资源。将社区卫生服务中心（站）纳入医养结合养老体系。

一、构建医养结合养老服务体系

1. 着力构建分类型医养结合养老多元体

一是鼓励医院扩展功能或转型。鼓励三级医院开设老年病科室或组建老年护理中心；一、二级医院和专科医院可转型为医养结合服务机构；鼓励中医医疗机构发展以健康养老为主的养老机构。二是鼓励医养结合服务的延展覆盖。选择有条件的医院、社区卫生服务中心与养老机构联合实施“医养结合”试点，将医养结合服务普及到家庭和社区养老服务中，发展支撑辐射养老模式。三是探索社会力量参与机制。鼓励民间力量兴办更多医养结合机构，通过自建医院、内设卫生所（室）、服务外包、委托经营的方式，吸引医院参与运营管理；采用公建民营等方式，推动公办养老机构社会化转型。

2. 着力构建分层式医养结合养老体系

构建不同档次的医养结合养老服务梯度体系，为不同经济能力的老年群体提供多种选择。一是适当放宽市场准入，引入若干高档医养结合养老机构，满足经济实力强的养老群体需求。二是扶持中低档医养结合养老机构发展，引导部分非建制镇卫生院建立护理院（站），开设医疗护理型床位或病区，鼓励乡镇卫生院、社区卫生服务中心发展老年医疗护理服务特色科室；鼓励有条件的企事业单位职工医院向以老年康复为主的社区卫生服务机构转型；构建数量多、分布广、大众化、连续完整的医养结合养老产品与服务供应链。

3. 着力构建分区域医养结合养老综合体

打造“一里路、十分钟”养老服务圈。一是做好全域规划。合理布点，鼓励依托现有医疗资源，建设养老机构，引入和发展大中型医养结合养老机构；在各片区内部，根据老年人口规模和人口结构特征，适度发展中低端医养结合养老机构。二是做好土地规划。将养老服务、相关设施建设纳入经济社会发展规划、土地利用总体规划和基本公共服务规划。做好养老机构用地预留、储备，合理确定本地区养老服务设施，对新建的医养结合型养老机构建设用地采用划拨方式或明确土地出让金的优惠标准。

二、完善医养结合养老医保制度

1. 扩大医养结合养老的医保范围

一是将医养结合养老机构优先纳入城乡医保定点范围。二是将养老护理费适度纳入医保范围。切实解决部分高龄老人，失能、半失能老人，长期慢性病老人经济负担较重的实际问题。三是进一步完善医保结算方式。在规范医保资金监管基础上，引导保险企业开办商业护理保险，尽快建立养老服务机构老年人意外伤害、重大疾病、补充养老保险制度，构建养老服务行业风险合理分担机制。

2. 探索建立长期护理保险制度

面向40岁以上的户籍人口，采取政府补贴和个人缴纳的方式，个人每月缴费不低于100元，连续缴纳至少10年，政府对不同年龄段采取不同的保费补贴。当投保人年满60岁，一旦发生被保险责任时，由需要照护的老人或其家属提出申请，由政府主管部门进行审查和评级，保险公司按照评级结果提供费用支持。服务费用中90%可以用保险来支付，另外10%由老人自己负担。对于已经年满60岁且已经出现失能情况的老人，可边缴费边享受服务，保险公司依据投保情况，每月最高为失能老人提供2500元的上门护理服务，政府将承担最高50%的费用。

3. 加强对医保资金的监管

及时查处套取医保资金等违规行为。针对不同付费方式明确监管重点环节；采取按人头付费的，重点防范减少服务内容、降低服务标准等行为；采取按病种付费的，重点防范诊断升级、分解住院等行为；采取总额预付的，重点防范服务提供不足、推诿重症患者等行为。

三、探索医养结合养老联动机制

1. 推动医养机构的深度对接

一是建立医养多方联动机制。将政府主管部门、医疗机构、医养型养老机构、社区、家庭纳入联动机制，为养老群体提供连续的医护养服务，基本原则是大病进大医院，小病进小医院，慢病到家庭、社区和护理院。二是完善各主体之间入院协作网络。社区、养老机构要与所在的基层医疗卫生机构和周边医院建立急救、转诊等合作机制，开通预约就诊绿色通道。三是积极探索建立护理转移机制。通过政府主管部门或第三方组织，对住院老人健康恢复状况进行综合评估，根据评估分类分级结果，为其提供其家庭辖区的养老机构清单，安排老人与其选择的养老机构负责人进行见面协商，并办理转接手续，解决医疗机构老年人的“压床”问题。

2. 鼓励医护养从业人员的流转轮岗

一是做广做实家庭医生服务。鼓励社区卫生服务中心医生担任家庭医生或健康顾问，解决居家养老老人的小病救治、健康咨询与康复照护等问题；鼓励公立医院医生担任专业医生，负责与家庭医生对接，定期或不定期对老人医护问题进行专业指导和诊治；鼓励社区卫生服务中心的护士为片区内居家老人和无内设医护条件的机构提供医疗与照护服务。二是鼓励医师开展多点执业。鼓励医生到基层医疗机构及养老机构内设的医疗机构开展“多点执业”，在申报晋升专业技术资格时视为“支援基层服务年限”；鼓励执业医师和执业护士到养老机构中轮岗服务，给予相应的特殊岗位补贴等。

3. 推动医疗设备资源的共建共享

一是推动医疗检查资源共建。探索以公建民营或民办公助等方式，建立区域性检验检查中心，向所有医疗机构包括医养结合养老机构开放。二是推动大型医疗设备共享。协调和组织三甲医院大型医学检查设备资源，向医养结合养老机构开放，为有需求的老人提供服务。三是推动医学检查结果的互认。在确保医疗安全和满足医疗核心功能前提下，推动各级医院包括社会办医疗机构之间，实现医学影像、医学检验等结果互认共享。

四、完善医养结合养老评估机制

1. 建立服务评估机制

一是建立和完善医养结合养老机构的准入和退出淘汰机制。以评估来推动竞争，以竞争激发活力，提高医养结合服务质量。二是对医养结合养老机构的服务内容与服务水平进行分类和分级。为养老需求群体提供完整的养老机构目录和服务清单。三是建立科学合理的养老服务定价机制。

2. 建立医疗护理和养老服务转接评估机制

一是医养结合老机构要建立评估机制，加强出入院评估标准管理。二是明确公办养老机构的定位与服务对象标准。建立统一的老年人入住养老机构评估标准，包括身体状况评估标准、经济状况评估标准和政府购买养老服务标准等，从健康、经济两个方面界定政府购买服务的对象，以及公办养老机构和民办养老机构的不同功能定位和服务对象。

五、改进医养结合养老投入方式

1. 充分发挥政府财政的扶持功能与杠杆作用

一是加大对医养结合养老的扶持力度。采用政府财政补贴、减税、奖助以及购买服务等多种方式，对医养结合养老机构给予扶持。例如，将养老机构床位费补贴标准提高到 80 元以上；对于医养结合病区给予养老服务业同等的各项优惠政策，提供一次性建设补贴、日常运营补贴等。二是发挥养老服务产业投资基金的撬动作用。抓住安徽省被列为以市场化方式发展养老服务产业试点省的机遇，尽快启动筹建养老服务产业投资基金，撬动和吸纳社会资本进入医养结合养老领域。三是多渠道投入。通过政策支持企业投资医养结合养老产业、吸引更多的社会捐赠以及增加福利彩票收益对医养结合养老的支持比例等方式，加快医养结合养老发展进程。

2. 采用 PPP 模式引导社会资本进入养老产业

一是鼓励和引导市立医院与具有较强实力和投资意愿的社会资本签订合作协议，以 PPP 模式合作设立医疗养老投资公司，建立利益共享、风险共担、优势互补的运营机制。二是市立医院可以以院区土地评估作价入股，社会资本方则以现金入股，按照投入分配股份比例，成立股份制合资公司，实行企业化管理，市场化运行。三是由该合资公司建设和运作医院和医养结合养老机构。其中医院由合肥市立医院管理，主要管理人员由合肥市立医院管理团队兼任，两院区实行统一管理，独立核算。合肥市立医院医师以多点执业的方式在两院区流动，人员薪酬由两院按比例承担。将不少于5%的床位用于接收城镇三无老人及农村五保对象，政府将按照政策标准向养老机构支付供养经费。

六、加强医养结合养老队伍建设

1. 以激活存量、放大增量的思路壮大医护养队伍

采取多点执业、兼职兼业、外包服务、委托经营等形式，整合现有医护养存量，加大服务人员的培育和引进力度，政府可设立公益岗位，给予岗位工资补贴；鼓励成立护工公司，由护工公司招募和培训护工，与医院签订合同为老人提供服务；鼓励医院对护工进行管理，纳入医院的“三产”管理范畴。

2. 提高医养结合养老队伍的综合素质和专业水平

加强高等院校和职业学校与养老机构和医疗机构的联系和互动，与医养结合机构合作培养人才；学校增设市场紧缺的、与医养护理相关的专业或课程；加强在岗养老服务人员的业务培训，鼓励上级医院对承担医养功能的下级医院医护人员以及有需求的养老机构护理人员进行培训。

3. 提升医养结合养老队伍的稳定性和发展空间

一是建立薪酬保障机制。出台养老护理员入职奖补政策，大中专毕业生在养老机构从事养老护理工作满3年以上的，给予一定比例助学贷款代偿和学费补偿；工作满4年并取得相应职业资格证书的人员，给予一次性奖励。二是建立养老护理职称评定机制。医养结合养老机构的医护人员在资格认定、职称评定、技术准入和推荐评先评优等方面，应与其他医疗机构享受同等待遇。三是切实维护养老机构和从业人员的权益。保护老人、保障医养结合养老机构和从业人员的合法利益，维护医养结合养老领域的正常秩序。

七、推广“互联网+医养”新模式

1. 构建养老服务信息管理平台

整合民政、卫生、人社等部门信息资源，构建全市养老服务信息管理平台，将合肥市医养结合养老机构与60岁以上老人电子健康档案信息，列入平台重点建设与共享内容，实现医疗系统与医养机构信息共享。

2. 探索医养结合智慧化养老方式

一是构建网络服务平台。建立居家养老网络服务平台，推广应用家用健康检测、治疗、辅助智能终端，实现网络覆盖。开发和推广手机APP软件产

品，构建直接服务老年群体及其家庭的终端软件平台，实现与养老服务信息管理平台的对接，打造覆盖合肥市域的医养结合智慧养老综合服务平台。二是开展远程医护服务。引导和鼓励电子信息企业与专业医疗机构对接，融合互联网、移动通讯、云计算等技术，开展远程医疗监控及服务。三是探索“O2O”智慧养老模式。充推进“互联网＋医养”，探索建立医养结合养老领域的“O2O”商业模式，实现“线上定制、线下服务”，让医护养专业服务融入医养机构和社区家庭。

（合肥市政府政策研究室　王毓江
合肥市政府政策研究室　朱文台
合肥区域研究室　陈俊峰）

《合肥推进工业设计与支柱产业融合发展研究》成果摘要

近年来，工业设计在加速推进新型工业化进程，推动生产性服务业与现代制造业融合方面做出了突出贡献。国内诸多城市和地区充分利用本地资源优势，制定相关政策，积极推动工业设计发展。面对激烈的竞争态势，合肥建设“大湖名城、创新高地”，应将创新精神、创新理念、创新模式和创新文化全面融入经济社会发展的各个层面、各个环节，不断激发创新活力。深入推进工业设计与支柱产业融合发展，全面提升合肥支柱产业国际竞争力，已是合肥未来发展面临的一项重要课题。

一、合肥工业设计与支柱产业融合的基础条件和存在问题

合肥具有浓厚的工业文化底蕴和工业发展基础。已形成汽车及零部件、装备制造、家用电器、食品及农副产品加工、平板显示及电子信息以及光伏及新能源等支柱产业。目前，合肥已有17家省级工业设计中心，从业人数达894，本科以上学历的高级设计师占85%，荣获欧洲PlusX奖和中国企业产品创新设计金奖等国内外设计大奖120个。合肥工业大学、安徽大学、安徽建筑大学、合肥学院等众多高校均开设有设计类相关专业，拥有丰富的工业设计教育资源。主办“帝度杯”国际家用电器工业设计大赛，加快中国（合肥）工业设计城建设，积极推动工业设计产业发展。

总体上看，合肥工业设计发展尚处于起步阶段，还存在一些问题：一是工业设计价值没有得到充分体现。工业设计产业规模小，品牌企业尚未形成，整体竞争力较弱。二是工业设计创新体系基本没有形成。企业设计创新意识和动力仍然不够，设计公司税负高、融资难、资金缺乏问题较为严重。三是设计人才缺乏，结构不合理，流动性较大。四是设计知识产权保护措施单一。

法律惩治处罚力度小，专利申请效率低。五是工业设计服务体系、公共设计服务平台尚未建成。没有成立行业协会，行业组织管理缺失。

二、合肥工业设计与支柱产业融合发展的思路和主要目标

深入贯彻落实“中国制造 2025”，围绕建设全国高端产业集聚区和有国际影响力的创新之都战略定位，紧紧把握国家科技创新型试点市、国家级两化融合试验区、国家系统推进全面创新改革试验的契机，大力实施工业设计与支柱产业融合发展战略，坚持市场主导和政府引导相结合，以企业为主体、科技为支撑、工业创新为动力，加大政策支持引导力度，推动资源向工业设计创新汇集，强化工业企业人才支撑，增强工业设计创新能力和可持续发展能力，全面提升合肥支柱产业国际竞争力。

重点培育以汽车、家电、电子信息为主的自主创新品牌设计基地，每年培育 10～20 个市级工业设计中心、5～8 个省级工业设计中心、1～3 个国家级工业设计中心，新增一个工业设计产业园区；2020 年建成以工业设计城为基础的工业设计服务平台；2025 年集聚形成具有工业设计特色的产业园地带，把合肥打造成为引领全省、辐射长三角的工业设计中心，成为国际工业企业设计交流集聚地，打造“合肥设计”新形象、新品牌。

三、合肥工业设计与支柱产业融合发展的路径选择

（一）加大整合力度，促进产业外部资源融合，形成良好的外部支撑

外部资源整合为工业设计与支柱产业融合发展提供重要平台和支撑。一是构建工业设计产业链。实现集设计服务、市场开发、产品设计、知识产权保护等多维一体的工业设计动态产业链，促进设施设备及服务资源开发共享。二是发挥合肥（中国）工业设计城优势。利用产业集聚效应，打造集产品设计、交易展示、人才培训、设计大赛、专题论坛和咨询服务等为一体的工业设计示范园，形成“一站式”工业设计服务模式。三是完善工业设计创新举措。协同解决合肥支柱产业的工业设计创新方法与关键技术，形成典型产品创新设计开发良好环境。

（二）提高创新能力，实现产业内部“一体化”融合发展

引导企业科学规划研发、设计、品牌、管理、销售、延伸服务等高附加价值活动，通过整合有形或无形资源打造产业链一体化。一是推动汽车装备

与工业设计融合。注重工业设计价值，将其定位为次核心技术，作为产品开发首要流程，提升产品设计品质与品牌形象；鼓励引进行业专家，缩短专门工业设计人才培养周期；建立工业设计中心，支持其与第三方设计机构合作；依靠产学研合作，协同解决关键难点技术。二是推动家用电器与工业设计融合。促进融合互联网、大数据、云服务等网络制造模式，向外征集设计方案，利用全球设计资源开发创新产品；建立内部设计中心，研发自主创新产品，实现由“代加工”向“代设计”和出口自创品牌转变；建立家电企业间合作研发平台，形成企业间创新合作机制；吸收借鉴国内外优秀家电企业设计创新模式。三是推动电子信息与工业设计融合。围绕自主创新，攻克关键共性技术，通过应用推广先进设计技术，构建自主品牌；推动电子信息关联产业融合，促进企业研发模式、生产模式以及服务模式创新发展；发挥人才资源优势，促进技术革新与智能优化，提高企业自主创新能力。

四、合肥工业设计与支柱产业融合发展的主要措施

（一）打造“合肥设计”品牌，扩大知名度

设立“合肥设计周”，定期举办工业设计展览、工业设计竞赛、工业设计论坛等系列主题活动，积极承办国际级工业设计展览和大赛，鼓励企业参与国内外各类重大设计活动，推出一批代表“合肥设计”形象的优秀企业和原创作品，培育一批具有国际国内影响力的优秀设计师，形成具有合肥特色的工业设计创新氛围，不断提高“合肥设计”影响力和知名度。

（二）加强产业园建设，促进产业集聚发展

建立工业设计产业园区，利用老工业厂房改造和新型企业集聚区，根据不同城区、开发区和县区的产业特色，统筹规划，分步引导和打造一批汽车、装备、家居、电子信息、家用电器、农副产品等各具特色的工业设计产业园。

（三）充分吸纳社会资源，发挥行业组织优势

成立合肥工业设计协会，搭建与工业设计企业、工业设计基地、制造企业、高校院所以及与中国工业设计协会等国内外设计机构的合作平台，促进在肥企业、高校、研究院协同发展，充分发挥各方积极性，共同推进合肥工业设计产业加快发展。

（四）建设公共服务平台，推动产业发展

加快中国（合肥）工业设计城设计服务平台建设，推动设计产业集聚发展促进形成信息服务、设计咨询服务、技术研究与服务、企业孵化、融资交

易、营销推广、汽车与装备工业设计创新七大服务平台。深化工业设计中心认定工作，加大市级、省级和国家级工业设计中心支持力度，培育各级工业设计中心设计示范企业。

（五）优化人才发展环境，强化人才队伍

完善工业设计发展支持政策，设立投资创业基金，培育和引进优秀设计领军人才、国内外著名设计公司来肥建立设计中心或分支机构，鼓励行业协会、设计企业加强与合肥高校设计学院建立创意设计教育实训基地，完善工业设计人才再教育机制，按照国家职业技能鉴定规定标准和程序，率先开启“工业设计师”职称评定工作，不断壮大工业设计支撑力量。

五、合肥工业设计与支柱产业融合发展的保障机制

（一）拓宽政策面，加强供给侧结构性改革

制订实施工业设计产业发展规划；明确产业发展的指导思想、总体目标、重点方向和保障措施；综合财政、税收、产业、土地、外贸、人才等政策，从各个方面支持工业设计产业发展，为工业设计发展预留更多空间，培育创造新的经济增长点。

（二）加强组织领导和统筹协调

成立合肥工业设计产业发展领导小组，负责全市工业设计产业发展的组织领导工作，统筹协调工业设计产业发展中存在的重大问题。组建工业设计专家咨询委员会，开展重大问题咨询论证工作。加快合肥工业设计协会成立进程，建立健全协会运行体系，早日发挥行业协会引领作用。

（三）加强工业设计宣传

充分发挥舆论导向作用，通过电视、广播、报纸、网络等多种媒介，加大工业设计有关方针政策、重大活动、先进典型等宣传力度。鼓励创办高水准的工业设计报纸、杂志和网站，形成有利于工业设计产业发展的舆论环境和创新氛围。

（四）加大财政资金支持力度

发挥财政资金的杠杆作用，引导社会资金投入设计产业，支持各类企业建立设计创新中心。采取贷款贴息、无偿资助、股权投入、后补贴等方式，重点支持企业、科研院所、高校、设计机构围绕设计产业关键领域、薄弱环节开展自主创新的设计项目。举办重大宣传、展示活动，开展国际交流。

（五）加强设计产业知识产权保护工作

在工业设计城建立工业设计知识产权服务站，为工业设计企业提供知识产权申请、培训、法律咨询和援助服务。制定工业设计知识产权保护办法，切实保护企业知识产权和实际利益。加强外观设计专利授权与保护工作，建立工业设计资源数据库，为公众和企业提供外观设计图形检索服务。

（合肥市政府政策研究室　王毓江
合肥工业大学　张　萍）

《合肥与长三角城市群主要城市政务环境比较研究》成果摘要

政务环境是指政府为实施社会公共管理、促进经济社会发展和提高人民生活水平所提供的政策、行政资源和条件的总和，是经济社会发展的高潜质资源，在城市整体发展环境中起主导作用。政务环境包括硬环境和软环境，本课题侧重政务软环境研究，通过比较分析，总结合肥政务环境建设的突出特点，找出与南京、杭州、无锡等城市的差距，提出改善合肥政务环境的路径与对策。

一、“十一五”以来合肥市政务环境建设的经验做法与成效

“十一五”以来合肥市政务环境建设的核心是解放思想、锐意改革，以“效能革命”为抓手，强化环境建设，引领内涵式发展。主要经验和做法可概括为四个方面：一是多措并举、整体联动，深入推进简政放权，重点是搞好顶层设计、精简行政审批、完善工作流程；二是优化服务、规范运行，完善服务体系建设，重点是推进行政服务中心标准化、政府服务直通车、政务（为民）服务中心建设；三是勇立潮头、敢为人先，注重体制机制创新，重点是推动实施缺席默认制、并联审批、“六分开”“三榜公示、两级认证”等制度创新和“1＋3＋5”产业扶持政策创新；四是全程监管、跟踪问责，强化检查督导效能，重点是严格行政问责、效能问责和监督问责。正是这些卓有成效的做法，合肥成为中部地区乃至全国审批项目最少、审批环境最优、办事效率最高、服务意识最强的地区之一。合肥市政务环境优化主要得益于政府治理理念和治理方式向法治型、服务型和责任型的转变。

二、合肥市与长三角主要城市政务环境比较分析

本课题坚持完整性、重要性、系统性和可评价性原则，根据政务环境的

内涵、相关理论及依据，通过问卷调查，经专家审议和综合论证分析，建立了由 1 个一级指标、5 个二级指标、20 个三级指标构成的政务环境评价指标体系，并据此与南京、杭州、无锡三个城市进行了比较分析（见表 1）。

表 1　合肥与长三角城市政务环境比较

二级指标	三级指标		合肥	南京	杭州	无锡
简政放权（4）	机构改革及职能优化		较好	良好	很好	较好
	行政权力下放与取消	数量（项）	4076	1825	10252	2027
		精简率（%）	73.7	30	70.8	25
	行政审批效率		较好	良好	很好	较好
	社会组织发展水平（个）		2396	10000	4691	8790
阳光政务（4）	四张清单（定性）		良好	较好	很好	较好
	政务公报（抽样定量）（天）		2.6	1.2	1.0	0.6
	重点事项公开（抽样定量）（天）		5.8	2.8	1.6	3.2
	政民互动（抽样定量）（%）		72.4	82.6	90.2	68.3
优化服务（4）	一网式电子政务（定性）		较好	良好	很好	良好
	一口式受理服务（定性）		较好	良好	很好	良好
	12345 服务热线得分（办结满意度定量）（%）		84.2	79.3	72.8	82.1
	开放合作协作（定性）		较好	良好	很好	较好
考评监督（4）	考评绩效监督体系（定性）		良好	较好	很好	较好
	开放便捷式投诉平台（满意度）（%）		79.2	77.7	85.4	77.6
	问题整改反馈跟踪平台（满意度）（%）		82.6	83.4	87.2	81.3
	绩效考评奖惩机制（定性）		较好	较好	良好	较好
廉洁担当（4）（定性）	领导班子廉政状况		很好	较好	良好	较好
	干部队伍担当作为		很好	良好	良好	良好
	政风社会满意度		良好	较好	很好	较好
	腐败社会关注度		最低	最高	较低	较低

与南京、杭州、无锡三个城市的比较凸显了合肥政务环境的优势和劣势，突出的优势是干部队伍的廉洁担当，主要问题表现在以下几个方面：

（一）在简政放权方面

“放权”的含金量比较低；“接权”力量尚显不足，县区承接行政审批事项时存在瓶颈，社会组织、中介机构有效承接转移力量不够；部门联动协调解决机制不健全，行政服务大厅未能实现一口式受理服务；监管仍不到位。

（二）在阳光政务方面

信息公开滞后，更新慢；信息发布平台分散，公民及时获取信息困难；政民互动运行不畅，公民参与度不够。

（三）在优化服务方面

机关效能问题有所反弹，存在推诿扯皮，“踢皮球”现象；行政（便民）服务体系不完善，区（街）政务服务中心入驻率偏低；行政服务中心激励机制不到位，窗口工作人员积极性难以有效调动。

（四）在考评监督方面

考评监督机制科学性有待加强，考核指标较空泛，考评监督方法有待完善，考评监督的结果透明度不够，缺乏有效监督。

（五）在廉洁担当方面

党风廉政建设责任和工作要求落实不到位，锐意进取的动力不足；廉政建设存在薄弱环节。

三、优化合肥政务环境的总体思路和对策建议

（一）总体思路

围绕打造“大湖名城、创新高地”和长三角世界级城市群副中心的战略定位，确立政务环境“国内领先、国际接轨”的目标，按照“审批高效、政务阳光、服务优良、监管有力、风清气正”的要求，创新政务平台，完善治理体系，提升服务能力，健全考评监督，强化廉洁担当，使我市政事更加优质高效，民事、商事更加规范便捷，群众更加满意。

（二）深入推进简政放权，更好发挥政府和市场作用

1. 优化行政审批事项

科学评估现行审批事项，按照市场优先（市场能够优化配置资源的决不使用行政手段配置）、效益优先（经济事项经济效益优先，社会事项社会效益优先）、效率优化（同等条件下，坚持时间最短、流程最优）、可承接（即下放权力的承接单位有能力履行好相关职责）等原则优化行政审批事项。

2. 提高审批服务集中度

推进“三集中三到位”，即：将分散在部门的行政审批、公共服务事项向

一个处（科、室）再集中，审批服务处（科、室）向政务服务中心再集中，审批事项向电子政务平台再集中；审批事项进驻中心落实到位，审批窗口授权到位，网上监察系统到位。完善、拓展网上审批平台功能。

3. 完善事中事后监管体系

完善相关监管法规的配套性、衔接性和实用性，构建“闭合式”“链条式”全流程监管体系。扎实推进跨部门、跨行业综合执法，实现“一支队伍管全部”。搭建社会监督平台，引进第三方监管。推行问责“倍加”和“买单”机制，切实做到“零容忍”。深入推进诚信体系建设，加快建设合肥市公共信用信息共享服务平台。

（三）打造阳光政府，提升政府治理能力

1. 提高信息资源管理水平

设立“市公共信息建设管理局”，加强公共数据资源建设、管理，加速推进政府治理体系和治理能力现代化。

2. 推动公共数据分享应用

选取医疗、住房、教育、交通、公共安全等惠及民生的领域，率先开展公共信息资源开放共享，将成果应用于财政、金融、税收、政府转移支付等领域重大项目的跟踪审计，实现对项目实施过程中的实时动态监控与预警。引进或培育大数据机构，对综合大数据、分项大数据动态跟踪研究，为党委政府的预测、决策，为优化政务环境提供精准咨询服务。

3. 推动政务环境建设公民参与

建立和完善重大决策社会稳定风险评估机制，公共决策社会公示、公民听证、专家咨询论证制度。完善和充分利用民意调查制度、信息公开制度、听证会制度、协商谈判制度、公民投票制度等。加强民意监察和民意协调能力建设，成立专门民意监察和民意协调部门。

（四）创新体制机制，提升优化服务水平

1. 创新“5649”服务机制

建立四级［市、县（区）、街道（乡镇）、社区（村居）］便民服务网络。对涉及多个部门需要联审联办的审批项目，利用信息化手段实现多部门流程再造，形成五项集成化审批工作机制。建立比较梳理机制，对于职能相近、相关联、相交叉的审批事项，实现归并办理或多证合办；建立统分结合机制，实现“一窗受理、内部流转、并联审批、高效运转”；建立信息共享机制，实现同一资料不重复提交；建立开放竞争机制，实现行政审批中介规范、高效服务；建立窗口倒逼机制，实现审批服务效能提升。执行行政审批“六统一”，即同一审批事项在全市范围内按照审批内容、申报材料、审批要件、审批流程、审批时间、审批收费“六统一”的标准规范审批。窗口受理“四个清”，即窗口服务做到咨询一次答清、表格一次发清、材料一次收清、内容一次审清。审批事项“九公开”，窗口服务项目的名称、设定依据、申请条件、审批数量、办事程序、申报材料、法定及承诺时限、收费依据、投诉渠道公开标准。规范行政审批行为，真正实现行政审批“一口受理、限时办理、规范办理、透明办理、网上办理”的改革要求。

2. 提升政务服务功能和价值

完善12345政府服务直通车服务功能，建立分析整理和研究解决热点、难点问题的联动机制。开展“行政审批进园区”活动，对急需办理的项目进行现场服务。建立重大招商项目和重点工程批前辅导和全程跟踪服务机制，加快项目落地和开竣工进度。开展“千人评窗口”活动，激励窗口工作人员提供更加优质高效的服务。创造有利于小微企业成长的环境，通过招标、培训、信息、专利以及帮扶等，扶持小微企业成长壮大。

3. 提高政务环境的外向度

在城市公共场所、公共交通、路牌等设立中英文指示标识。推动规章制度与国际接轨。增加合肥新闻电视外文频道，中外双语国际学校等公共服务配套建设，以满足不同外来人士的需求。

（五）完善考评监督体系，夯实政务服务基础

成立合肥市政务环境考评监督领导小组。搭建公民企业考评监督平台，归集公民和企业对政府管理、社会治理、经济发展的意见和建议，及时送达市政府和相关职能部门，并将反馈意见通过不同渠道公开或反馈给特定人员。引入第三方考评监督主体，对政务环境状况进行监督评价。委托咨询公司对年度政务环境状况进行民意调查、大数据分析及系统评级，提供政务环境研究年度综合报告及专项评估报告。完善意见投诉机制、意见筛选机制、意见整改机制、跟踪反馈机制和考评奖惩机制。将意见投诉整改落实情况及反馈情况与干部绩效及岗位晋升相挂钩。

（六）强化责任廉洁担当，确保对策落到实处

1. 加强自身建设

按照“三严三实”要求，打造学习型、创新型、务实型、服务型、清廉型机关。严格落实党委的主体责任和纪委的监督责任，完善重大事项和重点工作督查跟踪落实机制。严格落实公务用车、公务接待、办公用房、会议和文件资料管理等方面的制度规定，节省成本，提高效率。加强“三公”经费

预算管理，严控“三公”经费支出。

2. 提升行政服务效能

深化重点领域信息公开，切实保障群众的知情权、监督权和参与权。运用微信等新媒体，丰富与群众联系、沟通方式。优化行政审批流程，完善负面清单管理。巩固和提升效能建设成果。

（合肥市政府政策研究室　王毓江
合肥市委党校　余小平
合肥市委党校　夏明珠）

《合肥市推进城市国际化路径与对策研究》成果摘要

2014年，《国务院关于依托黄金水道推动长江经济带发展的指导意见》确定合肥为长江三角洲城市群副中心、全国性综合交通枢纽、内陆经济开放新高地，明确要求提升合肥都市区的国际化水平。长三角城市群是世界六大城市群之一，加快合肥城市国际化进程，十分必要，非常迫切。

一、城市国际化的内涵及国内外城市相关经验借鉴

（一）城市国际化的基本内涵

城市国际化是指城市按照国际通行惯例，在全球范围内运用和配置资源、全面参与国际合作与竞争的过程和状态，主要包括经济国际化、社会国际化、人文国际化、基础设施国际化和以开放为取向的制度创新等内容。

（二）国内外城市国际化经验借鉴

1. 深化扩大国际合作成为推进城市国际化的基本路径

构建宽领域、深层次、高水平、紧密型的国际合作体系，已经成为国际化城市的共识和行动。新加坡推进城市发展战略国际化、经济活动国际化、城市规划国际化、语言国际化。

2. 全方位国际交流合作成为推进城市国际化的共同方向

以经济国际化为主向经济、社会、人文、制度等宽领域国际交流合作转变，经济与非经济领域国际交流合作的均衡协调发展成为国际化方向。韩国首尔，在推进国际化进程中，坚持基础设施建设先行，重视区域协调发展，注重规划指导。

3. 打造开放门户成为推进城市国际化的战略支撑

打造开放门户已经成为当前城市国际化的主要途径，尤其是打造生态城、智慧城、科技城、知识城、健康城等新型平台已经成为当前推进城市国际化

的亮点。如杭州市城市国际化战略，突出构筑四大平台：国际产业平台、国际知名会展品牌和旅游平台、国际创业平台、国际交流平台。

4. 培育功能特色成为推进城市国际化的重要手段

国际化城市高度重视特色功能的培育，以此为核心手段带动国际化水平全面提升，力求在某些领域集中力量加快形成新的突破。南京市全面推进经济国际化，在注重推进开放型经济转型升级、提高产业国际竞争力、打造具有国际影响力的总部基地三方面，突出功能建设特色，推动国际化创新功能建设，加强国际化商务功能建设，推动国际化文化功能建设，完善国际化人居功能建设。

5. 体制机制创新成为推进城市国际化的关键动力

在经济、社会、文化等多领域加大改革力度，争取更加开放的政策，营造更有优势的制度环境，成为城市推进国际化的重要动力。迪拜之所以快速崛起为国际化大都市，主要在于选择了一条正确的产业创新发展之路，大力发展国际化现代服务业并形成主导产业群，走高端化世界级产业发展路线和实行高度开放的自由港政策。

二、合肥市城市国际化发展水平与优势劣势分析

（一）合肥城市国际化水平比较

课题组以合肥城市国际化水平为一级指标，选取了经济、社会、文化、政治、生态 5 项二级指标，经济发展水平等 14 项三级指标、生产总值等 34 项四级指标，构建了综合评价指标体系。通过主成分分析、模糊 C 均值聚类分析等方法，与全国 36 个主要城市的国家化水平作了分析比较，得出基本结论如下：一是在全国 36 个主要城市中，合肥城市国际化总体水平居第 24 位，城市国际化水平低于长三角城市群核心城市上海（第 1 位）以及副中心城市杭州（第 6 位）、南京（第 8 位）；二是在全国 36 个主要城市中，合肥城市经济、城市基础设施、科技创新能力等国际化水平在全部的四个类别中处于第三类别，城市管理与社会文化、生态环境保护等国际化水平处于第四类别，南京、杭州处于第二类别，合肥国际化总体水平较低，比长三角的其他两个副中心城市杭州和南京的国际化水平明显低一个层次。

（二）合肥市推进城市国际化的优势

经过“十一五”以来的快速发展与城市“大建设”，合肥市建设长三角世界级城市群副中心、推进城市国际化，已经具备一定优势条件。一是经济实力显著增强。“十二五”以来，合肥主要经济指标增速连续保持 2 位数增长，

位居全国省会城市前列。2014年，合肥GDP增速继续保持省会城市前列，居第8，比杭州高1.8个百分点，比南京低0.1个百分点。二是产业发展潜力巨大。合肥已成为全国最大的家电产业基地、中国最具国际影响力和国际竞争力的家电制造中心。三是基础设施较为完善。持续推进城市“大建设”，通过空间整合优化和功能完善，明确了“大湖名城、创新高地”的战略定位以及“1331”的市域空间布局。四是科教创新资源丰富。合肥拥有中国科技大学等高等院校60多所、中科院合肥物质科学研究院等各类研发机构959家、各类科技人员60多万人、在肥工作两院院士72名，各类专业技术人员占全市人口的比例居全国同类城市前列。五是生态环境持续改善。合肥坐拥八百里巢湖，是全国唯一怀抱五大淡水湖之一的省会城市，半汤、汤池是中国著名的温泉之乡。合肥具有“城中有园、园中有城”的鲜明特色，是全国首批园林城市之一。六是开放水平不断提升。合肥是“一带一路”和“长江经济带”双节点城市，近年来积极打造内陆开放新高地，开放型经济不断发展。

（三）合肥市推进城市国际化的劣势

合肥推进城市国际化，无论是观念意识、规模质量、设施基础以及人才和开放度等还存在不足。一是各级干部及市民国际化意识和抢抓国际化机遇有待进一步强化。二是综合经济实力和城市规模与国际化水平较高城市差距较大。三是经济外向度总体不高，尤其是缺乏具有国际影响力的跨国公司和大企业。仅37家境外世界500强企业在肥投资。四是以国际航空为标志的城市国际化基础设施相对滞后，民航客运量无论是总量和增长率都与南京、杭州存在巨大差距，在中部六个省会城市处于末位。五是政府、民间对外友好交往、交流合作不够，国际化人才严重缺乏。

三、加快合肥城市国际化对策与建议

合肥要不断加大对外开放力度，加快走向世界的步伐，大力推进城市国际化，重点实施“六大工程”。

（一）实施产业结构“调转促”工程，着力培育国际化的产业体系

借鉴杭州市构筑国际产业平台的做法，立足于传统优势产业基础，以现代服务业为发展重点，加强国际化产业合作。一是继续壮大传统优势产业，为合肥经济发展提供产业基础。二是加快构建以服务经济为主的新型产业体系。三是加强产业体系的国际化合作。四是完善产业发展的配套设施和政策。

（二）实施“三外”质量提升工程，着力提高区域经济外向度

推进合肥市国际化建设，要坚持“引进来”和“走出去”相结合，借鉴新加坡和迪拜外向型国际化经验，提升合肥经济的开放度。一是不断提升对外贸易的核心竞争力。二是优化利用内外资结构。三是扩大对外经济合作。四是打造总部经济基地。

（三）实施立体交通通达工程，着力构建国际化交通体系

借鉴韩国首尔“基础设施先行”的国际化理念，统筹推进铁路枢纽、高等级公路枢纽、航空枢纽、江淮航运中心等建设，促进各种交通方式有效衔接，提升合肥国际化城市品质。一是贯彻公共交通先行的理念。二是完善城市路网体系。三是完善“米”字形高速铁路网建设。四是着力打造国际化空港。

（四）实施对外交流平台建设工程，着力提高城市国际美誉度

借鉴迪拜、杭州等市的国际化经验，不断创新国际合作的体制机制，提升合肥市聚集国际要素能力，塑造国际知名城市形象。一是打造国际化科技交流合作平台。二是促进高层次科技创新人才国际交流。三是提升会展服务业的国际影响力。四是加强友好城市建设、扩大人员对外交流。

（五）实施市政内涵式改造工程，着力打造国际化宜居宜业城市

以首批创建生态文明城市为契机，改善在肥外籍人士的居住环境和配套服务功能，将合肥打造为外籍人士宜居乐业的国际性城市。一是建立城市国际化语音标识体系。二是加强国际学校建设。三是推动医疗保障体系国际化。四是创新与城市国际化相适应的社区管理模式。五是建设一批国际化商业设施和服务机构。

（六）实施“文化走出去”工程，着力提升城市国际软实力

借鉴首尔、杭州等市的国际化经验，依托合肥市文化旅游等优势资源，提升合肥城市文化品位和国际软实力。一是加强国际文化交流。二是打造合肥旅游的国际品牌。三是推动建设国际体育名城。

四、“十三五”时期合肥城市国际化建设的重点任务

一是构建世界级产业集群。重点要打造十大主导产业，建设一批国际先进、全国一流的产业集群，基本建成以战略性新兴产业为引领、先进制造业为主体、现代服务业为支撑、现代农业为基础的产业新体系。

二是完善合肥立体交通体系。按照长三角世界级城市群副中心的定位，

全面提升港站枢纽服务功能，高水平推进铁路、公路、航空、水运和轨道交通的有机衔接和多式联运。

三是打造对外开放合作平台。发挥“一带一路”、长江经济带双节点城市功能，建设对外开放平台，打造内陆开放新高地。

四是建设国家级创新基地。建设综合性国家科学中心，加快提升同步辐射、全超导托卡马克和稳态强磁场等三大科学装置性能，打造世界一流的大科学工程和设施集群。

五是着力提升城市品质。合肥城区要全力打造国际化都市区的核心区、高端服务业的集聚区；开发区全力打造创新创业的引领区、产城融合的示范区；打造比肩宁杭的高品质城市。

六是创新生态治理模式。探索推进环境污染第三方治理，建立吸引社会资本投入生态环境保护的市场化机制。探索建立大气、水、土壤等污染防止区域联动机制，实现区域联防联控和流域共治。

（合肥市政府政策研究室　王毓江
安徽省创新发展研究院　李　红
安徽省创新发展研究院　罗俊义）

《合肥推进智能制造生产模式研究》成果摘要

本课题从智能制造生产模式的内涵、特点出发，准确把握国内外智能制造生产模式发展现状、发展趋势，深入研究当前合肥发展智能制造生产模式基本情况及区位、产业、市场和科研等优势，依据对一线企业的调查，理出了合肥发展智能制造生产模式的基本原则、重点攻克技术及几项重大工程，提出我市推进智能制造生产模式的若干对策措施。

一、智能制造生产模式内涵及国内外发展现状、趋势

智能制造生产模式是指基于智能制造技术和智能制造系统，尤其是基于“互联网＋”技术进行产品设计、生产计划、加强制造、生产装配、经营决策、采购、质量保证和市场销售的新型生产方式，是工业化与信息化深度融合一体化的崭新生产模式。

智能制造是高端装备的核心，是制造装备的前沿和制造业的基础，已成为当今工业先进国家的竞争目标。作为高端装备制造的重点发展方向和信息化与工业化深度融合的重要体现，智能制造生产对于加快制造业转型升级，提升生产效率、技术水平和产品质量，降低能源资源消耗，实现制造过程的智能化和绿色化发展具有重要意义。金融危机之后，全球主要经济体纷纷把发展重点重新回到工业上来，美国提出工业互联网战略，德国出台工业 4.0 战略，日本推出机器人新战略，发达国家力图通过制造业的智能化、网络化、数字化升级，牢牢掌控高端制造业的竞争优势。目前，美国、德国、日本等工业发达国家在数控机床、工业机器人、智能控制系统、自动化仪器仪表和 3D 打印设备等领域具有多年的技术积累，智能制造优势明显。

我国为实现制造业的“弯道超车”，陆续出台了智能制造相关规划和专项政策，加快推进智能制造业的创新发展和产业化，实施“中国制造 2025”发

展战略，智能制造产业增长势头迅猛，初步形成一定的规模。一批国家急需、长期依赖进口、受制于国外的智能制造装备技术实现突破，如机器人技术、感知技术、工业通信网络技术、控制技术、可靠性技术、机械制造工艺技术、数控技术与数字化制造、复杂制造系统、智能信息处理技术等；并攻克了一批影响我国产业安全的核心高端装备，如精密、加速加工中心，重型数控镗铣床，3.6 万吨黑色金属垂直挤压机，用于百万千瓦超临界火电机组、年产 45 万吨合成氨、轨道交通等重大工程项目的国产控制系统，高精度压力/差压变送器、原子荧光光谱仪、油井多相流检测设备，直径为 6.34 米的土压平衡盾构机、直径为 11.22 米的泥水平衡盾构机，1600 吨级加氢裂化反应器、百万吨级乙烯工程三大离心压缩机组、百万吨级乙烯冷箱等。尽管我国智能制造在近些年取得了长足进步，但是还是面临自主创新能力不强、产业整体竞争力不足，企业智能化程度不够，资源环境制约较大，科技成果转化率不高，人才激励机制不健全等诸多问题；主要以跟踪模仿为主、自主创新为辅，产品组装为主、功能创新为辅，系统集成为主、部件攻关为辅，应用研究为主、基础研究为辅；基础支撑技术薄弱，产品附加值低，制造过程资源、能源消耗大。

二、合肥智能制造生产模式现状、成效及问题

合肥作为全国四大科教城市之一，拥有得天独厚的智能制造产业发展基础条件和发展潜力；是国家级两化融合试验区，具备发展智能制造装备产业的较好条件，并涌现出了欣奕华机器人、华为电子、科大讯飞等智能制造企业；初步形成了以智能化机械装备、工业机器人、智能家电为代表的智能制造产业体系；具备区位、产业、市场及科研等多方面优势。

合肥制造企业在推进智能制造生产模式过程中主要存在以下几个方面的问题：一是企业融资环境不甚理想。主要体现在银行贷款难、融资渠道狭窄；银行贷款条件和管理要求十分严格，一些企业存在信用度不高、抵押物不足等问题；规模大效益好的企业成为金融机构争夺的对象，中小企业难以获得商业银行信贷支持，融资难是合肥市制造企业在推进智能制造生产模式中的重大阻碍。二是企业税收环境尚待改进。合肥市制造业为数一半企业希望政府能够减免税费。由于智能制造技术改进和升级需要投入一定的人力、物力，而合肥制造业多以私营企业为主，智能化升级需要政府予以政策支持。三是缺少专业技术带头人。由于智能制造生产模式是一个智能化的网络生产体系，发展模式尚未成熟，企业普遍反映缺少专业技术带头人，缺乏行业标准和参

考模范。四是企业对智能技术市场信息掌握不足。智能化生产模式对信息技术的更新换代要求较高，“互联网＋”时代企业需要拥有强大的智能技术信息整合能力，虽然合肥市制造业发展具一定规模和基础，但是由于智能技术中介服务体系不健全，合肥市制造业难以得到或跟踪相关智能技术。

三、指导思想、重点攻克技术和重点工程

（一）指导思想

深入贯彻党的十八大和十八届三中、四中、五中全会精神，坚持走新型工业化道路，推动信息化与工业化深度融合，面向国民经济重点产业转型升级的重大需求和国际智能制造技术的发展趋势，坚持“前瞻布局、重点突出、创新跨越，引领产业”的发展思路，以实现制造过程的智能化和绿色化为目标，以突破关键智能基础共性技术为支撑，以推进智能测控装置与部件的研发和产业化为核心，以提升重大智能制造装备集成创新能力为重点，通过示范、推广实现产业升级，大力推进企业智能化改造，着力实施制造业“机器换人”，到2020年重点领域生产装备数控化率达到70％，建设6～8个智能制造样板工厂（车间），实现“合肥制造”走向“合肥智造”，努力增强我市高端产业的整体竞争力。

（二）基本原则

合肥推进智能制造生产模式应遵循的基本原则：“市场导向、政府推动，整体推进、重点跨越，自主创新、开放合作，研究开发、示范应用，产品制造、增值服务。”

（三）重点攻克技术和重点工程

合肥市发展智能制造可借国家推进两化深度融合的契机，攻克一批重点技术，实施一批重大工程。

1. 重点攻克技术

包括高新化制造技术、物联网技术、大数据技术、云计算、信息物理融合系统技术、智能制造执行系统技术等智能制造技术，为高端智能装备及相关智能产品的研发打下坚实基础。

2. 重点工程

包括推进汽车、家电、材料等重点领域装备智能化、应用产品智能化，选择有条件的产业集聚区，开展智能制造示范实验区建设，加快产业集群的智能制造示范应用，加快建设机器人产业基地，实施“机器换人”计划行动，

鼓励企业、行业协会、产业技术联盟、社会组织和政府相关部门共同参与智能制造产业的基础共性标准、关键技术标准和重点应用标准的研究制定。

四、对策措施

制造业是合肥产业发展的根基、特色和优势，加快推进智能制造是合肥巩固制造业发展优势、提升制造业核心竞争力的关键。必须以“中国制造2025”为引领，以信息技术与制造技术深度融合为主线，以“互联网＋”和自主可控软硬件产品为重要支撑，以推广应用智能制造生产模式为抓手，以健全政策扶持机制为重要保障，全面推进智能制造生产模式，推进制造业的自动化、智能化、网络化、数字化、绿色化。

一是奋力推进制造企业实现“互联网＋”。积极借鉴我国发达地区借助“互联网＋”推进智能制造生产模式的成功经验，尽快出台《促进互联网经济发展的实施办法》，积极推进“互联网＋”行动计划，加快传统行业与移动互联网、云计算、大数据、物联网等新兴产业的技术深度融合，加强物联网与智能制造的融合应用，以自主创新能力强企业为重点，鼓励“硬”的制造业企业“软化”，加快工业互联网对传统制造业的渗透融合，加快企业电子商务发展。

二是设立促进智能制造生产模式专项资金。重点支持和鼓励企业应用数控技术和智能装备进行智能化技术改造，采购本省生产的智能装备改造生产线，向咨询设计、工程施工、设备租赁等服务型经营转变。

三是多元化扶持智能制造生产模式。鼓励银行对智能制造企业倾斜信贷，为企业向银行贷款提供增信支持和担保服务；鼓励通过融资租赁公司租赁智能装备、循环利用融资租赁公司资产；研究设立合肥智能装备融资租赁公司，积极利用境外资本市场发展智能装备融资租赁业务。

四是加强对智能制造生产模式的服务指导。成立智能制造专家咨询小组，邀请国内外专家进行实地调研和现场诊断，重点研究探讨智能制造推进过程中遇到的热点难点问题，定期出台《合肥市发展智能制造指导目录》，引导建设智能制造公共服务平台。通过完善功能、提升能力，为中小企业提供CAD设计及检测、产品测试、检测设备研发、工业设计、虚拟仿真、样品分析、快速成型、3C认证、人才培养等服务。

五是实施智能制造人才培养工程。依托在肥高校、科研院所和企业培训资源，建立合肥市智能制造人才培训和实训基地，重点培养高层次研发和应用人员。积极推进行业职业技能鉴定工作和高技能人才选拔工作，加强企业人员职业培训，每年针对示范企业技术骨干开展提高培训，针对企业员工开展普及培训。

六是加大智能制造招商引智力度。鼓励和支持合肥市制造企业与国际一流企业、高校及研究院所开展多层次、多渠道、多方式国际合作和交流，用好合肥试验区企业股权和分红激励政策，高起点引进智能制造重大项目、领军人才，引进、消化和吸收国外智能制造先进技术，研发新产品。

七是加强重点领域智能制造示范引领。以江淮汽车、京东方和皖维集团等“智能工厂”和“数字车间”为重点，实施智能制造示范工程，推广应用数字化控制技术，集成创新一批数控装备，实现装备性能、功能的升级换代，加强重点领域智能制造示范引领。

八是加快推进智能制造“政产学研用”一体化。依托中国科学技术大学、合肥工业大学、中国科学院合肥物质科学研究院、中国电子科技集团公司第三十八研究所等高等学校、科研院所，加强智能制造企业与高等学校、科研院所之间的密切联系，加快推进智能制造“政产学研用”一体化。

（合肥市政府政策研究室　王毓江
合肥工业大学　万伦来）

《合肥一二三产融合互动促进农业产业化研究》成果摘要

增加农民收入，必须延长农业产业链、提高农业附加值。一二三产业融合发展是创新农业经营方式，延伸农业产业链，大力开展农业产业化经营的重要方式。

一、合肥市一二三产融合发展的现状

（一）农产品加工业发展迅速

2014年，全市一产实现增加值257.63亿元，农产品加工业产值1072亿元，同比增长8.4%，总量全省第一。农副食品加工业产值414.8亿元，占农产品加工业38.7%。全市现有农产品加工企业突破3151户，同比增长102%。

（二）农业产业基础逐步夯实

基本形成了设施草莓、苗木花卉、园林水果等特色主导产业集群和具有合肥特点的现代农业发展新格局，建成各类农业园区361个，市级以上现代农业示范区5个，为一二三产融合发展奠定了坚实的产业和设施基础。

（三）农业经营主体竞相发展

全市拥有农业企业3000余家，其中市级以上农业产业化龙头企业647家；拥有农民合作社2446家，规模经营面积突破70万亩，带动88万农户参与合作组织经营；全市种养大户9800家，家庭农场发展到1310家，户均经营规模、注册资本分别达到300亩和75万元。

（四）农业转型升级成效显现

全市特色高效农业面积达345万亩，“一村一品”特色村达480个，占行政村总数47.7%，拥有3000亩以上的特色农业园区乡镇达69个。全市各类休闲农业园区 384 个，年接待游客 1800 万人次，总收入 15.6 亿元；农产品电商企业 100 家，销售额 11.6 亿元。

（五）农业综合实力不断增强

产业结构不断优化，产业加速集聚，农业物联网等物技配套应用水平大幅提升。农机装备结构持续优化，农业科技创新、现代农业产业技术、农村基层农技推广和农产品质量安全监管四大体系的能力建设不断提高，农业综合服务机制和农技服务模式创新深入推进，万名农村实用人才、新型农民和百万农民实用技术等三大培训成效显著。

（六）新型现代农业产业联合体开始涌现

以农业企业为龙头、农民合作社为骨干、家庭农场和专业大户为基础，产业和产品为纽带，集利益联结、要素融合、互助共赢、联合发展为一体的产业联合体，目前已突破 100 家。

（七）政策扶持体系逐步健全

自 2008 年以来，先后出台了加快农业产业化经营、推进农村土地流转、加快现代农业园区建设、深化农村改革等相互衔接与配套的政策文件 50 多个，在全省率先建立了较为完备的支农惠农强农政策支持体系。

二、合肥市一二三产融合发展存在的问题

（一）一产观念落后，缺规模、缺技术

农民的市场意识与经营观念跟不上发展的形势。农业企业中中小企业比重较大，规模小、联结松、带动弱。农产品加工企业缺乏技术装备、科研能力、创新意识。农民科技素质偏低，农业技术研究还不能与实际生产有效融合，技术创新缺乏动力，这使得农业技术发展、普及和应用水平总体不高，农产品加工物耗能耗相对较高，资源利用率低，节能减排压力加大。

（二）二产缺要素、缺资源

农业龙头企业特别是中小微企业，缺乏有效的融资渠道，信用体系不健全，缺少发展资金，无法灵活有效地与一产相融合。受到土地指标等因素的限制，部分龙头企业的项目无法落地实施，限制了加工业发展。

（三）三产项目单一、创新不足

三产发展松散，主要集中在批发、零售、餐饮等传统产业，休闲产品品牌知名度不高，休闲项目差异化不明显，经营方式落后。全市农业社会化服

务体系以生产性服务为主，市场化服务内容较少，涉及农业生产的产前、产中、产后的一系列服务建设体系不健全。全市农产品电子商务人才严重缺乏，普及率不高。

三、推进合肥市一二三产融合发展的对策建议

（一）以培育多元化融合主体为重点，夯实一二三产融合发展基础

1. 推进农村“大众创业、万众创新”

一是构建农村众创空间。落实涉农“双创”政策，重点解决启动资金短缺、创业能力不足等突出问题。利用农业科技园、农民创业园、农民专业合作经济组织等，大力建设农民创业孵化基地，引导农民、大学生村官在农民创业孵化基地创业，带动更多农民就近就地就业。二是扶持返乡创业。扶持有技能和经营能力的农民工返乡创办家庭农场、领办农民合作社，创立农产品加工、营销企业和农业社会化服务组织。

2. 培育新型农业经营主体

加大财政资金扶持，提升扶持政策效率，引导家庭农场、专业大户进一步壮大。改变农业经营合作社以农用机械等生产性合作为主格局，拓宽生产服务领域，提供管理培训、技术培训、经营信息、市场信息等信息来源，提升新型农业经营主体的经营能力、市场意识与产品销量；规范农业合作社行为，促进管理规范化，吸引更多的农户加入多形式的合作社，提升透明度，保障农户利益。

3. 打造龙头企业促进转型升级

坚持扶大促小并重，打破区域、行业和所有制界限，多渠道培育龙头企业。重点培育100家加工规模大、创新能力强、科技含量高、竞争力强、辐射带动广的大型龙头企业，形成一批炒货、杂粮、种子、油脂、饮料等行业领军企业。支持年销售收入超过10亿元的企业通过增资扩股、合资经营、并购重组、上市融资、发行债券等方式，发展成为具有较强竞争力的大型企业集团。鼓励年销售收入超过5亿元的企业通过行业兼并、重组等方式联合经营，发展成为大型龙头企业。引导年销售收入超过1亿元的成长型龙头企业推进规模化发展、品牌化经营，增强市场竞争能力。深入推进农产品加工“五个一”工程建设，引导企业走多层次加工转化升值的路子。

4. 鼓励工商资本进入农业

鼓励和引导工商资本进入新品种研发、新技术推广、生产性服务、农产

品加工、储藏、物流、销售、品牌建设等领域。

（二）以延伸农业产业链为方向，健全一二三产融合发展内在机制

1. 健全一二三产融合发展的经营机制

不断创新与优化“公司＋农户”“合作社＋农户”“合作社＋公司＋农户”“公司＋合作社＋农户”等经营模式，将农业的家庭经营、合作经营、公司经营以及行业协调这些机制有机结合，充分发挥机制在农业纵向融合的不同环节中的各自优势和集成效率。

2. 健全一二三产融合发展的利益联结机制

选择制度化合约，制定利益风险共担机制，在农业合作制基础上引入股份制。

（三）拓展农业多种功能，大力支持发展多种类型的新业态

1. 突出发展抓手

合肥北城和长丰县、肥东县以农产品加工业为抓手带动农业发展；合肥南城和肥西县以服务业（尤其高新技术）为抓手带动农业发展；庐江县发展水产养殖和发展休闲旅游；促进三产融合。

2. 深入推进“一村一品”持续发展

优化“三环三沿”农业布局；着力推进“草莓南下、瓜豆东接西延、水生沿湖扩张”等八大农业结构调整；大力发展大棚蔬菜、草莓、食用菌、苗木、莲藕、葡萄、荸荠等特色种植，生猪、家禽以及黄鳝、泥鳅、鳜鱼、龙虾、河蟹、湖羊等特色养殖；推进茶叶、油茶、蚕桑、樱桃、蓝梅、树梅、保健菜等特色产业发展。

（四）加快推进农村供给侧结构性改革，破除一二三产业融合体制机制障碍

1. 加大农产品有效供给

从改善供给入手，适应消费者对农产品的多元化消费、个性化需求，发展优势特色产业，打造农产品知名品牌，提高品牌农产品销售比例。

2. 加强土地要素整合

测算土地流转的规模效益，针对不同农作物品种、不同地域和不同经营者的农业经营测算出指导性指标，避免出现土地流转的规模不经济局面。

3. 加强资金要素整合

合理监测农业信贷支持资金和奖补资金的适用去向，注意奖补资金的绩效考评，加大对实际从事农业生产的主体进行资金补贴或打通融资渠道。在

放开农村土地承包经营权抵押、担保的政策机遇下，建立农村土地担保风险基金，以调动商业金融组织投放农地担保的积极性。

4. 培养新型职业农民

针对农业生产、农产品流通、社会服务和农业经营管理培育一批专业素质高的职业化群体，开展常态化的职业技能培训和学习交流，把农业生产技术培训思路转变为农业生产经营技能培训。

5. 建立防险机制

一是通过农业投资、税收优惠等方式，加强农村基础设施和农业科研、教育及推广体系的建设等方面的支持力度。采用价格补贴、收入补贴、开发性生产补贴、农业贷款利息补贴、农业保险和灾害补贴、生产资料差价补贴等，丰富财政补贴形式；通过减税、免税、延期纳税等税收优惠政策支持一二三产融合。二是建立支持农业发展的农村信贷体系，包括向家庭农场主、专业大户等提供不动产抵押贷款、生产和销售的中/短期贷款、生产贷款，以及向各种农业合作社提供贷款，在购买农用机械等方面通过信贷利息补贴的方式为农业提供信贷支持等。三是建立健全农业保险制度，以分散农业经营风险。

（五）以完善服务体系为支撑，提高推进农村一二三产业融合发展的指导水平

1. 搭建多元平台

一是建立融资平台。成立信用信息调查与评估小组，从信用记录、经营规模、还款能力等方面建立起信用评估指标体系，以评估结果为依据建立各农业经营主体与企业的融资信用等级体系；及时将银行针对农户与涉农企业的贷款方案告知给各农业经营主体，以融资信用等级体系为依据，向银行推荐优质贷款主体，实现双方之间的信息对称。二是建立市场信息平台。从线上、线下两个方面建立交换平台。三是建立科技服务平台。打破部门分割，建立服务于农村经营主体的农业科技研究、技术推广、农民教育相结合的新型农业科技服务平台。

2. 拓展平台功能

一是增加融资功能。依托社会化服务机构，搭建银企对接平台，建立农业经营主体的信用体系，拓宽融资渠道，搭建融资平台。深入开展合肥市农村中小企业担保资金管理服务，为农业中小企业担保融资提供渠道，组织市级以上龙头企业与各大银行进行对接和推介，组织优质龙头企业加入融资联盟，开展联保联贷，帮助农业经营主体获得更多的金融支持。二

是增加市场服务功能。推进农产品产销对接，发展连锁店、直营店、配送中心及电子商务，研发和应用农产品物联网，参与各种形式的展示展销活动，提高品牌农产品的市场知名度，扩大农产品销售。鼓励城市社区与农产品生产基地、农业产业园区对接，发展社区配送、小区直销等销售业态。提供农业经营主体市场信息，尤其是增强农户、家庭农场、专业大户、涉农企业等的市场导向意识，开发更多适销对路的产品，形成以基地建设、龙头带动、市场导向、三产融合、对接有效的现代流通链条。健全农产品物流服务网络，依托专业社会化物流企业或是农业龙头企业、合作社等经营主体联合就地建设农产品加工、储运、配送等配套设施和冷链物流；鼓励大型流通龙头企业建立批发配送中心，提高鲜活农产品冷藏运输比例。三是增加科技转化与应用功能。建立农业科技协同创新联盟，大力发展生物育种、智能农业、农机装备、生态环保和粮食绿色增产模式，依托国家农业科技园区搭建农业科技融资、信息、品牌服务平台，探索建立农业科技成果交易中心。搭建农业科技成果转化平台，提升农业科研成果转化水平。四是增加培训功能。通过政府采购、农业龙头企业出资的方式，实现社会化服务机构的培训功能。

（六）围绕全产业链制定全面、系统的政策，加快构建农村一二三产业融合发展的产业政策框架

1. 加快构建政策体系

一是明确六项原则，即有利于农业经营主体之间联合与合作的资源配置体系，有利于保证基础产业稳定发展的优序体系，有利于市场主体创业创新的激励体系，有利于政府支持的投入体系，有利于经济规模化生产社会化的服务体系，有利于纠正行政干预的自律体系，强化支持一产优先发展的政策。二是调整和完善支持发展农产品加工业的政策。按《合肥市农副产品加工（现代农业）产业发展规划及工作方案（2015—2020）》，提高农产品产地初加工补助标准。三是统筹支持发展服务业的政策。实行城乡统一的融资服务政策，特别是对从事农产品加工的小微企业，放宽贷款抵押条件和适当延长还款周期，让资金真正起到支持发展农产品加工业的作用。四是改善城市与农村的基础设施。进一步加快农村水、电、路、气、房等影响农村投资拓业的基础设施建设进程。

2. 提高政策制定和执行水平

一是出台合肥市一二三产融合发展总体规划。将一二三产融合政策与四化同步战略、城镇化政策、区域经济和社会发展政策紧密结合。二是加强政

策统筹。一二三产融合政策，需经政府专门机构统一审核后发布，防止出现政策之间的重复、冲突或矛盾；政策出台应有配套细化措施，确保政策可操作性强。三是加强政策宣传。做好政策整理汇编应及时梳理、汇编从国家到地方的各类最新政策资讯，提高政策知晓率。四是加强政策评估。充分发挥各类智库独立、客观、公正的优势，鼓励引导各类政策咨询研究机构开展第三方评估。

（合肥市政府政策研究室　王毓江
合肥市政府政策研究室　朱文台
安徽行政学院　倪良新）

《中共中央国务院关于落实发展新理念加快农业现代化实现全面小康目标的若干意见》的解读报告

2016年1月28日，中共中央国务院发布《关于落实发展新理念加快农业现代化实现全面小康目标的若干意见》（以下称一号文件）。现就文件出台的背景、主要内容及亮点作简要解读，并就推进我市农业供给侧结构性改革，提出对策建议。

一、文件出台背景

今年发布的中央一号文件，是改革开放以来第18份以“三农”为主题的一号文件，也是2004年以来，连续第13次聚焦“三农”，“农业现代化”一词连续3年写入了文件标题。一号文件的出台，是在我国经济进入新常态、资源环境约束趋紧的背景下，农业面临前所未有重大变局的形势下，农业发展新动力萌生与现实难题并存的情况下，立足于坚持农民主体地位、增进农民福祉，全面贯彻落实十八届五中全会精神的集中体现。文件全面部署了厚植农业农村发展优势，加大创新驱动力度，推进农业供给侧结构性改革，加快转变农业发展方式，保持农业稳定发展和农民持续增收，走产出高效、产品安全、资源节约、环境友好的农业现代化道路，推动新型城镇化与新农村建设双轮驱动、互促共进，让广大农民平等参与现代化进程、共同分享现代化成果等一系列重大任务。一号文件是指导当前和“十三五”时期农业农村发展的纲领性文件，体现了习近平总书记多次强调的：重农固本是安民之基，任何时候都不能忽视和放松“三农”工作，坚持把解决好“三农”问题作为全党工作重中之重等重要思想。

二、主要内容和亮点

一号文件全文分为 6 个部分共 30 条，主要内容包括：持续夯实现代农业基础，提高农业质量效益和竞争力；加强资源保护和生态修复，推动农业绿色发展；推进农村产业融合，促进农民收入持续较快增长；推动城乡协调发展，提高新农村建设水平；深入推进农村改革，增强农村发展内生动力；加强和改善党对“三农”工作指导。一号文件思想深邃、亮点纷呈，主要体现在以下几个方面。

一是全面贯穿“五大发展理念”。落实创新发展理念，通过创新农业经营体系、创新农村产权制度、创新现代要素支撑体系，不断激发农业农村新活力。落实协调发展理念，通过拉升产业链条促进三次产业融合发展、深入开展美丽乡村建设促进城乡协调、培育文明乡风促进物质文明和精神文明协调发展，加快构建新型工农城乡关系。落实绿色发展理念，通过加强土地、水源、森林、湿地等资源保护和合理利用做好“保护”文章，加大农业面源污染防治、抓好秸秆焚烧和利用以做好“治理”文章，实施绿色品牌培育和农产品质量安全管理以做好“安全”文章，切实转变农业发展方式。落实开放发展理念，通过“一路一带”等多项战略机遇，大力开展农业招商、引企、引智，支持促进农业国际合作经营，进一步推动农业“引进来、走出去”。落实共享发展理念，通过脱贫攻坚确保迈入小康社会，加快实现基本公共服务均等化、城乡公共资源均衡配置，以及推进以人为核心的新型城镇化，持续增进农民群众福祉。

二是首次提出“推进农业供给侧结构性改革”。尽管在文件中仅出现一次，但文件通篇体现出农业供给侧结构性改革的思路，这与当前经济转型升级方向相一致。文件提出优化农业生产结构和区域布局，在确保谷物基本自给、口粮绝对安全的前提下，基本形成与市场需求相适应、与资源禀赋相匹配的现代农业生产结构和区域布局，提高农业综合效益。着力加强农业供给侧结构性改革，实现农产品供求由低水平平衡向高水平平衡的跃升，是当前和今后一个时期农业农村工作的一项重要任务。标志着经历建立农业市场流通体制和机制、提高经济作物供给、扶持粮食发展三次大的农业结构调整之后，中国农业的第四次结构调整序幕已拉开。

三是下大力气补齐农村的“短板”。基础设施和基本公共服务的“短板”，把财政支持基础设施建设的重点放在农村，把社会事业发展的重点放在农村和接纳农业转移人口较多的城镇。环境和生态的“短板”，加强农业资源保护和高效利用，坚持最严格的耕地保护制度，落实最严格的水资源管理制度；加快农业环境突出问题治理，加强农业生态保护和修复等。脱贫的“短板”，实施精准扶贫、精准脱贫；切实把民生项目、惠民政策最大限度向贫困地区倾斜；实行最严格的脱贫攻坚考核督查问责。

四是以改革为农业农村现代化提供不竭原动力。提出必须坚持不懈推进体制机制创新，着力破除城乡二元结构的体制障碍，激发亿万农民创新创业活力，释放农业农村发展新动能；坚持市场化改革取向与保护农民利益并重，完善农产品市场调控制度；健全农业农村投入持续增长机制，推动金融资源更多向农村倾斜，大力完善农业保险制度；完善农村集体产权制度。

三、对策建议

农业供给侧结构性改革对于解决“三农”新老问题、有序推动农业现代化、确保亿万农民迈入全面小康社会，具有重要意义。当前，我市农业面临的总体形势与全国其他地区一样，农业生产受到农产品价格“天花板”压顶和生产成本“地板”抬升的双重制约，农产品供求结构不平衡、生产成本过高、资源错配及透支利用等突出问题是供给侧结构性矛盾的集中显现。

（一）推进我市农业供给侧结构性改革的工作思路

一是调整供给侧供给结构，更好地满足安全、健康、高端以及个性化的农产品需求。在粮食供给侧比较宽松的情况下，调整种植结构，向粮食供求平衡态过渡，核心是围绕市场需求进行生产，重点是推动粮食生产由数量增长为主转到数量、质量、效益并重上来；扩大有效供给，增加供给结构的适应性和灵活性，促进品种和质量契合消费者需要，形成更有效率、更有效益、更可持续的农产品有效供给体系。二是发挥市场配置资源的决定性作用，全面提高农业全要素生产率。更加重视劳动力、土地、资本、技术、环境等资源的高效和优化配置。三是更好地发挥政府的作用，加大改革的力度，提高政策和制度供给的适应性。通过推进行政审批、农村集体产权、土地、金融、户籍等制度改革，转变政府职能和治理农村经济方式，简政放权、放管结合、优化服务，大力落实减税政策，维护公平竞争秩序，激发农业生产经营者活力，增强企业效益。

（二）推进我市农业供给侧结构性改革的重点任务

一是着力在调整优化农业结构上取得新突破。树立大农业、大食物观念，合理开发各类农业资源，大力推动粮经饲统筹、农业林牧渔结合、种养加一体，增加市场紧缺农产品生产，大力发展肉蛋奶鱼、果菜菌等，为消费者提供品种多样的产品供给。稳定提高粮食产能，调整品种结构，推进高标准农田改造，促进庐江等高品质、高产量粮食基地建设。二是着力在提升农产品质量安全上取得新进展。适应消费升级的需要，改善农业供给上的薄弱环节，着力提升农产品质量安全水平，实现农产品供求由低水平平衡向高水平平衡的跃升，大力推进标准化生产、品牌化营销。高度重视抓好转方式与保生态、抓治理与合理用的统筹，加强生态资源保护，加大农业面源污染防治，加强全流通领域管理，从根本上改善农产品质量安全环境。三是着力在提升农业生产效益上取得新优势。深入贯彻落实《国务院办公厅关于推进农村一二三产业融合发展的指导意见》（国办发〔2015〕93 号），着力拉升现代农业“产业链”，把生态链、产业链、价值链、信息链、利益链等现代产业组织方式引入农业，深度挖掘农业的多种功能，把农业生产与农产品加工、流通和农业休闲旅游融合起来发展，培育壮大农村新产业新业态，促进农业“接二（产）连三（产）”，真正提升农业的综合效益。四是着力在构建新型农业经营体系上实现新跨越。大力推进多种形式适度规模经营，加快新型职业农民、家庭农场、农民合作社、农业龙头企业等新型农业经营主体梯度提升和转型发展。大力推进经营机制创新，促进农业经营主体融合发展。立足农民收入持续增长，以农民创新、创造、创业、就业为有效途径，培育农业经营新体系。五是着力在建立健全扶持政策上推出新措施。围绕适度规模经营，进一步建立完善土地整理、土地流转的相关扶持政策，持续发展设施农业、特色高效农业，促进农业电子商务等新兴业态在农业领域的应用。创新运用金融服务撬动农业供给侧结构性改革。加大财政投入力度，大力弥补制约农业发展的薄弱环节，补农业基本建设之短，改善农业基础设施，提高农业物质技术装备水平。

（合肥市政府政策研究室）

关于扶持我市孤独症康复机构发展的对策建议

孤独症又称自闭症，是一类严重神经发育失调而导致的儿童广泛发育障碍，属于精神疾病范畴。此病病因不明且终身无法治愈，患者终身可能无语言、无法独立生活。我市现有0～15岁儿童数约125万人，按美国疾控中心2007年公布的该病发病率1∶150人的标准估算，我市0～15岁孤独症患儿数约8000人，0～18岁孤独症患者近10000人。孤独症虽然终身无法治愈，但目前国内外普遍认可、疗效切实的康复方法是有针对性的特殊教育训练。康复培训机构是承担孤独症患儿康复教育的主战场，是患儿家庭和社会的希望所在。

一、我市孤独症儿童康复培训机构基本情况

2015年，合肥市日常开展孤独症儿童康复培训业务并且为安徽省残疾儿童抢救性民生工程定点康复机构的单位共19家。

1. 民办机构是主力军。全市19家康复机构中除合肥市残联下属的残疾人康复中心和肥东县残联下属的康复中心2家为事业单位外，其余17家全部为民营，多为残疾人或孤独症家长创办；其中，2家民办机构已经面临倒闭，机构中无患儿。我市实有孤独症康复机构17家；其中14家在民政部门或残联部门登记，2家在卫生部门和工商部门登记。

2. 全市康复机构最大承载力约1300人。调研反馈情况的16家机构，运营时间5年以内的5家，5～8年的9家，10年及以上的2家，最长的12年；平均场地面积为1275.6平方米；在训孤独症儿童总数为693人，平均为43名，仅3家机构在培人数达到98名及以上。各机构除了承担孤独症患儿的康复培训外，同时承担智障患者的康复培训，若现有机构全部师资承担孤独症患儿的康复，最大承载力约为1300人。

3. 康复培训人员以年轻、女性、幼教专业为主。机构康复培训人员总计240人，年龄分布在20～60岁，其中20～30岁的共171人，占71.25%；女性216人，占90%；大专以上学历214人，占89.2%；专业以幼教或教育为主的为132人，占55%。

二、我市孤独症康复培训机构存在的主要问题和困难

一是容纳能力难以满足患儿需求。孤独症儿童应根据病情轻重选择特殊教育或在普通学校接受融合教育。但我市公立特殊教育学校、普通学校因软硬件设施条件不具备，无法接受患儿。专业性康复教育机构成为孤独症孩子及家长唯一的“救星”。2015年，我市定点机构在训患儿近700人，接受康复训练的只占患者总数的不到10%，很多患儿在等待中丧失6岁之前的黄金康复期。

二是机构规模小与资源浪费并存。我市民办孤独症儿童康复机构发展较快，但机构普遍规模小、运营时间短、场地面积不足；市残疾人康复中心，硬件设施相对较好，但由于人员编制问题，目前仅有11名教师（其中2位还兼顾管理），在训孤独症儿童仅有32名，这造成了硬件设施的浪费。

三是机构定位模糊，得不到规范的指导和扶持。我市孤独症培训康复机构承担“学校”责任，却难有“学校”名分；康复机构工作内容属于特殊教育范畴，但是无法纳入教育体系。《合肥市民办非学历教育机构管理若干规定》（合教〔2013〕17号）：“禁止使用居民住宅、地下室、架空层以及住宅小区附属设施作为办学场所。”但目前孤独症康复机构大多发展艰难，为了节约成本，以居民住宅场所作为培训场地的机构不在少数。康复机构徘徊在教育系统管理、扶持、提升体系之外，无法享受“生均经费”等扶持政策。

四是民办孤独症康复机构资金短缺现象严重。民办康复训练机构绝大多数仍处于“小作坊”的发展模式。单打独斗、缺乏政府指导和规范，更无权威公正的机构对各培训机构的教学质量和发展水平做出评估。部分发展较好的机构，如春芽、彩虹桥、天情等，在教师资质、教育水平、硬件设施和管理上，可以说是我市孤独症康复机构的标杆，但也有部分机构教学场地拥挤、教师较少且不专业。民办孤独症康复机构面临着共同的资金短缺、硬件设施差、专业人才缺乏、队伍不稳定管理不够规范的问题。由于孤独症康复教育成本高、政府民生工程补助资金不足、患儿家庭支付能力不足等原因，资金短缺极为突出。

五是专业人才匮乏。从事孤独症康复教育的人员应该具备医学、教育学、心理学等基本知识，并掌握各种康复手段的操作规范，但我市孤独症康复专业人才明显不足。专业特教毕业教师较少，教师的学历层次不高，接收的专业培训较少。因为资金问题，机构很难吸引专业人才。全市孤独症康复机构师生比为1∶2.88，因部分康复机构仍承担脑瘫等患儿的康复，师生比实际大约为1∶4，而较为合适的师生比应为1∶1。康复培训机构不属于教育部门管辖，“教师”身份不被社会普遍认可，工作人员职业归属感较差。16家机构从开办至今辞职人员已超过百人。

六是机构提供服务单一。孤独症儿童康复服务内容涉及方方面面，既有机构中的教学，又应有家长的康复理念、技术和心理辅导，更应该有针对大龄患儿的托养服务。孤独症患儿家长培训还未形成规模，目前，只有少数康复机构（如“春芽”“彩虹桥”）开展专业性家长宣传和培训，大多提供13岁以下患儿的教学服务，大龄患儿托养服务几乎是空白。

三、对策建议

（一）设立医教结合的公办孤独症儿童特殊教育学校，填补政府在孤独症特殊教育中的缺位

筹建政府主导，残联、教育、卫生共同参与，民办公助的孤独症儿童康复教育学校。改造利用现有闲置校舍，节约建设成本；前期建造及启动资金由政府提供，后期运转资金由患儿家庭、政府购买服务、社会捐助、科研资金等多渠道筹措；通过公开考试择优吸纳现有民办康复机构教师资源、选聘专业教师，通过与国外康复教育机构合作，促成国外专家教师不定期指导、讲学。出台专业诊断医疗机构名录，经名录中明确诊断的患儿具备入学初步资格；学校提供孤独症儿童的康复矫正；与省内专业诊疗医院开展合作提供药物矫正；形成医、教、研、宣四位一体的孤独症救助平台。同时挂牌省内首家“孤独症康复研究中心”，吸引国内外项目资金，形成集疾病研究、康复托养、宣传教育、慈善救助为一体的福利机构。

（二）将现有专业康复机构纳入教育系统管理服务范围

逐步规范准入、注册、管理制度，将康复机构纳入教育系统统一管理，残联协助，推动机构“孤独症特教学校”归位。民办特殊教育学校和孤独症康复机构，按生均公用经费每年5000元标准，平等享受教育补贴，患儿公平享受教育权利。

（三）建立康复教育评估机构，加大现有民办机构的扶持力度

依托妇幼保健所、大型医院、特教机构建立孤独症患儿康复教育评估机构。对于全市孤独症患儿进行特教前能力评估、教育中的跟踪评估，建立患儿的“学习档案”。安徽医科大学小儿神经康复中心的医疗团队、合肥市妇幼保健所儿童心理保健科愿意在政府支持下承担此项工作。在原民生工程患儿12000元的标准上，加设市级补贴8000元（3000元补贴家长，5000元补贴定点康复机构）。

（四）加强专业师资队伍建设，提高职业认同感

依托现有“国培计划”“省培计划”和在肥高校开展孤独症儿童特殊教育师资队伍培训。对优秀的教师予以奖励，逐步提高包括孤独症在内的残疾人康复教师的待遇。畅通民办机构中孤独症特殊教育教师的职称评定渠道，设立特殊教育津贴补助，解决他们的后顾之忧，促进他们的职业认同，减少专业人员的流失。

（五）发展大龄孤独症的托养机构

政府主导，尽快开展大龄孤独症患儿的托养服务。采用公办公营、公建民营、民办公助等方式，利用社区闲置用房、社区卫生服务中心的康复区域、入住率低的民办养老机构，出台用地、税收等多方面的优惠政策，鼓励有实力的企业、团体或现有康复机构开设大龄患儿托养机构；依托敬（养）老院、医院、残疾人康复中心等社会资源，通过政府购买服务的形式，发展孤独症托养服务，解决大龄孤独症儿童托养难题。

（六）鼓励康复机构拓展服务方式

扶持机构开展融合教育和家庭教育辅助工作。通过政府特殊补贴的形式鼓励现有机构的教师开展到普校辅助患儿进行融合学习、深入家庭进行患儿及家长培训的服务，进一步丰富孤独症患儿的教育形式，提高患儿及家长的培训质量。

（中国农工民主党合肥市委）

关于工商资本进入土地流转风险防范的对策建议

党的十八届三中全会提出“鼓励和引导工商资本到农村发展适合企业化经营的现代种养业，向农业输入现代生产要素和经营模式”。工商资本进入土地流转，对于转变农业发展方式、提升农业产业化水平、盘活土地资源、增加农民收入、增强农民经营和市场意识、解决“三农”领域投入乏力和内生动力不足等，发挥了重要的积极作用。鉴于土地资源的稀缺性和工商资本的逐利性，为保护农民权益、保障农业的可持续发展，针对近年来一些地方出现的问题，2014 年中办国办《关于引导农村土地经营权有序流转发展农业适度规模经营的意见》（中办发〔2014〕61 号）、2015 年中央一号文件以及农业部、中央农办、国土资源部、国家工商总局《关于加强对工商资本租赁农地监管和风险防范的意见》（农经发〔2015〕3 号），陆续就加强工商资本租赁农地规范管理、健全风险防范机制和强化事中事后监管等问题做出明确规定。

一、合肥市土地流转的基本情况

近年来，我市按照“依法、自愿、有偿”的原则，积极鼓励和引导农村土地承包经营权有序流转，有力地促进了土地由分散经营向规模化、集约化经营转变，农村土地流转进入提质增速发展的新阶段。截至 2015 年 7 月，全市流转土地面积 291.5 万亩，流转率达 57.6%；当年新增流转面积 15.9 万亩，增长 5.7%；流转农户 52.1 万户，占农户总数的 41.3%。规模土地流转促进了新型农业主体的蓬勃发展，市级以上农业龙头企业 647 家，家庭农场 1663 家，各类农民合作社 2729 家，其中土地流转合作社 179 家。

总体而言，土地流转呈现以下特点：一是流转面积规模化。逐步由零散流转向集中连片规模流转转变，全市 50 亩以上规模流转总面积 219 万亩，占全部流转面积的 75%，5 个乡镇和 29 个行政村实现整乡、整村流转。二是流转主体多元化。逐步由单纯的农民之间代耕代种为主向专业大户、家庭农场、农民合作社、农业龙头企业等新型农业经营主体流转为主转变；其中流入专业大户的占50.4%，流入合作社的占11.2%，流入农业企业的占30%。三是流转经营多样化。突出农民增收，坚持因地制宜，种粮为主、多种经营。例如肥西县，截至2015年第二季度，粮食种植面积21.06万亩，占流转面积的55.5%，蔬菜瓜果3.67万亩，占流转面积的9.7%，畜禽产业面积1万亩，占流转面积的2.6%，水产面积2.08万亩，占流转面积的5.5%，花卉林木10.16万亩，占流转面积的26.7%。全市流转土地用于粮油种植的为159.7万亩，占流转面积的55%。四是流转进程加速化。逐步由村组之间流转向跨村、乡镇和县域间流转转变，全市新增土地流转面积近年来每年增加30多万亩。

二、工商资本进入土地流转的主要风险

一是身份构成复杂，动机各不相同。目前，进入土地流转的工商业资本，不乏房地产、建筑、钢铁、煤炭等行业企业，它们有的是受土地价值诱惑进入农业，有的是看到了国家对农业的大力扶持、农业部分领域已成为利润率较高的产业，有的以为搞农业比其他产业可能更容易，有的是基于朴素的农业情结，少数企业是以套取国家补贴为目的，更多的是对从事农业心怀诚意。这些进入农业的工商资本，大都对自身经营农业的能力、农业基本属性、农业投资的复杂性、长期性和风险性缺乏深入认识，投机色彩、盲目跟风严重。出现了“毁约弃耕”，有钱争地、无力种田等现象，农民成了风险兜底者。

二是流转风险初显，防范机制不健全。我市部分乡镇苗木花卉的土地流转面积占总流转面积的一半，例如肥西县花岗镇花卉苗木流转面积19297亩，占流转面积的51.75%。苗木投资量大、回收期较长，这致使工商资本倾向于较长时间、大面积租赁农地。近两年，花卉苗木市场行情急转直下，风险凸显，且花卉苗木生产往往改变地形地貌，破坏水系和耕作层。流转合同到期后，必然面临着复垦和平整的问题，而绝大部分流转合同都没有约定复垦方式和费用。

三是部分流转程序不规范，非农化特别是非粮化倾向明显。部分流转项目不经乡镇土地流转中心鉴证私自签订合同，在租金支付、租金增长等方面埋下隐患，极易引发基层治安冲突；工商资本的逐利性及大规模进入土地流转，客观上推高了租金，为追求短期的明显效益，流转经营主体为提升地价获取利益，往往违反基本农田保护制度规定，更愿意经营非粮食生产项目，

有的甚至进行“非农化”建设，危及农产品供给安全和粮食安全。

四是工商资本挤占农民就业空间。工商资本长时间、大面积租赁农地，容易挤占农民就业空间；在一些利润较高的农业领域对小农生产形成替代，与民争利，弱化农户家庭的农业生产经营主体地位，甚至故意抬高租金与粮食种植大户、家庭农场争夺耕地生产经营权，危及农业的可持续发展和农民问题的解决。

三、对策建议

工商资本进入土地流转是把“双刃剑”。为防范工商资本进入土地流转带来的风险，建议从以下几个方面建立风险防范机制：

一是建立健全项目预审制度，把好准入关。这是防范风险的基础。地方政府对工商资本进入农业要实施最严格的审查。乡镇、县（市、区）、市要分级对工商资本规模流转土地进行准入审核，重点是对其资质资信、从事农业生产基本条件、生产经营管理能力和项目等进行审查，审查其是否符合国家法律法规、土地管理、环境保护、农业产业政策、产业发展规划、区域总体规划要求，项目的预期效益及经营风险评估，使那些醉翁之意不在农业的企业望而却步，以规范管理和服务工商企业租赁农民承包土地，有序筛选引入工商资本进入农业领域，控制工商资本直接参与农业经营规模，确保土地用途不变，维护流转双方的合法权益。

二是强化日常监管制度，把好经营关。强化对土地流转后用途、运作模式的日常监管，对于工商资本已进入农业领域的农业企业，土地发包方和承包方对转出土地的用途有监督的权利和义务；地方政府要强化属地管理，利用网络等现代科技手段加大对规模流转土地用途情况的动态监测，还要实行企业年检，吸收广泛的社会监督，严格土地用途管制，采取坚决措施严禁耕地“非农化”、防范“非粮化”；约束经营风险，防止出现掠夺性经营，确保耕地等级质量不下降；对经营业主擅自改变农用地性质、用途，破坏农业综合生产能力和农业生态环境，一经发现要立即制止并上报职能部门依法查处。

三是探索建立风险保证金制度，防控后续风险。农业始终是个经营风险较高的产业，风险保证金制度是防范企业因经营不善或违约等损害农民权益的有效办法，一个企业要想在农村长期扎根，采用缴纳风险金的方式可以让农民更放心，尤其是对流转后从事苗木花卉、畜牧水产等非粮生产的，除实行预付租金外，按一定时限或一定比例缴纳一定数额的风险保证金也是很有必要的。对于流转后改变地形地貌，或在土地上植树造林、挖塘养鱼、建设永久性建筑物和农业设施等，必须制定标准缴纳复垦保证金。

四是严格执行国家政策，保障农民合法权益。严格执行国家相关政策法规，限定城市工商资本进入农业的产业类别、农地类型和生产环节，引导其重点发展种养业产前和产后服务、设施农业、规模化养殖和“四荒”资源开发等适合企业化经营产业。对工商资本租赁农地的期限和面积要有明确的上限控制，不鼓励、不支持长时间大面积租赁农民承包地。积极引导通过利益联结、优先吸纳当地农民就业等多种途径带动农民共同致富的工商资本进入农村，防范其“挤出效应”“抢农民饭碗”以及和家庭农场争夺耕地生产经营权等现象。防范企业与民争利，伤害农民利益的事情发生。

五是落实好相关措施，建立风险防控长效机制。鼓励工商资本租赁农地通过公开市场规范运行，让流转双方都放心交易；以乡镇、县（市）为主建立农村土地经营权流转分级备案制度；建立土地流转退出机制。乡镇、村对工商企业承租的土地利用情况、项目实施、合同履行等情况进行定期跟踪审查、评估和监测，对符合要求的给予政策扶持，对严重违法违规行为或因经营不善及自然风险、市场风险导致生产经营无法继续进行的，要实行限期退出，防止浪费农地资源、损害农民土地权益。大力发展土地入股，改革现行的补贴政策、用地政策、融资政策，完善土地再流转政策。采取保底收购、股份分红和利润返还等多种方式，探索建立工商企业与农户的利益联结机制；坚持和完善农村基本经营制度，落实好农民养老、医疗、就业等保障措施，形成有效防范工商资本进入土地流转风险的长效机制。

（中国国民党革命委员会合肥市委）

关于推进我市“海绵城市”建设的对策建议

海绵城市是指通过加强城市规划建设管理，充分发挥建筑、道路和绿地、水系等生态系统对雨水的吸纳、蓄渗和缓释作用，有效控制雨水径流，实现自然积存、自然渗透、自然净化的城市发展方式。传统的市政模式认为，雨水排得越多、越快、越通畅越好，这种“快排式”的传统模式没有考虑水的循环利用，往往造成逢雨必涝，旱涝急转。2013 年 12 月，习近平总书记在中央城镇化工作会议上指出，要解决城市水问题，必须顺应自然，建设“海绵城市”。2015 年 10 月，《国务院办公厅关于推进海绵城市建设的指导意见》（国办发〔2015〕75 号）印发，全面部署了“海绵城市”建设工作。

一、合肥市“海绵城市”建设情况

合肥市积极推进海绵城市建设工作，重点开展了规划编制、调蓄池建设、生态公园改造、雨污分流、中水回用等工作。

（一）加强政策指导，加快规划编制

2015 年，市城乡建委印发了《关于转发〈安徽省住房城乡建设厅印发关于开展海绵城市建设的指导意见的通知〉的通知》，提出了“因地制宜、规划引领、生态优先、分类实施、试点示范”的总体原则，提出了我市海绵城市建设工作的相关措施。市城乡规划部门正积极组织编制《合肥市海绵城市建设专项规划》和《合肥市海绵城市建设导则》，突出规划引领，为全市海绵城市建设提供支撑和指导。

（二）强化市区联动，坚持定期调度

强化市直相关部门与各县（市）、区、开发区的协调配合，初步形成了全市统一部署、各部门业务指导协助和县（市）、区、开发区先行先试的工作机制。

（三）突出重点项目，发挥引领效应

发挥重点项目在海绵城市建设中的示范引领效用，老城区逍遥津及杏花调蓄池主体工程已经完成，建成投运后将为城区消减径流发挥显著功效；按照海绵城市理念实施的3000亩南艳湖生态公园改造工程，已完成土方工程和湖底清淤；瑶海湾湿地公园及初期雨水截流工程、王咀湖、柏堰湖生态湿地建设工程以及新建道路、园林绿化、街头游园海绵城市理念应用相关工程均已逐步铺开。

（四）结合雨污分流，推进中水回用

结合水系、管网改造，积极推进雨污分流，提高中水回用率。通过在全市范围内按网格化模式全面推进完善排水设施工作，加强监督与考核，结合老旧小区雨污分流项目，大建设路桥和水环境工程建设，河道排口排查，对管网的错接、混接点整改等，开展雨污分流工作，提高污水收集处理率，改善了城市水生态；通过控制污水处理厂出水主要指标和中水回用取水口建设，为中水使用提供了良好的基础。

二、“海绵城市”试点的做法及经验

2015年3月，南宁、济南等16个城市入围“海绵城市”建设试点城市。首批国家试点城市在城市水环境、园林绿地、道路交通、建筑小区以及保障体系等方面取得进展，着力构建四个层级的雨水收集利用系统：

一是实现建筑与小区对雨水的应收尽收。采用雨水花园、生态绿地、线性排水沟、景观水体、透水路面、终端收集池等工艺，对雨水进行收集。在一些小区内，每栋住宅楼的屋顶排水通道直接贯穿地面的景观绿化带，其中心位置则设置大量的水生植被，做到屋顶、地面雨水全部收集、净化、下渗，富余雨水溢流至下沉广场形成景观水体或进入收集池。

二是市政道路确保绿地集水功能。采用植物滞留漕、下凹式绿带、生态草沟及集料蓄水沟等措施，收集和利用雨水。在新建城区，雨水从道路沿豁口流入隔离带下凹式绿地，卵石、炉渣、砂子构成的滤层就像海绵一样净化和存储雨水；多余的雨水，通过高于绿地的雨水篦子，大部分流入附近的速渗井，剩余部分溢流至调蓄池。在遭遇大暴雨时，则通过道路雨水井内的雨水溢流偃排至城市排水主管网，基本可将路面70%以上的雨水收集利用。

三是景观绿地依托地形自然收集。利用绿地自身的地形优势，结合景观布置，通过设置速渗井、线型草沟、生态湿地等使雨水汇流、净化、下渗和收集。城市绿地、广场等公共空间的雨水，被植被和土壤充分吸收，富余雨水流向低洼区域，回补地下水。

四是建设中央雨洪系统形成调蓄枢纽。依托城市绿廊，建设中央雨洪系统，连接主要水系，布置湖泊、湿地、森林等功能板块，实现雨水管理、生物栖息、公共休闲和视觉景观等功能集成，既是生态廊道，也是自然风道，还是调蓄枢纽。

试点工作也存在一些困难和问题：一是政策制度不完善。相关规划编制中普遍缺少雨洪控制利用，也缺乏将雨水确立为资源的指导思想。二是部门工作难以协同。水利、园林、交通、排水、建筑等部门既相互联系又相对独立，需要建立一套相应的政策制度和机制推动协作。三是对“海绵城市”的认知度不够。无论是政府部门，还是普遍民众对“海绵城市”理念感到陌生，大部分工程仍采用“灰色”的雨水处理手段。

三、推进我市“海绵城市”建设的对策建议

合肥作为安徽省“海绵城市”试点城市之一，应组织相关力量开展调研，借鉴外地成熟经验，尽快成立相应机构，编制试点实施方案，全面启动“海绵城市”建设。

（一）坚持规划引领，实现“海绵城市”建设“规划一张图”

一是加强规划体系建设。在城市总体规划层面，通过协调城市用地、竖向、绿化、道路及水系等相关规划，依据地貌、河流水系、建设现状等条件，衔接低影响开发建设有关目标。在专项规划层面，对城市供水、节水、道路交通、园林绿地等专项规划进行修编，落实“海绵城市”要求。二是强化规划控制实施力度。将“海绵城市”要求纳入规划“两证一书”程序，在项目选址意见、规划条件、建设用地规划许可证、建设工程规划许可证等环节落实相关要求。三是不断完善相关标准规范。包括相关规划管理技术导则和相关工程项目技术要点等。

（二）坚持统筹推进、示范带动

海绵城市建设涉及很多部门和社会利益，市政府应成立工作领导小组，加强顶层设计，以试点区域建设为突破口，统筹这项工作。在老城区，以解决地下水不足、积水内涝、水质污染等问题为导向，结合棚户区改造、城中村改造、水体整治等工程建设，将“海绵城市”建设要求逐步落实。在新城区，以落实“海绵城市”目标要求为导向，全面加强相关建设规划控制力度，确保新建项目符合“海绵城市”要求。在城市的空间范围内，科学规划和统筹实施城市水系统、园林系统、道路交通系统、建筑小区系统以及相关的监

测评估系统建设，及时总结相关规范与工法，积极打造样板工程、示范工程，发挥试点区域的示范带动与引擎推进作用。

（三）鼓励社会参与，建立依法依规、科学运营的投入机制

“海绵城市”建设离不开投入，要研究投资规模是否经济合理，建设和运营成本核算是否清晰，是否有效整合现有资金渠道等。在坚持政府主导、加大财政投入力度的基础上，根据财政部关于加强政府与社会资本合作的有关要求，加快建立政府与社会资本合作的模式机制，引入社会资本。

（四）加大社会宣传力度，提高公众的意识和参与度

公众的观念意识，在一定程度上决定了“海绵城市”建设的成效。在政府机关、企事业单位的用地范围中先做一些雨洪管理的示范性项目，积累经验，对社会形成引导。示范工程实施过程中涉及的利益格局比较简单，实施效率高，能产生更广泛的社会效益。

（中国农工民主党合肥市委）

关于贯彻落实《国务院关于促进加工贸易创新发展的若干意见》的建议

2016年1月，国务院出台《关于促进加工贸易创新发展的若干意见》（以下简称《意见》），针对制约我国加工贸易创新发展和优化升级的突出问题，提出若干条政策措施。近日市政府政研室牵头，召开合肥海关、市直有关部门和部分企业负责人座谈会，对加工贸易创新发展问题进行了讨论分析。现结合我市实际，就贯彻落实《意见》精神，提出如下建议。

一、《意见》出台背景和主要内容

改革开放30多年来，我国加工贸易实现了高速度、跨越式发展，对促进我国经济社会发展、加强与世界经济融合发挥了重要作用。当前，加工贸易发展的国际环境和国内条件都发生了重大变化，承接国际产业转移受到来自发达国家和发展中国家的“双向挤压”；加上我国包含劳动力成本、土地以及环境成本在内的综合成本上升，致使我国外贸的传统优势弱化，一些加工贸易企业开始转向东南亚和非洲；传统的粗放式发展模式难以为继，制约创新发展和转型升级的问题依然突出。海关数据显示，2015全年加工贸易进出口同比下降10.6%，加工贸易正面临寒冬。一般贸易对外贸的支撑很难短期见效，当前稳外贸更需要在加工贸易上做文章。中国需要稳定制造业，离不开加工贸易的稳定发展。因此，必须主动适应经济发展新常态，以创新驱动和扩大开放为动力，以国际产业分工深度调整和实施《中国制造2025》为契机，创新发展加工贸易。

《意见》分为八个部分，共33条。主要内容概括起来就是“五大目标”和“四大任务”。五大目标：一是产品技术含量和附加值提升，由低端向高端发展；二是产业链延长，向生产制造与服务贸易融合发展转变；三是经营主体实力增强，由加工组装企业向技术、品牌、营销型企业转变；四是区域布局优化，逐步实现东中西部协调发展和境内外合理布局；五是增长动力转换，由要素驱动为主向要素驱动和创新驱动相结合转变。四大任务：一是延长产业链，提升加工贸易在全球价值链中的地位；二是发挥沿海地区示范带动作用，促进转型升级提质增效；三是支持内陆沿边地区承接产业梯度转移，推动区域协调发展；四是引导企业有序开展国际产能合作，统筹国际国内两个市场两种资源。同时，从政策支持、金融服务等方面提出 10 条政策和保障措施。

二、我市加工贸易发展的现状及存在问题

随着我市承接产业转移工作深入推进、“四港三区一中心”对外开放大平台的构建以及一系列优惠政策的出台，我市综合优势日益凸显，逐渐成为沿海城市乃至世界跨国公司制造加工业转移的重要目标地之一，并带动加工贸易取得快速发展，拥有联宝电子、鑫晟光电、京东方、江淮汽车、晶澳太阳能等一批加工贸易龙头企业。2015 年，面对全球经济总体复苏乏力和国内经济下行压力加大的不利形势，我市外贸进出口依旧保持了稳定的发展势头。2015 年，全市进出口总额 203.38 亿美元，占全省总额 41.6％；出口 137.09 亿美元，增长 9.6％，增幅高出全省 4.4 个百分点；进口总额 66.29 亿美元，对外贸易顺差 70.8 亿美元，增长 43.3％。外贸对经济的贡献在不断提升。从出口结构上看，机电产品、高新技术产品以及民营企业的比重在不断提升，欧美仍是主要出口市场，从一个侧面反映了我市加工贸易的质量和竞争力。

总体看，我市加工贸易发展较快、成绩显著，但同时也存在一些较为突出的问题，主要包括：

一是总量和规模比较小。与对标城市南京、杭州相比，2015 年，南京市、杭州市进出口总额分别为 532.7 亿美元、665.66 亿美元，其中出口分别为 315.1 亿美元、500.67 亿美元，均为我市 2 倍多，差距比较明显。我市共有 5000 家外贸企业，有进出口业务的有 2000 余家，而加工贸易企业仅有 162 家。

二是民营企业发展不足。我市加工贸易产值主要由央企、省企和地方国企贡献，民营企业规模普遍比较小、产值比较低，呈现“一头大、一头小”的不均衡现象，发展活力不强。

三是自主创新能力较弱。相当部分加工贸易企业仍属于劳动密集型企业，技术创新能力与产品研发能力较低，自有知识产权、自主品牌发展不够，市场竞争力和抵御风险的能力不强。

四是生产成本制约加剧。用工、土地、原材料、物流、融资等方面成本都在不断上升，加之人民币持续升值，不断挤压企业利润空间，相当一部分企业运营陷入困境，只好谋求外出发展。以生产冰箱配件自封门的安徽万朗为例，因合肥本地融资贷款利率为7%，而泰国当地为2%，最终选择“走出去”到泰国发展。

五是管理服务水平有待提升。合肥海关和税务、商务等部门针对贸易便利化推出了一系列创新举措，但由于部门信息化、联动性还比较弱，企业对办事过程环节多、核批手续复杂、办事不方便等反映仍然比较大。加工贸易企业分布散，彼此缺少畅通的信息来源和沟通，有的企业反映，在海外接了订单，却找不到下游承接配套的国内供应商，而下游企业也因缺少上游企业的信息而接不到单子，希望政府能够提供相关信息服务。

三、贯彻落实《意见》的对策建议

（一）加强招商引资，促进加工贸易集聚发展

结合合肥重点产业和产业链配套情况，以海关特殊监管区和开发园区为主要载体，坚持招项目和招人才相结合，全力推进产业群和产业链集成招商，通过引入加工贸易龙头企业带动相关配套企业入驻，不断形成配套产业群，延伸产业链条，壮大产业规模。在发挥“合肥之友”等“母平台”作用基础上，创建更多“子平台”，创新招商引资手段方式：一是委托沿海发达地区和加工贸易先发地区招商机构代理招商，根据落户项目投资规模大小和质量对代理机构实行奖励；二是以专业生产基地和重点企业为主体，结合“双创”活动，开展产业链项目专题招商和创业活动；三是引入国际专业招商机构进行招商，着力引进处于产业链顶端的跨国公司投资项目。

（二）加强政策引导，优化加工贸易市场主体结构

创新利用外资方式，鼓励外资企业通过参股、并购等方式整合产业链，并引入研发和营销等产业高端环节，提升产业水平和产业价值链，提高利用外资水平。大力扶持内资企业特别是民营企业参与加工贸易，鼓励以一般贸易方式出口的内资企业，尤其是产品出口较多且从境外进口一定料件的大中型内资企业逐步开展加工贸易，提高内资企业所占比重，壮大市场主体规模。鼓励内资企业与现有外商外资加工贸易企业进行股权合作，努力争取控股权，或与跨国公司构建战略联盟，搭建跨国公司技术转移平台，提升企业研发能力。

（三）创新政策支持方式，推动加工贸易走向高端

调整政府引导资金对加工贸易支持的方向和重点，将产业政策的重心由制造业环节向研发、设计、品牌建设等服务环节的支持转变，推动加工贸易企业向产业链高端转型发展，提高创新能力和核心竞争力。适度减少针对企业生产产品的税费优惠政策，相应加强对企业研发、设计、品牌建设等的税收减免和直接财政补贴，对支持企业发展高附加值服务环节的政策进行定期评估，适时调整强化政策扶持力度。

（四）健全物流支撑体系，促进加工贸易企业转型发展

加快物流基础设施建设步伐，大力发展现代物流，培育引进一批知名物流企业，建设一批大型物流基地和大型专业市场，积极发展第三方物流，建立运输、配送、仓储等功能齐全的物流网络系统，降低物流成本，提高物流效率，推动加工贸易企业向电子商务、现代物流和零库存的管理模式加快转型。针对中小型加工贸易企业资金紧张、业务不熟等情况，由政府相关部门或园区牵头，协调推动物流企业、担保公司和加工贸易企业组成物流联盟，切实提高加工贸易企业的效率，有效抵御风险。

（五）完善监管模式，全面提升综合管理服务水平

切实发挥开放型经济领导小组和口岸委员会的作用，加大协调力度，破除条块分割，打破利益部门化，按照“政府主导、部门参与、企业受益”的原则，依托海关、检验检疫、商务电子化审批等基础，建立健全相适应的电子监管系统，尽快实现商务、海关、检验检疫、税收等部门与企业的联网，做到企业联网申报、商务联网审批、海关联网备案、检验检疫联网共享数据，促进加工贸易同步监管，进一步减轻企业负担，降低贸易成本，提高管理和服务效能。加快推进“四港三区一中心”对外开放大平台建设，完善贸易大通道功能，通过深化国际和区域合作，不断汇聚更多“流量”和人气，形成内陆对外开放新高地。依托行业组织，打造集咨询、培训、人才、信息、金融、法律等服务功能于一体的综合服务平台，为加工贸易企业创新发展提供全方位的服务。

（合肥市政府政策研究室　黄传霞
合肥市政府政策研究室　羊　帆
合肥市政府政策研究室　耿纪平）

《合肥市能源中长期发展战略研究》成果摘要

能源是社会发展和经济增长最基本的驱动力，也是人类赖以生存的重要基础。当今世界各国无不高度重视能源问题。随着我国社会经济的快速发展，能源供需矛盾和环境压力日益突出。“十三五”期间，合肥将步入工业化中后期，进入经济增长中高速阶段，能源需求巨大。在此背景下，从战略高度全面分析合肥能源形势，深入研究合肥未来5—15年能源发展的战略问题，对保障经济社会持续稳定发展，促进能源产业发展具有重要的意义。

一、合肥市能源中长期发展面临的挑战和机遇

合肥能源资源相对匮乏，总体上属于能源输入城市。能源需求呈刚性增长的趋势不会改变，能源供给面临着复杂严峻的国内国际形势，挑战与机遇并存。

（一）合肥能源面临的挑战

一是能源供需矛盾仍将突出。“十二五”期间合肥市能源需求较旺，2011—2014年全社会能源消费量分别为2190.11、2333.20、2514.50、2554.50万吨标准煤，平均增速约6.5%。“十三五”期间，按GDP保持10%的增速、常住人口超过850万人测算，能耗的增长速度将超过4%，能源需求总量将达到3050～3150万吨标准煤。未来能源需求的不断增长与供给紧张的矛盾仍将非常突出，能源安全形势不容乐观。

二是能源约束不断增强。国内人均石油、天然气可开采储量均不到世界平均水平1/10。2014年进口原油达3.1亿吨，占世界石油销量12.1%，对外依存度高达60%。我国煤炭探明可采储量1145亿吨，可供开采使用100年；石油可采储量38亿吨，可采年限仅20年；天然气探明总资源量为38万亿立

方米，剩余储量可开采37年，已大量从俄罗斯和中东进口。合肥使用的动力能源主要依靠石油，对外依赖性过大，未来能源约束日益加剧。

三是环境压力持续增大。2010年中国已成为世界能源消费第一大国。2014年全国能源消费达38.9亿吨标准煤，能源结构中化石能源比重偏高，煤炭消费比重高达66%，比世界平均水平高35.8个百分点；发电量中煤电比例为75%，高出世界平均水平28个百分点；非化石能源占能源消费总量的比重仅为9.8%。能源利用方式粗放，单位GDP能耗是世界平均水平的1.8倍。实现2020年单位GDP二氧化碳排放比2005年下降40%～45%的国际承诺，2030年下降60%～65%的目标，任重而道远。合肥市受资源禀赋约束，能源消费品种单一，主要是化石能源及由其转换的焦炭、煤气、电力、热力等，2014年煤炭、石油、天然气消费分别占72.1%、19.8%、7.8%，新能源消费仅占0.3%。环境压力巨大。

（二）合肥能源面临的机遇

一是开放平台建设优势突显。十八大以来，合肥在国家新一轮扩大开放中，成为“一带一路”、长江经济带双节点城市。合肥市积极融入国家开放发展新棋局，加快建设全国性综合交通枢纽，高标准建设“四港三区一中心”。合肥水运港吞吐能力不断提升，未来将建设成为“江淮航运中心”；合肥国际内陆港将建成“一带一路”重要支点、国际陆港物流园多式联运的示范点、铁路国际集装箱运输的标杆点；新桥国际机场则将建成全国性综合航空枢纽港，开放平台建设为输入能源提供了便利。

二是可再生能源蕴含较为丰富。合肥本地太阳能、地热能、生物质能等可再生能源蕴含丰富，并具有一定的产业基础。太阳能全年日照时数平均在2100h左右，日照百分率为48%，属中等水平，适合发展光伏光热发电。地热能中的浅层地热能资源广泛分布于城市规划区内，而且由于土壤温度相对恒定，几乎不受环境气候变化影响，再生迅速，可循环使用价值较高。生物质能资源中农林生物质年总量约为300万吨（可供利用的约130万吨）。

三是国家能源战略政策的叠加机遇。未来10—20年，是国家能源革命亟待突破的战略机遇期。国家大力实施能源扶持政策，对于合肥加快建设新能源示范市、国家分布式光伏应用示范区带来了重大机遇，有利于合肥加快发展技术低碳型工业、建筑和交通体系，大力发展新能源汽车、轨道交通以及节能环保、新能源、智能电网等产业，积极探索走出一条顺应国际能源潮流、符合国情需要、具有地方特色的低碳发展之路。

二、合肥市能源中长期战略指导思想、目标、方针和路径

（一）指导思想

以“创新、协调、开放、绿色、共享”发展理念为引领，顺应国际能源发展趋势，紧紧围绕国家推动能源生产和消费革命，控制能源消费总量，加强节能降耗，支持节能低碳产业和新能源、可再生能源发展。以建立现代能源体系为目标，狠抓节约能源，提高能源效率；转变发展方式，调整能源结构；合理使用能源，指导能源消费；加强科技研发，创新体制机制；强化环境保护，推进绿色发展，使经济社会发展、能源消耗与生态环境三者之间实现良性平衡稳定；为合肥全面建成小康社会、打造长三角世界级城市群副中心、建设“创新高地、大湖名城”，实现经济社会的可持续发展，提供安全可靠的能源保障。

（二）战略目标

增强有效供给，提倡绿色低碳生活方式，严格控制能源消费总量。积极发展光伏发电，稳步推进生物质能利用，因地制宜开发风力发电，大力增加天然气用量，加强储能和智能电网建设，努力提升煤炭清洁高效利用水平，建设清洁、低碳、安全、高效的现代能源体系。

1. 总能耗：到 2020 年能源消费总量控制在 3050～3150 万吨标准煤；2030 年控制在 4050 万吨标准煤左右，能耗水平与 2014 年基本持平。

2. 能源结构：到 2020 年煤炭消费总量约 1770 万吨标准煤，占能耗总量 58%；石油消费量约 440 万吨标准煤，占 14.5.%；天然气增加到 39 亿立方米，折 535 万吨标准煤，占 17.5%；可再生能源消费达到 305 万吨，占 10%。2030 年煤炭消费总量控制在 1930 万吨标准煤左右，占 48%；石油约 690 万吨，占 17%；天然气消费量增加到 58 亿立方米，折 690 万吨，占 20%；可再生能源达到 600 万吨，占 15%。

3. 增长速度：到 2020 年能源消费总量比 2015 年预计数增长 20%左右，年均增长 4%左右；2021—2030 年能源消费总量增长 31.8%，年均增速 1.42%。

4. 单位 GDP 能耗：力争 2020 年单位 GDP 能耗比 2010 年下降 45%，达到 0.43 吨标准煤左右；到 2030 年单位 GDP 能耗比 2020 年降 35%，达到 0.28 吨标准煤左右。

（三）战略方针

建设清洁、低碳、安全、高效的现代能源体系，重点实施四大战略：

1. 节能优先战略

将节能优先贯穿于经济、社会及能源发展的全过程，集约高效利用能源，科学合理使用能源，增加能源有效供给，大力提高综合能效，严格实施能源消费总量控制。以工业、交通和建筑领域为重点，形成节能型生产、消费及生活方式，以较少的能源消费支撑经济社会稳步发展。推行“一挂双控”措施，将能源消费与经济增长挂钩，对高耗能产业和产能过剩行业实行能源消费总量控制强约束，其他产业按先进能效标准实行强约束，现有产能能效限期达标，新增产能必须符合国内先进能效标准。

2. 结构优化战略

将发展清洁能源作为调整能源结构的主攻方向。坚持发展非化石能源与化石能源高效清洁利用并举，显著降低煤炭消费比重，提高天然气消费比重，大幅增加可再生能源及新能源的替代比例。立足本地资源状况和技术优势，大力发展太阳能、生物质能、地热能等。优化能源生产、消费、转化、利用结构，推动能源供应体系升级与转型。初步形成石油、煤炭、天然气、可再生能源及新能源“四足鼎立”的能源供应多元结构。

3. 创新驱动战略

将经济发展由要素驱动转为创新驱动，推动基础研究、新技术创新、重大项目联合攻关，依托重大工程推进科技自主创新。完善能源科学发展体制机制，把握化石能源与新能源及可再生能源交替更迭的发展机遇，制订符合合肥市情的能源技术发展方向和能源技术路线图。发挥技术引领作用，加大对能源战略性前沿技术和重大应用技术的研发力度，加强新能源产业技术国际合作，培育壮大新兴产业，构建现代能源体系。

4. 绿色低碳战略

坚持资源节约与环境保护并重，强调绿色、低碳、环保，实现新兴能源产业与经济社会发展平衡和协调。推进低碳经济发展，构建科技含量高、资源消耗低、环境污染少的产业结构。更加注重源头治理和长效机制建设，控制工业生产过程、废弃物处理等领域温室气体排放，大幅提高能源开发利用效率。建设低碳城市，推广绿色建筑，开展低碳园区及社区等试点示范，大力推行基于市场定价的碳交易制度。

（四）战略路径

1. 增强能源保障能力，增强自我供应能力

推进能源清洁高效利用，增加使用天然气，大力发展各类非化石能源。加强能源设施建设。因地制宜、因网制宜，开展差异化管网规划，强化分布

式能源管网建设，突出电网建设与城乡建设的协调统一，实现各分区管网及重要负荷的多通道、多方向电力输入，提高管网快速反应和抵御严重自然灾害能力。

2. 狠抓节约能源，进一步挖掘工业节能潜力

淘汰落后产能，改造存量产能，新增产能采用高能效的先进技术，重视量大面广领域的节能。提高交通领域能效，加快构建综合交通运输体系，推进交通电动化；积极推广新能源汽车，加快发展轨道交通，全面推行公交优先战略，加强城市步行和自行车交通系统建设，引导绿色出行。发展绿色建筑，推行居住建筑节能设计标准，推行公共建筑能耗限额和绿色建筑评级与标识制度，推广节能电器和绿色照明。开展全民节能行动，推广节能新技术、新产品，普及节能知识。发展低碳生态县（市）和绿色生态城区，引导居民科学合理用能，使节约用能成为全社会的自觉行动。

3. 调整能源结构，努力降低煤炭消费比重

到2020年除火力发电用煤、煤制合成氨外，其余领域基本不用煤炭，煤炭占能耗总量比2014年下降14.1%；到2030年下降至16.1%。提高天然气份额，稳步发展天然气交通运输，实施气化合肥工程；努力从国家争取增加气源，争取中石化或中石油来肥发展天然气调峰电站；结合热负荷需求发展燃气—蒸汽联合循环热电联产，积极推动天然气分布式能源项目建设，保证到2030年城镇居民基本用上天然气。大力发展可再生能源，大力发展光伏发电、光热利用、生物质能、地热能等，全市形成“煤炭比重下降，天然气份额提高，天然气管镇镇通，光伏发电村村有，生物质电厂县县建，光热利用普及，地热能电因地制宜”的格局；2020年光伏发电装机容量将达400万千瓦、太阳能光热集热面积达350万立方米、生物质发电装机容量将达22万千瓦、生物质成型燃料将达20万吨、地热能利用规模将达55万吨标准煤，到2030年初步形成煤、油、气、可再生能源“四足鼎立”的多元化供应结构。加大非常规化石能源勘探开发力度，寻找油页岩资源，加深地热勘探深度，开发干热源资源；优化二次能源转化结构，推进“大电大网”与分布式电力系统并重发展，建设结构清晰、功能明确、匹配合理的智能电网，提高电网对可再生能源的吸纳能力。积极探索发展建设微电网试点示范项目，弥补农村电网不足，解决偏远地方供电难题。

4. 合理使用能源，优化能源利用形态

通过能源梯级利用提高综合能效，优化能源利用空间，合理配置资源，注重就近供电供热，充分利用低值能源或废弃资源，将中间输送损耗降至最低。合理安排能源使用领域，煤炭用于发电，并推广冷、热、电联产，石油

优先用于交通燃料，天然气首先保证民用，并在工业和交通领域推广“煤改气”和“油改气”。新能源在工业、农业、交通、建筑、民用等领域大力推广使用，推动用能方式变革，实施集中与分散供能相结合，建设城镇供能设施，提倡新城镇、新能源、新生活方式；在农村大力发展小型生物质制气、压块、沼气，积极发展小型光伏发电、太阳能温室、太阳房（灶）、太阳干燥器等。

5. 推进能源科技创新，攻关一批能源科技重大项目

以建设合肥综合性国家科学中心为契机，依托合肥物质科学研究院、中国科大、合肥工大等在核聚变能源、大气环境光学等前沿领域以及光伏光热应用方面的科研优势，开展创新研究，重点聚焦储能技术、微网及智慧能源等新技术开发，积极探索分布式光伏电站建设运营新模式，努力推进建筑光伏一体化发展。积极推进新能源汽车研发、示范应用和产业化。加快建设能源共性技术研发平台。支持和引导组建适应市场机制的能源产业创新联盟，构建创新链条，形成利益共享、风险分担的联盟机制，推进协同创新。建立多元化的能源科技风险投资基金，加快科技成果转化，加快能源装备制造创新发展。

三、合肥能源中长期发展的对策建议

（一）布局能源技术创新发展，争占战略制高点

1. 制订能源科技创新中长期规划

重点突破太阳能发电、生物质发电、地热能利用、分布式能源、智能电网、储能等能源产业发展中的技术瓶颈，选择一批重大和具有战略性项目，组织各方力量开展联合攻关，加大研发力度，力争推动形成一批原始性、变革性技术成果，促进能源产业融合创新。建立激励机制，把能源创新成果作为研发攻关人员绩效考核的主要依据。

2. 建立完善的节能技术服务体系

以节能技术作为优先主题，加大对服务品质消费、绿色节能消费等的培育。重点突破高耗能领域中的节能技术，以低碳发展、节能生态、智慧城市建设等为牵引，选择一批较成熟的节能技术，重点开展系统集成、优化以及实用化的研发工作，开展技术改造，推广节能技术应用，以能源技术的提高带动一次性能源和终端能源利用效率提高。

3. 开展综合能源产业创新示范区建设

鼓励采取工程示范和推广应用等方式，围绕能源技术成果转化、国家能

源技术创新工程以及能源互联网试点等项目，大力创新能源耦合技术，注重开发传统能源清洁化技术，大幅提高新能源和可再生能源产品供应比重，推动实现能源领域的全面变革。

4. 以技术创新促进排放结构转型

技术创新是促进清洁能源大规模开发、大范围配置、高效率利用的重要保障，要以技术创新和商业模式创新推动实现电能替代和清洁替代，通过减量化、再利用、资源化等，减少废水、废气、废渣、二氧化碳等的排放，推动排放结构转型，推进绿色发展、低碳发展、循环发展。

（二）建立能源投融资体系，鼓励多元投资

1. 建立能源发展基金

主要用于基础性、战略性、前沿性科学研究和共性技术研究，支持发展重大装备以及调峰调频备用、可再生能源全额性收购、新能源汽车购置地方财政配套补贴等。

2. 设立新能源技术风险投资基金

由金融机构、政府部门和相关企业共同发起，提供早期清洁技术企业的股权融资和知识咨询服务，支持大型信息企业和新能源企业合作新创企业等，加快原创性成果、变革性技术实现产业化。

3. 创新绿色金融工具

鼓励银行金融机构按照风险可控、商业可持续的原则，加大对节能提效、能源资源综合利用和清洁能源项目的支持。研究制定推动绿色信贷发展的激励政策。鼓励利用“碳金融”工具推进能源转型。

4. 建立多元投资机制

根据不同行业特点，实施网运分开，鼓励和引导民间资本有序参与能源领域投资运营，建立多元化资本投资机制，打破垄断，营造各类所有制企业都能公平竞争、规范准入的环境，使经济要素充分流动。

（三）积极利用经济杠杆，健全能源发展推动机制

1. 实行灵活的价格政策

有序放开竞争性环节价格，根据需求与供应变化、限制与鼓励区别，在权限范围内灵活地调剂价格。在价格出现较大幅度波动时采取临时性干预措施，实行差别化能源价格政策，对清洁能源实行优质优价。

2. 建立完善能源消费政策

着眼需求侧，推行合同能源管理，培育节能服务机构和能源服务公司，实施能源审计制度。健全固定资产投资项目节能评估审查制度，落实能效

“领跑者”制度，建立节能量交易机制，完善传统化石能源的环境、土地、水资源和生态补偿机制。

（四）加强能源制度建设，规范开发与补偿

1. 有效评估区域范围能源资源潜力

深入调查分析能源开发情况，合理把握地区范围内能源资源有序开发利用进度，进一步完善资源管理体制，健全资源资产产权制度和用途管制制度，做到统一管理，有限保供，防止条块分割、无序发展及恶性竞争，提高能源资源效率。

2. 健全能源监管体系

通过法律、经济和必要的行政手段，加强能源标准制定和实施，加强能源控制和计量，健全监管组织体系和法规体系，明确权责，提高监管效能。

3. 规范开发利用方式

重点解决央企和地方企业在地方收入收益问题上的差异，提高对以能源为基础原料的资源矿产等开采权的审批层次，以改变由于局部利益驱使造成的盲目开发和利用，保护落后产能的局面。

4. 建立和完善生态补偿机制

充分考虑生态环境和水资源承载力等因素，严格规范企业行为。制订合理的能源开发生态环境保障机制，对清洁能源的使用成本和环境治理成本建立全社会价值补偿和分担机制。

（五）放宽市场准入，建立现代能源市场体系

1. 分离自然垄断业务和竞争性业务

加强对自然垄断性业务的监管，逐步放开电力、石油、天然气领域竞争性环节的价格，打破行业垄断和地区封锁，充分发挥市场竞争机制、价格机制、供求机制作用，引导资源优化配置。

2. 制定负面清单

实行法无禁止均可进入，培育市场主体。鼓励和引导各类市场主体依法平等进入负面清单以外的领域。

3. 搭建多层次能源市场化交易平台

尽快建立节能量交易市场，实施节约能耗单位与超能耗单位市场交易，建立和完善公开、公平、公正的能源现货及中远期合约市场，逐步建立现代能源期货市场。进一步加强和完善能源市场基本交易制度建设，积极推进电子交易市场建设。

（六）开展供给侧等相关改革，促进能源供需平衡

1. 加强宏观引导

建立政企学研用共同组成的促进能源发展的协调机制，树立大能源观念，借助能源互联网的思维开发利用城市分散式能源。加强能源基础信息体系建设，构建能源流、信息流、业务流等互联的能源优化配置和智慧公共服务两大网络。

2. 提高电网资源优化配置能力

逐步建立有利于新能源消纳的电力市场化机制，合理确定政府、发电企业、电网企业和用户等各方主体的责任和义务，明确解决新能源消纳难题的思路和时间表，加强智能电网建设，统筹推进电源与电网、新能源与其他电源整合统一。逐步建立公平接入、供需导向、可靠灵活的电力输送体制，保证新能源外送通道畅通。深化运营体制改革，推动电力供求双方直接交易，构建竞争性电力交易市场。

3. 积极推进供给侧结构性改革

调整能源供给结构，培育和引导能源升级需求和新兴需求，以消费升级引领产业升级，逐步加大可再生能源消费比例，实现发展模式变革。

4. 探索建设能源互联网络体系

通过构建以横向多能互补，纵向电源—电网—负荷—储能相互协调的纵横交错、互联互通的能源供给网络，以实现能源供给各环节以及不同能源的有机结合、互为补充、相互协调，从而满足综合能源需求，实现整体供需平衡的能源供给侧改革。建设模式可采取“点面结合”，一方面在有条件的地区试点，先行先试，形成局部区域互联互通后再扩展；另一方面组织技术力量协同开发，力求突破。

（七）建立多元供应体系，加强应急储备建设

1. 确保能源供应多元化

建立包括国内国际两种资源及国际资源来源的多元化，形成从以煤为主转向煤、油、气、新能源、可再生能源多轮驱动的能源供应体系。

2. 健全能源战略储备

预防能源安全风险，深化能源储备布局，细化不同储备主体分工。呼应国家储备系统，规划建设石油、天然气等多品种应急储备设施，适当开展商业储备，增强社会应急储备能力，努力形成多元化的储备体系。

3. 建立能源风险预警应急机制

积极预防和应对外部供应中断对经济造成的负面冲击，设计完备的储备

建仓和释放储备的规范操作流程，健全储备管理机制和运行模式，加强能源输送和加工等环节管理，切实提高应对突发事件能源供应中断的能力。

（八）开展国际国内合作，有效利用各方资源

1. 加强能源产业国际技术合作

以全球视角和开放、竞争的思路，加强国际能源技术合作，重点推动和引导本市企业开展加强新能源产业技术国际合作。鼓励光伏、新能源汽车等领域开展境外投资并购，优化制造产地分布，发挥资金、市场优势，打造合肥光伏新能源产业集群竞争新优势。积极开拓俄罗斯、中亚、中东欧、非洲等新兴市场，注重扩大欧盟市场，灵活有效地将国际能源体系为我所用。学习和借鉴成功的能源政策，争取国际资金与先进技术。加强先进装备和技术引进，大力吸引世界500强企业落户，推动国际能源巨头来我市投资建设。

2. 加强区域交流与合作

围绕能源技术进步和产业升级，深化区域间技术、资源、人才、机制、标准制定等多方面的合作。根据合肥市能源发展的总体规划，准确预测、定位未来相关领域的需求量和需求方向，通过交流合作，为合肥市能源战略的实施提供人才和技术方面的保障。

（安徽省新能源协会）

《合肥加快服务业发展对策研究》成果摘要

一、合肥服务业发展现状

（一）基本情况

经过“十二五”以来的持续发展，合肥服务业总体规模不断扩大，总量大幅提升，服务业在经济社会发展中的作用日益突出，已成为推动全市经济转型发展的重要引擎。服务业投资不断增长，2014年服务业完成投资3335.50亿元，增长20.9%，占全社会固定资产投资的61.9%，成为带动全市投资的重要力量。服务业结构持续改善，服务业转型升级趋势明显，金融、电子商务、物流、研发设计、信息技术等新兴服务业加速发展，传统服务业稳定增长，初步形成门类较为齐全、功能日益完善的服务业体系。服务业就业人数显著扩大，2014年末服务业就业人数占全市从业人员的46.5%。服务业就业潜力不断释放，成为吸纳新增就业的主要渠道。服务业功能区建设加速推进，全市已建成各类服务业集聚区20余个，集聚效应不断显现。

（二）存在问题

总体上看，合肥服务业发展还存在规模相对较小、发展层次较低、品牌建设滞后、集聚程度偏低的现象，表现为：增长贡献较弱，2010—2014年全市服务业贡献率为38.48%，仅高于长沙，低于苏州、武汉、无锡，远远低于杭州（62.55%）；2014年合肥经济总量与2009年杭州相近，但服务业总量两市相差443.74亿元，占GDP比例相差9.45个百分点。发展体系不合理，传统服务业占据主导地位，科技含量高、市场增值性强的研发设计、信息技术等生产性服务业发展相对缓慢，节能环保、检验检测等新兴业态则处于起步阶段；服务业品牌认定处于起步阶段，品牌建设主要集中在制造业和农业领域。集约化程度较低，分布相对分散，产业链条短、附加值低等。

（三）主要原因

合肥服务业发展相对滞后的原因，主要有以下几方面：观念更新缓慢。从政府层面看，财政投入、资源配置多向工业倾斜，重工业轻服务业的思想仍然存在，对高端服务业引导生产性功能和在国民经济中的作用认识不足；从企业层面看，服务外包意识不强，许多企业仍习惯于“自力更生”，大量可以通过外包方式完成的服务活动仍自身承担，对发展形成了制约。体制机制创新滞后。市场发育不充分，市场化、专业化、标准化程度较低，一些行业准入前置条件过高。管理体制滞后，政府管理不同程度地存在多头管理、交叉管理、分散管理等现象，难以形成整体支持合力。人力资源结构性不匹配。人才结构与市场需求衔接存在较大差距，专业人才的存量和增量均难以满足服务业发展的需要。高素质人才流入流出缺口较大，使合肥和国内其他发达城市相比，人力资源优势薄弱。政策支持体系不完善。对服务业整体政策支持力度有限，特别是财政税收政策支持力度不够，缺乏专门针对高端服务业发展的优惠政策体系，在高端服务业社会化服务方面仍存在信息沟通不充分、服务质量低等问题。

二、合肥服务业发展定位和目标

（一）发展定位

以“四个全面”战略布局为引领，深入贯彻党的十八大和十八届三中、四中、五中全会精神，按照国家、省关于促进服务发展的总体部署，立足合肥市实际，以“调转促”为主线，着力推进合肥市服务业发展总量提高、层次提升、布局优化，以逐步缩小与南京、杭州差距为着力点，培育和发展一批在全国乃至国际市场具有核心竞争力的现代服务业品牌和集聚区，构建起立足长三角、服务全国、融入世界的现代服务业体系，实现合肥服务业跨越式发展。

（二）发展目标

到2020年，全市服务业增加值超过5000亿元，占地区生产总值的比重为50%以上；形成在长江经济带具有核心竞争力、全国有重要影响力的现代服务业体系。重点推进现代物流、现代金融、电子商务等优势服务业和研发设计、信息技术服务、科技成果转化、文化旅游等新兴服务业突破性发展，加快提升传统服务业，快速发展新兴业态。

三、加快合肥市服务业发展的对策措施

实施两大战略，发展五大重点产业，提升四大支柱产业，着力打造三大体系，重点推进四项工程，落实六项措施，加快发展合肥服务业。

（一）实施两大战略

一是服务业优先发展战略。实施以服务经济引领产业结构调整战略，加快缩小合肥市服务业发展与南京、杭州的差距。二是产业升级战略。围绕产业链的打造和高端延伸，实现服务业支柱产业优化提升、关键产业突出发展、潜力产业加速培育，显著提升服务业发展质量，增强服务业核心竞争力。

（二）发展五大重点产业

一是突出发展高技术服务业。增强科技研发和设计服务能力，培育创新能力强、服务水平高、引领作用大的知名研发设计企业，做大做优研发设计。以工业设计、集成电路、生物医药为重点，建设工业设计研发基地和高技术服务业基地。二是加速发展信息技术服务。贯彻落实国家“两化融合”“三网融合”“智慧城市”等战略部署，以建设合肥“全国智慧城市试点示范城市”为契机，按照“互联网＋”发展战略，加速信息技术的融合渗透，着力提升信息技术服务自主创新和高端发展能力。三是提速发展科技成果转化服务。立足合肥装备制造、电子信息、生物医药等领域的产业优势，以企业为核心，坚持政府引导、项目带动，构建国内先进、长三角领先的科技成果转化转移对接和配套服务体系，提升企业科技成果转化能力。四是加速壮大检验检测服务。以申报创建“全国质量强市示范城市”为契机，按照“重点打造、创新发展、拓展服务”原则，重点建设一批战略性新兴产业检验检测公共服务平台，形成层级结构合理、特色鲜明、服务长三角、全国有影响的检验检测服务体系。五是积极培育节能环保服务。以培育节能环保服务企业为重点，以培育发展第三方专业节能环保服务企业为导向，重点发展环保设施运营服务、环境监测服务、环境工程设计服务等领域，加强资源要素优化整合，提高合肥节能环保服务业社会化、专业化、规模化水平。

（三）提升四大支柱产业

一是优化发展金融业。以金融改革创新为重点，以建立产业金融创新体系为核心，构建以中心老城区、滨湖国际金融后台服务基地为核心的金融产业布局，提升合肥金融业的集聚力、贡献力和辐射力，努力打造全国有影响、金融综合实力突出的区域金融中心和全国金融综合服务基地。二

是做强做优物流业。按照“效率提升、特色引领、体系升级”的原则，以“全国物流园区规划一级城市”发展为契机，加快物流公共服务平台和基础设施建设，形成快速综合物流网络体系，打造成为服务全国、辐射长江经济带的国家级物流枢纽重要城市。三是做大做强电子商务。以推进“国家电子商务示范城市”建设为契机，加速电子商务与优势产业、现代服务业的多元融合，拓宽电子商务应用，建成辐射长三角、影响全国的电子商务中心。四是提升发展文化旅游业。围绕建设环巢湖国家旅游休闲区和全国旅游标准化试点市，加快打造一批5A级景区，全面提升景区智能化管理和服务水平；加快发展文化创意产业，发展以观光旅游为基础、休闲度假为主导、专项旅游为特色的现代旅游业，推进重大旅游项目建设，完善旅游公共服务和配套服务体系。

（四）着力打造三大体系

一是服务业创新体系。依托合肥科教优势，支持服务业综合研究机构整合发展，建设服务业区域创新中心，提升服务业技术创新能力和战略研究能力；支持建设一批服务业领域国家级重点实验室和工程（技术）研究中心，开展服务业共性关键技术研究；支持服务业企业建立企业技术中心、技术创新平台和技术创新联盟，开展模式创新和技术集成应用。二是服务业标准化体系。密切跟踪国际发展趋势，积极推进国家级服务业标准化试点；围绕服务业新领域、新业态，加强服务业标准化推进工作研究，加快制（修）订服务业重点行业和领域服务标准，健全服务业标准体系，健全标准实施反馈评价体系。三是知识产权服务体系。围绕“国家知识产权示范城市”和“国家商标战略实施示范城市”建设，完善知识产权服务政策体系，构建全链条的知识产权服务体系；逐步建立知识产权信息服务平台体系，建立健全预警、维权和争端解决机制；支持高新区、经开区申报省级知识产权示范区，高新区建设知识产权评估、鉴定、交易集聚区。

（五）重点推进四大工程

一是集聚区建设工程。以服务业集聚区建设为抓手，进一步完善规划，加快服务业集聚区认定，优化提升具有一定发展基础的集聚区，重点推进建设发展潜力大的集聚区，创新发展符合未来发展导向的集聚区，建立和完善服务业集聚区科学评价体系和奖励机制。积极创建国家级服务业发展示范区，尽快形成服务业新的增长极，着力打造“百亿级”“千亿级”服务业集聚区。二是服务品牌培育工程。实施服务业名牌战略，加强对合肥名优企业和名牌产品的扶持和保护力度，引导企业大力实施商标、品牌、质量战略。鼓励具有自主知识产权的知识创新、技术创新和模式创新，以品牌引领带动生产制造，推动形成具有特色的品牌价值评价机制。三是人才支撑工程。建设人力资源公共服务平台，为企业、院校、社会培训机构和从业人员提供包括技术传播、品牌提升、能力测评等各项服务。建立适应服务业人才的使用、评价和激励机制，形成有利于服务业人才发展环境。建立多元化人力资源服务投入机制，加快形成一批具有竞争力的综合型、专业型人力资源服务机构。健全以企业为主体、院校为基础、学校教育与企业培养相结合的服务业高技能人才培养体系。四是服务业法治化建设工程。强化服务业领域标准化建设，做好标准的实施、评估及修订工作；支持第三方机构开展具有信誉搜索、同类对比等功能的市场化综合评价，鼓励行业组织开展以信用记录为基础的第三方专业评价；引导服务企业建立信用评价体系，在重点领域推进服务业诚信体系建设试点，适时启动“合肥服务业诚信企业示范建设”，逐步扩大覆盖范围，建立科学的信用评价体系。

（六）落实六项保障措施

一是加强组织领导。建立和完善服务业发展统筹协调机制和工作推进机制。在现有的旅游和现代服务业工作委员会下设服务业分委员会。审议全市服务业总体发展规划，研究审定促进全市服务业发展的政策措施，协调解决服务业发展工作重大事项。适时成立合肥市服务业局（委员会），以解决服务业发展过程中的多头管理、交叉管理、分散管理等问题，保障服务业发展的顺畅进行。二是创新发展体制机制。加大政府购买公共服务力度，释放政府服务需求对服务市场的拉动效应；扩大政府购买服务的指导性目录范围；深化服务业区域合作，支持服务企业跨区域经营。三是优化财政金融支持政策。完善《合肥市扶持产业发展“1＋3＋5”政策体系》，加大产业发展引导基金中对服务业的支持力度，重点支持物流业、电子商务、研发设计、信息技术服务等产业发展，实施企业“走出去”发展战略；完善合肥市服务业发展专项资金，统筹金融、电子商务、服务外包等各类服务业发展专项资金，设立检验检测、节能环保等新兴服务业专项资金，加大资金引导力度，提高资金使用效率。四是加大考核力度。修订《合肥市现代服务业发展规划（2014—2020）》部分发展指标，制定服务业发展评价考核体系，将服务业发展指标量化、分解，作为考核各区县（市）政府、市政府有关部门工作的重要内容，并加强督促检查。五是建立落实机制。落实好近年来国家、省、市出台的发展规划、实施意见等政策文件；对需制定具体办法和实施细则的要抓紧研究出台，制定具体工作方案和促进措施，加大督促落实力度，确保全市加快服务业发展计划落到实处。六是加强统计监测。抓紧制定合肥市服务业重点领域统计分类，探索建立服务业细化分类目录和统计调查制度，不断提高统计数据的全面性、准确性、时效性；建立信息共享机制，逐步形成季度、年度服务业信息发布制度，及时、全面、准确地掌握产业发展动态，做好预测、预报工作。

（合肥区域经济与城市发展研究院）

《合肥扶持非国有博物馆发展政策研究》对策建议

非国有博物馆是利用或者主要利用非国有资产设立的博物馆，它与国有博物馆互为补充、共同发展，是公共文化服务体系建设的重要组成部分。

一、综合“城湖联动”布局，统筹发展“环湖文化”

将非国有博物馆与国有博物馆纳入国民经济与社会发展、基本公共服务体系、基本公共服务设施及相关专项规划；适度将博物馆群落向滨湖新区聚集；统筹各家博物馆的资源优势，梳理、积累、整合资源，综合实施博物馆的资源开发，并确立与合肥博物馆资源体系匹配的文化产业定位、目标、理念、战略、产业体系及重点项目。

二、多渠道、多形式加大投入扶持

一是鼓励公益性基金为博物馆提供经费。鼓励文化建设发展基金、文化产业发展基金、中华社会文化发展基金会、合肥市社会组织发展基金会等向非国有博物馆投入；成立博物馆建设发展基金。二是以税收减免等政策引导博物馆市场化运作。鼓励支持非国有博物馆利用自身藏品的独特优势，开发文化衍生产品，增强自我“造血”功能。三是政府引导，提高社会大众关注度。尝试发行“文化券”，以参观人次作为补贴额度的重要参考，激发各博物馆宣传推介自己，吸引人气。四是为市场化融资开绿灯。鼓励各类担保机构为非国有博物馆提供融资担保、经济担保，引导非国有博物馆对自身无形资产进行专业评估，为其融资奠定基础。

三、成立行业协会，引导行业自律，促进可持续发展

一是发挥社会组织作用。民政部门会同文物部门指导、帮助非国有博物

成立行业协会和专业协会；在补贴发放、展会奖励、文物评估、职称评审、业务培训等方面，发挥博物馆专业协会的作用。二是鼓励非国有博物馆参加申报等级评估。经评估确定相应等级，按一、二、三级博物馆分别予以一次性奖励；非国有博物馆应参加国家文物部门统一部署的年度检查、备案工作，对年检确定为不合格的非国有博物馆，限期一年整改，整改期间不予补助。三是积极开展学术交流。组织开展博物馆间、博物馆与教育旅游相关部门间的学术交流活动；鼓励非国有博物馆依法利用收藏优势，开发相关产业；协助非国有博物馆优化人员配备；支持各方各界利用多种媒介推介博物馆与合肥文化。

四、促进博物馆自身的管理水平提升

一是加强政府对口服务。对博物馆反映较强的公共设施、公共服务支持不足问题，文广新局等部门应积极给予政策支持、提供相应服务。二是给予平等待遇。在土地划拨、人员培训、职称评定、科研活动、陈列展览，以及人才、学术的交流、合作、奖励、政府政策信息服务等方面，给予非国有博物馆平等待遇。三是鼓励支持博物馆之间的合作。

（安徽大学经济学院）

《合肥建设长三角世界级城市群副中心路径研究》成果摘要

2014年，国务院发布《关于依托黄金水道推动长江经济带发展的指导意见》，确定合肥为长三角世界级城市群副中心的定位。

一、世界级城市群的内涵特征及其副中心城市功能定位

（一）世界级城市群的基本内涵

世界级城市群指处于世界城市网络体系最顶端，具有全球范围影响力、控制力和竞争力的巨型城市群。目前全球已形成六大世界级城市群，分别是：以纽约为中心的美国东北部大西洋沿岸城市群、以芝加哥为中心的北美五大湖区城市群、以东京为中心的日本太平洋沿岸城市群、以伦敦为中心的英国城市群、以巴黎为中心的欧洲西北部城市群和以上海为中心的中国长三角城市群。

（二）世界级城市群的主要特征

一是单核或多核心带动，城市群多层次辐射发展。空间形态呈明显的等级结构，至少有一个或多个规模较大、经济发达和辐射功能较强的中心城市，为城市群的中心和增长极点。其周边分布了大小不等的二级城市和三级城市，并穿插众多小城镇以及相当面积的农业地区和农村，形成一个又一个都市圈或城市圈。二是从点轴扩张到联网辐射，城市群空间结构日益网络化。城市群一般沿综合交通走廊展开，发达的交通运输、电力、信息等网络构成城市群空间结构的骨架，大中小城市因此串联一体，相互嵌套，有机结合，共同形成千丝万缕的节点网络城市格局。三是各城市产业分工明确，专业化程度高，产业互补作用明显。非农产业特别是第三产业增加值占GDP比重较高。城市间、城市与区域间产业配套合理、分工互补、协作密切，产业梯度转移顺畅，分工协作程度较高，要素流动联系紧密。四是城市群经济发达，创新

资源集聚，成为全球科技与经济的推动器。城市群均位于交通通信枢纽、内外联系便利的经济发达区域，人口众多，腹地广大，经济强劲，新技术、新思想活跃，是连接国内、国际要素流动和资源配置的节点以及科学技术创新的孵化器和传输带。五是航空运输在城市群综合交通运输体系中的重要性日益增强。随着经济全球化趋势的深化，航空运输凭借其高速直达性，建立了城市间快速直接的客货运联系，扩大了城市辐射范围，使城市职能逐渐增强，从而形成全球城市体系。

（三）副中心城市在世界级城市群中的功能定位

副中心城市作为核心城市所辐射的区域性中心城市，对核心城市的发展起着重要的支撑作用，表现为“承上启下”，即副中心城市发展既要考虑核心城市的需求，同时也要带动其本身腹地的发展。副中心城市因自身区位和发展条件不同，功能定位也各不相同。一是错位发展：支撑龙头跃升，带动腹地升级。欧美日发达国家抓住核心城市发展的溢出效应，依托核心城市与周边城市合理分工、功能互补、协同发展的城市体系，面向核心城市的发展需求，错位确定副中心城市的发展定位。二是术业专攻：特色产业鲜明，协同互动共生。区域内城市化呈现“一个城市主导、多个城市协作”的城市产业空间聚合体发展特征。世界级城市群副中心城市产业发展注重在区域协调合作的背景下，根据自身特色与核心城市的引领确定主导产业。

二、合肥在长三角世界级城市群中的地位评估

（一）长三角城市群的区域空间结构

1. 点轴式空间结构

一核心三副中心，沪宁合线为主轴。以上海为中心，以杭州都市圈、南京都市圈和合肥都市圈为副中心圈层，形成一核心三副中心的空间结构；空间主轴为从宁波、绍兴、杭州、嘉兴至上海，再转至苏州、无锡、常州、南京、合肥的沪宁合线。

2. 核心城市上海是长三角城市群中的龙头

上海位于中国南北海岸线的中点和东西向长江出口，对内是长江流域门户，对外是大陆最接近太平洋世界贸易要道的城市，区位优势独一无二，城市规模和发展水平位于长三角城镇体系“金字塔”顶端。

3. 与对标城市南京、杭州相比，合肥存在较大差距

主要表现在地区生产总值、产业结构水平、对外开放程度、创新投入强度与创新绩效等方面，但合肥集成长型城市的发展活力与创新型城市的增长

动力于一身，在长三角既是后发城市，也是高成长性城市，“十二五”以来主要经济指标与南京、杭州差距以每年 1 至 4 个百分点的比例缩小。

（二）合肥：摆正位置，瞄准标杆

1. 居于长三角西翼，坐拥宽广腹地

合肥作为长三角世界级城市群西翼中心城市与合肥经济圈核心城市，向西可辐射六安、安庆，向北可辐射皖北地区，其经济腹地人口基础大，具有较大市场潜力和投资潜力，是长三角城市群产业升级转移的重要基地。

2. 交通设施完善，对外通达性良好

合肥市交通区位优势明显，交通基础设施建设完善，全国性综合交通枢纽地位基本奠定。如高速铁路基本形成“米”字形总体布局，高铁通达数量超过南京与杭州；对外高等级公路众多，过境高速公路有 7 条，公路里程超过上海、南京，在长三角范围内仅次于上海。

3. 土地成本较低，企业集群和产业集聚迅速

与长三角其他城市相比，合肥劳动力与土地成本更低，产业发展竞争优势较为突出。近年来，合肥每年新增的工业、就业、税收、投资的 60%来自长三角地区，大批国内外知名企业从苏浙沪搬迁至合肥。

4. 政策环境利好，发展机遇较多

一是以智能制造为标志的工业 4.0 时代和以新能源为标志的第三次工业革命以及国家创新驱动战略下的经济新常态，为合肥加速融入全球产业分工、推进产业转型升级提供了宝贵机遇；二是国家实施“一带一路”和长江经济带等发展战略，合肥成为“双节点”城市，有利于借船出海，借梯登高，加快发展；三是随着合肥国家综合交通枢纽地位的不断提升，区位优势进一步凸显，有利于加快枢纽型经济发展；四是国家系统推进全面创新改革试验区、建设“双创”示范城市等创新试点，更为合肥加快形成新的竞争优势提供了新机遇。

5. 国家级科教基地，创新基础雄厚

合肥有“科教之城”的美誉，拥有得天独厚的科教资源，是仅次于北京的国家重大科学工程布局重点城市，全国首个国家科技创新型试点城市，同时也是世界科技城市联盟会员城市，在纳米研究、量子通信、核科学技术等研究领域在世界上有很高地位。

6. 后发优势明显，工业规模连跨五个千亿台阶

合肥市吸取先发地区发展的成功经验，依据其资源条件禀赋，发展高新技术等高附加值产业，工业规模连跨五个千亿台阶，在长三角地区是一个高

成长性城市，后发优势明显。

合肥建设长三角副中心城市当以上海为标杆谋发展，瞄准上海城市功能定位，根据核心城市发展需求和自身优势，借鉴国际经验，确立副中心功能定位，等高对接，错位互补，差异化发展。

三、合肥副中心城市定位：细化功能，分类发展

（一）创新高地：国家综合性创新中心

借助在肥国家重大科技基础设施，进一步建设高度集聚的国家大科学装置，率先通过系统性、整体性、协同性创新改革试验，激发全社会创新活力与创造潜能，推动大众创业、万众创新。到2020年，率先建成国家创新城市，基本建成国家综合科学中心，成为引领全国的创新高地；到2030年，建成国际一流的国家综合科学中心、世界级产业创新基地，成为全球知名的创新之都，与长三角中心城市上海的国家大科学中心遥相呼应，承担引领创新核心区的重大使命。

（二）通达之城：国家综合交通枢纽

依托长江黄金水道和“一带一路”建设，建立以新桥机场、合肥港、合肥南站等主要铁路、公路客货运站场为枢纽，以干线铁路、高等级干线公路、干线航道为骨架的综合交通运输体系，全面提升港站枢纽服务功能，高水平推进铁路、公路、航空、水运和轨道交通的有机衔接和多式联运，建设综合性物流基地和交易中心，发展枢纽型经济，以强化对外通达、促进城际对接、畅通城市交通为重点，以辐射全省、通达全国、连接全球为方向，提升合肥区位优势，建设国家综合交通枢纽。

（三）开放之都：国际化都市区

以开放包容的心态，创新发展的精神，产城融合、绿色发展的理念，打造中心城区、卫星新城、特色城镇、美好乡村（社区）相互协调的新型城镇化发展格局；优化城区空间结构，增强城市综合承载能力和辐射带动力，打造精品城市；等高对接南京、杭州，树立“生态＋”理念，调整产业结构，注重生态保护，构建国际级巢湖生态文明先行示范区和世界级旅游休闲区，打造生态都市，实现宜居宜业；以国际化视野推进合肥都市区建设，重点推进对外开放平台建设，为打造内陆开放新高地奠定坚实基础。

（四）高端制造：先进制造业基地

依托皖江城市带承接产业转移示范区和报批中的国家级滨湖新区，全方

位承接高端产业和创新要素集聚，以加快培育壮大战略性新兴产业为重点，加快产业结构升级，优化产业空间布局，以新产业、新业态为导向，以高端技术、高端产品、高端产业为引领，实施一批居于产业链核心环节和价值链中高端的重大项目，双创驱动、开放集聚、绿色发展，培育形成具有国际竞争力的先进制造业基地。

（五）服务集聚：现代服务业集聚区

围绕转型发展、绿色发展理念，紧紧抓住“生态+”，促进产业结构调整升级，推动生产性服务业专业化和高端化发展、生活性服务业精细化和优质化发展、高技术服务业集聚化和集群化发展，全面推动现代服务业发展提速、比重提高、水平提升，形成辐射安徽省域范围内的现代服务业中心。

（六）示范引领：环巢湖旅游休闲示范区

全力推进环巢湖国家旅游休闲区建设，为全国旅游休闲区建设提供示范性、引领性、创新性经验，力争在2017年底建成全国第一个国家旅游休闲区，把合肥打造成为长三角、全国乃至国际级休闲旅游目的地。

四、实现路径：突出重点，提升功能

（一）以建设国家综合性创新中心为引领，构筑创新高地

一是实施创新驱动发展工程。依托在肥国家级科研机构，系统推进全面创新改革试验，主动与国家创新体系衔接，发挥市场导向作用，建设高度集聚的重大科技基础设施集群，打造世界一流综合科学中心，建设高端研发、共性关键技术、科技公共服务三类创新服务平台及产业创新中心。二是发挥区域对接联动作用。对接中心城市上海，在基础研究和研发创新方面实行差异化发展；强化与长三角其他副中心城市协同互动和合作，发挥创新的区际联动效应。三是强化创新生态建设。发挥企业创新主体作用，激发创新创业活力，引导创新要素向企业集聚；紧扣产业链、创新链打造人才链，集聚国内国际创新创业人才，构筑“双创”人才高地；深化科技体制和商事制度改革，建立协同创新机制，健全科技创新公共服务平台，释放创新创业潜能，提升创新创业效能。

（二）以提高通达性为目标，完善枢纽型交通体系建设

一是丰富“米”字形高速铁路网。推进区域城际铁路建设，加快高速、城际及普通铁路建设，建成以合肥为中心、连接所有设区市、通达长江中下游地区的快速客运铁路网，形成城际铁路网主骨架。二是建立“一纵、两环、

三横、十八射”内畅外通的高速路网。对已有高速公路网适当加密及扩容，构建复合型通道和网络化格局，支撑“长江经济带”与“一带一路”等战略实施的高速公路网建设需求。三是构建“一湖四射”高等级水运网。尽快将合裕线航道全线建成二级航道，实现江淮沟通，以合肥市为中心形成都市圈通江达海的四条水上出海通道，千吨级船舶能够自由进出，推动“海上丝绸之路”建设，打造江淮航运中心，满足长江黄金水道建设需求。四是加快建设以新桥机场为核心的合肥空港。实施新桥国际机场二期工程，加快机场接驳交通系统建设；充分发挥干线机场作用，加强与长三角、港澳台业务合作，强化合肥—上海—国际航班中转联程航运服务功能，扩大客货运量，全面提升空港国际功能。五是推进多式联运，建设综合性物流基地。高水平推进铁路、公路、航空、水运和轨道交通的有机衔接和多式联运，建立多种运输方式综合服务信息平台，实现旅客“零距离换乘”和货物“无缝隙衔接”。

（三）提升都市区国际化水平，建设内陆开放新高地

一是树立精品城市建设理念。建设和完善一批具有国际水平的城市公共产品项目，基本建成以枢纽型、功能性、网络化为重点的现代化基础设施体系，显著提升城市综合服务能力。二是加快合肥经济圈向合肥都市圈战略升级。建立重要资源统筹配置机制，形成区域产业转移引导机制、分工合作机制和项目建设利益共享机制，全面推动都市圈“一体化”进程，推进合肥经济圈适度扩容。三是加快融入“一带一路”。依托合新欧国际物流大通道，加强与沿线国家（地区）宽领域合作，鼓励支持本市优势领域龙头企业通过新建、参股、并购、资源开发和工程承包等方式参与“一带一路”建设，完善协调服务体系和高层互访机制、部门联系机制和企业互动机制。推进跨区域重大基础设施一体化建设，提升共建共享和互联互通水平，引导地区间产业转移和产业结构升级。加强与珠三角、京津冀等区域交流互动，更加积极主动融入长三角一体化发展。四是高水平推进对外开放平台建设。提升完善“四港三区一中心”建设，积极争取建立合肥自由贸易区。

（四）全力推进转型升级发展，打造高端产业集群

一是加快战略性新兴产业集聚地建设。以“586”行动计划为抓手，大力实施战略性新兴产业集聚、传统制造业提升、现代服务业提速、创新驱动发展、园区转型升级、县域经济突破、小微企业双创、质量品牌塑造等工程，形成产业集聚，推动产业结构转型升级。二是发展先进制造业与生产性服务业并重。以打造中心、抢占高端为目标，以扩大规模、优化结构、产业融合、完善布局为路径，推进制造业服务化，提高产业发展素质和在全球的资源配

置效率，全力抢占产业价值链的高端环节。三是促进与长三角中心城市及副中心城市产业分工合作。坚持“接轨大上海、融入长三角、打造增长极”，通过深化行政体制改革与机制创新，融入长三角制度环境及体制保障，逐步实现与长三角地区在政策层面的接轨。结合本地实际，聚焦重点发展领域，建立与长三角产业协作配套体系，避免同质化竞争，形成产业互补和合理分工，实现区域效率最大化。

（五）优化服务业布局，实现服务业集聚规模发展

一是科学构筑现代服务业空间布局。根据合肥“1331”城市空间发展战略和《安徽省主体功能区规划》，整合空间资源和发展要素，实施“提升中心城区、拓展南北两翼、推动东进西出”战略，形成“一核引领、一带环绕、三区辐射、多极联动”的合理布局。二是建立优势互补的现代服务业集聚区。综合区域特点、资源禀赋、产业基础、轨道交通和商圈格局等因素，整体推进服务业集聚区规划建设，促进高端服务业要素集聚和服务企业集群发展，逐步形成旅游、物流、金融、科技服务、商贸流通、服务外包、文化创意等服务业集聚区，推动生产性服务业高端化发展、生活性服务业优质化发展、新兴服务业集聚化发展。

（六）突出生态优先，打造世界知名旅游目的地

一是加大巢湖周边生态旅游等资源整合力度。以建设巢湖生态文明先行示范区为重点，深入实施巢湖治理、园林建设、污染防治、绿色低碳等“行动计划”，努力实现“有土皆绿、是水皆清、四季花香、处处鸟鸣”，打造城湖共生、独具魅力的美丽城市。二是加快培育新兴文化业态。依托文化产业资源和重大文化发展平台，优化产业布局，加快发展文化旅游、广播影视、智能语音、动漫游戏、创意设计、休闲健身、医养保健等产业，积极培育新兴文化业态，发展新型商业模式。三是充分利用环巢旅游试点工作契机。加快建设以大湖、温泉、湿地、名镇为特色的环巢湖国家旅游休闲区，构建“一湖、两城、十二镇、十八景、二十四嘴”的旅游地理格局。加强基础设施建设，完善服务功能，提高旅游休闲区通达性、便利性和舒适性。

五、保障措施：创新手段，强化保障

（一）优化创新宏观环境，推进国家综合性创新中心建设

一是推进产学研合作。把企业和科研院所、高校的合作研发作为创新创造和技术跨越的出发点和战略重点，促进科技研发与科技成果转化。二是加

大同东部地区尤其是长三角地区科研院所和高校合作。共同创设研发机构、委托研发项目等。三是加强合肥企业孵化体系建设。积极引进拥有自主知识产权和重大科技实施项目的高端人才来肥创业，加大金融对区域创新的支持力度，深化实施专利战略，发挥知识产权在科技管理中的导向作用。

（二）深入开展综合交通体系规划，顺利推进国家综合交通枢纽建设

一是加强港口、公路、铁路、交通枢纽规划研究。完善综合交通布局，统筹建设对外交通和城市交通。二是加快多类型运输方式协调发展。加强水港和空港建设，优化运输结构；充分利用合肥港“通江达海”的有利优势，大力发展多式联运，重点加强公铁联运、公水联运、江海联运等组织方式；逐步从传统货运向现代物流转变，鼓励发展城市物流配送业务。三是加快公共交通发展。加大对发展城市公共交通的资金和政策支持力度，将公共交通站场和配套设施纳入城市规划和建设计划，综合提高城市公交服务水平。四是促进交通信息一体化建设。建议由省政府协调，筹建统一的区域公路水路运输行业管理信息平台，覆盖交通运输行业内部以及公路水路运输一体化过程中涉及部门信息网络，为科学合理地统计分析决策提供保障。五是强化交通政策法规一体化建设。制定优先发展城市公共交通指导意见、轨道交通有关政策法规等，建立统一的行业准入和退出机制，完善驻点运输管理制度，规范公路水路运输市场秩序和安全管理。

（三）增强城市文化软实力，提升城市国际化水平

一是以精品城市理念推进公共服务国际化。建立开放的现代公共管理体系，扩大公共服务制度性供给，建立公共信息数据交换平台，构建“数字合肥”“无线城市”。二是建设有特色的城市文化价值体系。构建人文城市与学习型城市，培育和提升市民人文素养，建立社会化、制度化、具有普遍约束力和公信力的信用体系。三是培养国际化城市管理人才。积极开展国际化学习与交流，形成广覆盖、多层次的教育培训模式和渠道，努力实现领导型人才和各类专业人才国际化的各项指标超过或基本达到世界先进的国际化大都市的水准。四是积极开展国际文化交流。通过举办高规格国际会议和大型赛事唱响城市品牌，积极开展“文化外交”，开展国际间城市文化交流活动，不断开拓国际文化交流的新领域、新渠道、新形式，形成领域广泛、渠道纵横、层次交错、形式多样的现代国际文化交流新格局。

（四）实施多重发展战略，推进高端制造产业集群建设

一是实行品牌提升战略。依托知名企业以最终形成企业自主知名国际品

牌为目标，进一步加强企业生产管理和产品营销，提升产品和企业品牌竞争力。二是实行人力资源优化战略。建立一至两年的岗前职业技能培训的正式制度，创办各种形式的专业技术培训机构和学校，联合企业和产业界，积极举办各种形式的专业技术比赛，加强对技术能手的表彰力度，在全社会形成尊重技工、投身产业的良好社会氛围。三是实施促进“块状经济”向集群经济升级战略。将产业配套纳入区域经济发展的规划体系中，推进中小企业进入大企业生产体系，在中小企业中推广先进制造技术，提高信息化水平和为大企业配套服务能力，逐步在大中小企业之间形成高端产业链。四是实施以信息化改造提升制造业战略。规范引导信息产业发展，鼓励扶持企业尤其是中小企业开展安全高效的电子商务业务，加快信息基础设施建设，构建互联互通、连通全国和世界的区域性平台。五是发展循环经济。根据地方环境、资源优势进行产业定位，构建循环经济产业链，加快循环经济技术开发步伐，大力发展绿色产业。

（五）加速结构性改革创新，促进现代服务业集聚区发展

一是以供应链管理理念重塑现代物流网络体系。借助IT技术对传统物流组织、物流设施、物流业务进行整合和重构，优化物流基地布局，建立适应新经济发展需要的区域性物流供应链管理中心，为企业物流供应链管理提供统一高效的信息管理服务平台，积极发展第三方物流，形成物流高端和物流市场的主导。二是大力发展面向制造业和中小企业的特色金融服务。针对本市市场定位，发展本地中小企业和投资者作为金融业主要市场对象，积极争取跨国公司分支机构金融服务本地化，形成安徽乃至长三角中小企业金融服务市场体系，确立区域性中小企业金融服务中心地位。三是加快智慧城市基础设施建设步伐。在全社会广泛应用信息技术，加强信息资源的开发和利用。积极创造条件，促进金融、财税、贸易等领域的信息化，通过电子商务特别是企业间电子商务的应用，推动营销、运输和服务方式的变革。

（六）树立合肥旅游品牌形象，增强城市竞争力

一是与长三角强化联动发展。依托苏浙皖沪高铁网络，加快推进高铁站点旅游咨询、集散和服务设施建设，加强长三角旅游合作发展，打造区域性旅游中心城市、长三角观光休闲度假基地和国际滨湖旅游目的地。二是加强城市品牌营销推广。以“大湖名城、创新高地”城市品牌建设为基础，统筹整合全市旅游宣传资源，借助媒介，通过多种渠道和方式，在国内国际市场上加大营销推广，提升国内外知名度，加快国际游客对合肥的认知，使合肥旅游休闲尽快进入中国国际旅游一流线路。三是加大旅游深度开发。围绕环

巢湖旅游带建设，策划开发高水准“巢湖传奇”水上实景演出、水上运动比赛等项目。把握生态旅游基础设施和生态环境保护设施建设的重大机遇，争取国家资金支持，加强巢湖流域旅游基础设施建设，加快建成国家级生态旅游示范区，形成合肥旅游的亮点。深化合肥特色旅游产品深度开发，全方位塑造“大湖名城、创新高地”旅游品牌形象，持续增强城市影响力和竞争力。

（合肥区域经济与城市发展研究院）

《合肥市高端制造业发展路径及对策研究》成果摘要

按照市场前景、效益和增长能力、产业集中度、技术创新和效率等四个指标，基于对合肥高端制造业发展现状、存在问题和数据的全面分析，课题组认为，合肥高端制造业优势产业主要包括：高端数控机床、燃气轮机、应急产业、家电、光伏设备、汽车、轨道交通设备制造等行业；重点培育产业：集成电路、量子通信、新型显示、智能语音、机器人、航空、高端医疗器械制造、农机装备与工程器械制造业以及生物医药等领域。

一、总体思路

（一）以装备制造业为主攻方向，夯实发展基础

利用装备制造业现有优势，健全门类，扩大产业规模，向规模化、智能化、专业化方向发展；强化核心零部件、先进工艺、关键材料建设，支持优势企业开展政产学研用联合攻关，建成完善的产业技术基础服务体系；在轨道交通、航空航天制造、精密仪器加工等领域培育自主品牌；支持现有装备制造业工业园区改造升级，打造新型工业化示范基地，巩固装备制造业基础保障地位。

（二）以产业集群为推进模式，构建产业生态

打造规模扩大、产业链延长、竞争力提升的世界级产业集群，建设特色产业集群区，以品牌带动企业，企业带动行业链式发展；创新产业组织方式，以大企业为主导打造创新创业生态圈，引进“精、尖、新”企业，实现招才引智；发展软件应用商店，开放开发平台、电子商务平台、金融支付平台、云计算服务平台，构建产业生态，通过开放平台紧密联系客户、供应商、服务商之间协作。

（三）以协同创新为动力，打造核心竞争力

构建以企业为主导、市场为导向、产学研相结合的创新体系，加快培育国家、省和市多层次企业技术中心，引导企业技术及时更新换代；发展众创空间和网络众创平台，鼓励用众包等模式开展研发设计、生产制造和运营维护，释放新需求、创造新供给；鼓励产学研用协同创新，开展行业关键、共性技术研发，推动跨学科技术研究与应用，完善“一中心三基地”，即合芜蚌自主创新实验区科技创新公共服务和应用中心、科研基地、孵化基地、产业基地；培育创新型人才，重视科技创新人才的培养，建立人才流动基地。

（四）以生产性服务业为支撑，促进产业融合

鼓励企业转变经营理念和发展模式，发展优势业务，外包设计、研发、仓储、营销等环节；发展非公有制服务型企业，鼓励服务型企业实施跨地区、跨行业兼并重组；引进国内外先进生产服务公司，培育本土生产服务型企业；整合资源，推进高端制造企业与先进生产性服务企业之间联合，实现产业链优势互补、供需对接、协调发展。

（五）以智能制造为未来目标，引领发展潮流

把握智能化发展方向，掌握智能制造核心技术，立足高端、突出重点、突破关键技术制约；打造智能制造特色产业基地，推动创新要素向基地集中、创新资源向基地配置、创新产业向基地聚集；建设数字化车间、智能化工厂，打造重点行业、重点企业示范工程；加快重点行业生产设备的智能化改造，推动智能制造和产业融合发展；推动“互联网＋”模式，发展物联网、现代智能物流技术，将制造业发展为“智造业”。

二、发展路径

（一）传统制造业高端化

创新商业模式，转变管理理念，提高产品品质，促进传统制造业顺利进入研发设计、品牌管理、市场营销等高附加值环节，延伸价值链；引进掌握核心技术的龙头企业，推进技术改造、创意研发、品牌提升，以高科技改造传统制造业，进行产业链再造，构建先进制造业体系；运用信息化和工业化深度融合的核心技术，在家电、汽车、装备制造等传统优势行业推行绿色制造、智能制造和智慧管理，建设一批智能工厂；利用互联网、数字化技术，发展基于互联网的众包设计、云制造的制造模式，建设云服务及大数据平台，开发智能控制系统、故障诊断软件和相关工具、传感和通信系统协议，实现

互联网与产业升级融合发展。

（二）高新技术产业抢占制高点

通过技术研发—产品化—市场化三个环节，将原创性的高新技术成果转化为现实产品，进行产业化，催生相关上下游企业形成新的产业链；在技术研发环节中，加大对关键性技术领域研发投入力度，依托国家科研院所、高校以及各类研发机构的重点实验室、研发中心、科技孵化器、公共创新服务平台等构建产学研用协同创新体系，培育有自主知识产权的制造技术，积极打造国家级企业技术中心；在产品化环节中，进一步孵化科技成果，对新能源、新材料、环境健康等领域的变革性技术和产品，新型显示、软件及智能语音、量子通信、高性能计算机、超导、高端医疗装备等重大科技成果实现产业化，形成重大平台技术的联合开发、利益分配和成果转化机制；在市场化环节中，拓展下游批发代理和分销零售渠道，依靠龙头企业形成产业基地，依靠产业集群形成网络关系，鼓励在肥高校院所、龙头企业设立众创空间、建设产业孵化器；建设一批创业园，形成“众创空间—创业苗圃—孵化器—加速器—产业基地”阶梯形孵化体系。

（三）技术型生产性服务业与制造业动态融合路径

放宽市场准入，完善行业标准，发展研发设计、技术转移、创业孵化等科技服务业；壮大现代物流、节能环保、检验检测认证等生产性服务业，依托中心城市和工业集聚地，建设一批生产性服务业集聚区和示范园区；创新商业模式，支持智能语音、智能家电、信息安全、节能环保行业，发展移动电子商务、定制化生产、线上线下（O2O）、云制造、互联网金融、合同能源管理等新模式，创新产品设计、品牌推广、物流运输、支付结算、售后服务等环节；发展个性化定制服务、全生命周期管理、网络精准营销和在线支持服务，推广大型设备、生产线等融资租赁服务。

三、发展对策

（一）打造综合性国家科学中心

建设新的国家大科学装置和国家实验室，打造世界一流的大科学工程和设施集群，优化重大科技创新布局，积极参与和承接国家重大科技工程、重要创新基地建设；推动实施一批重要产业核心技术攻关项目，建设合肥高新区、经开区、新站区等科技创新中心重要承载区，与上海全面创新改革试验区、张江国家自主创新示范区联动；合力南京、杭州建设具有国际竞争力的产业集群；

支持在肥知名院校和科研机构打造国际知名研究机构和协同创新中心。

（二）搭建三大平台

一是共性技术创新平台。关注产业共性技术研发，发展“实验室+”，以高校为纽带，推动政产学研用紧密合作，建设全行业关键共性技术创新平台。打通科技与产业、资本的连接，实现创新链、产业链与资金链有效融合；发展众创、众包、众扶、众筹“四众”创新模式，围绕产业链、部署创新链，打造创新支撑平台；营造“双创”氛围，借力风险援助资金、科技企业孵化器税收优惠政策、工业设计中心、企业技术中心奖补等政策，鼓励创新、创业。二是公共服务平台。搭建银企交流服务平台，重点培育具有核心知识产权的高成长性企业，建立企业和银行机构之间沟通机制，提高企业融资能力；搭建中介服务平台，建立行业协会、商会、创业服务中心以及会计师事务所和律师事务所，为产业发展提供沟通和咨询服务；搭建科技服务平台，建立各类技术产权交易所、科技开发交流中心、科技成果转化服务中心、科技创业中心和科技评估中心等机构，鼓励有条件的科研单位、高等院校兴办各类科技服务平台；搭建“合肥科技服务行业协会”组织，建立科技服务机构信誉评价制度，实行滚动资质认证，完善科技服务管理体制。三是科技成果转化平台。改革科技成果产权制度、收益分配制度和转化机制，建立“知识产权维权援助中心”；通过天使投资基金、种子基金、风险投资等方式，实行普惠式、引领式扶持；搭建科技成果转化平台，促进试验发展、应用研究与基础研究的衔接，开发重大科技项目过程中产生的衍生成果；完善知识产权保护体系，明确创新成果所有权，建立利益分配机制，大力惩处侵权行为。

（三）强化四大要素

一是人才建设。完善人才培养体系，鼓励高校、企业联合培养模式，培养科技领军人才、多层次专业人才；发展职业教育，培养“高级蓝领”；完善人才引进机制，建立公平、公正的人才选拔制度，改善就业环境，对于有技术、有资金、有项目的优秀创新人才给予户籍、医疗、住房等政策优惠；完善人才任用机制，尊重高技术人才的创新权益，实施奖励制度。二是品牌建设。着力打造企业品牌，选定若干已有品牌效应、市场潜力的企业作为重点推广对象，鼓励实力雄厚的企业打入国际市场，形成国际知名产品；扩大产品覆盖范围，制定“名牌兴业，品牌立区”的战略，整合并拓展渠道推动集聚区品牌建设；巩固既成的品牌效应，加大对既成品牌的投入，保证品牌效应的可持续性和长期性。三是市场主体建设。发挥龙头企业引领作用，激发龙头企业带动力，扶持龙头企业搭建经济平台，鼓励中小企业通过平台融入产业生态，发展配套经济，建立企业间产业联盟；培育“大企业带动大基地和大产业”的发展格局，引进国内外知名龙头企业、知名品牌组建龙头企业集群，增强集聚度，实现集群化、产业化发展；发挥中小企业主体地位，激发中小企业创新活力，提升中小企业专业化、规范化的管理程序，加大对中小企业税收、金融政策优惠支持力度；鼓励中小企业建设独有的技术创新和人才培养体系，提供人才培训以及技术趋势信息，引导社会资本参与中小企业技术创新项目。四是集聚区建设。继续做强做大以家电制造业、装备制造业为主的产业集群，打造世界级家电产业、智能语音产业集群区；兴办同业园区，提高产业集中度，实现经济园区之间集中化、专业化、协调化发展；整合完善产业链，依靠国家、省市重大项目和技术改造项目，攻克关键零部件、核心技术难题；建设生产性服务业集聚区和示范园区，顺应“互联网＋”趋势，创新现代物流技术，鼓励新型商业发展模式，延伸价值链。

（四）落实四大保障措施

一是政策支持。加强战略谋划和前瞻性研究，明确战略目标，确定各行业发展重点，通过制定重点产业发展路径图、时间表等保障发展战略、规划、政策、标准的实施；提升区域投资环境，营造区域发展优势；抓紧全球企业战略布局的调整机遇，引进具有全球优势的制造业企业；坚持“走出去”和“引进来”，全方位拓展合作领域、提升合作层次、丰富合作内涵、强化合作服务。二是金融支撑。引导各类金融机构加大对新一代信息技术、智能装备、新能源、新材料等重点领域企业和项目的信贷支持，合理提高综合授信额度；设立续贷“过桥”资金，开展“税融通”、小额票据贴现等业务，扩大贷款规模，提高贷款审批效率；成立风险投资公司、设立风险投资基金、建立产业风险投资机制；建立融资租赁风险补偿机制，推广设备融资租赁，发展小微金融服务主体，创新开展多元化质押业务和资产证券化业务。三是财税扶持。设立产业引导资金，对企业技术创新项目和技术创新体系建设进行补贴，运用贴息、担保等政策倾斜手段，拉动民间资金的投入；采取多样化的税收优惠方式，由直接优惠为主向间接激励为主转变；对产品研究开发、技术转化等科技创新环节的实行税收优惠。四是落实机制。完善各部门间协调机制，就共同涉及的领域进行利益权衡和协商，形成可操作性的措施；建立重点产业项目推进小组，各牵头部门和责任单位按照任务分工，深入调研，精心谋划，制定具体方案和工作计划；加强重点产业的统计和考核工作，准确反映工作绩效，提高执行力和落实力，加大督促落实力度，确保相关政策落到实处。

（安徽大学经济学院）

关于合肥系统推进全面创新改革试验加快建设综合性国家科学中心的建议

2016年4月12日，国务院批准并印发了《上海系统推进全面创新改革试验加快建设具有全球影响力的科技创新中心方案》（国发〔2016〕23号，以下简称《方案》）。这对同为全面创新改革试验区的安徽，以及谋划建设综合性国家科学中心的合肥市具有重要的指导和现实意义。现就《方案》出台背景及主要内容作简要解读，并就合肥系统推进全面创新改革试验，加快建设综合性国家科学中心提出相关建议。

一、出台背景与主要内容

当前全球新一轮科技革命和产业变革正在孕育兴起，国际经济竞争更加突出地体现为科技创新的竞争。我国经济发展进入新常态，依靠要素驱动和资源消耗支撑的发展方式难以为继，只有科技创新，依靠创新驱动，才能实现经济社会持续健康发展，推动国民经济迈向更高层次、更有质量的发展阶段。促进创新发展，是推进结构性改革尤其是供给侧结构性改革，实施创新驱动发展战略，推动大众创业、万众创新，发展新经济、培育新动能、改造提升传统动能的关键之举。上海作为我国建设中的国际经济、金融、贸易和航运中心，必须服从服务国家发展战略，牢牢把握世界科技进步大方向、全球产业变革大趋势、集聚人才大举措，努力在推进科技创新、实施创新驱动发展战略方面走在全国前头、走到世界前列。依托上海市开展全面创新改革试验，是贯彻落实党中央、国务院重大决策，推进全面深化改革，破解制约创新驱动发展瓶颈的重要举措，对促进上海进一步解放思想、大胆探索实践、实现重点突破、发挥改革创新示范带动作用，具有重要意义。

《方案》的主要内容可以概括为“三层目标”“四项任务”和“七大改革”。“三层目标”：到2020年，建成具有全球影响力的科技创新中心的基本框架；到2030年，着力形成具有全球影响力的科技创新中心的核心功能；最终全面建成具有全球影响力的科技创新中心，成为与我国经济科技实力和综合国力相匹配的全球创新城市。“四项任务”：一是打造高度集聚的重大科技基础设施集群，建设综合性国家科学中心；二是重点布局一批开放式共性技术研发以及科技成果转化服务平台；三是实施引领产业发展的重大战略项目和基础工程；四是搭建“双创”平台，推进张江国家自主创新示范区建设。“七大改革”：一是建立符合创新规律的政府管理制度；二是构建市场导向的科技成果转移转化机制；三是完善激励创新的收益分配机制；四是健全企业主体的创新投入机制；五是建立积极灵活的创新人才发展制度；六是构建跨境融合的开放合作新机制；七是授权推进的先行先试改革举措。

二、合肥推进创新改革现状及存在问题

“十三五”期间，安徽将实施《创新驱动发展工程》，系统推进全面创新改革试验，建设有重要影响力的综合性国家科学中心和产业创新中心，落地城市正是省会合肥。自国家创新型试点城市建设启动以来，合肥围绕自主创新这条主线，突出企业主体、创新载体、产学研一体和技术创新服务平台建设，通过采取增加投入、创新机制、完善政策、营造环境等措施，形成了一批产业、人才、科技和改革成果。2015 年，高新技术增加值占 GDP 比重超过 20%，战略性新兴产业对工业增长的贡献超过 50%，全社会科技研发投入占生产总值比重提高到 3.2%，发明专利申请量和授予量分别超 16431 件、3413 件。国家高新技术企业达到 1056 户，新增国家、省级工程（技术）研究中心、企业技术中心、实验室 279 个。

但合肥系统推进全面改革创新实验，加快建设综合性国家科学中心，仍面临一些问题：体制机制方面还存在障碍。知识创新、技术创新和产业创新体系衔接的紧密度不够，科技资源整合运用能力不够强，科技资源“碎片化”“孤岛”现象依然存在。科技创新与经济发展结合度不高。战略性新兴产业规模不够大，产业层次不够高，传统产业比重大、转型慢，创新主体地位仍待提高，在国内外具有核心竞争力的企业还较少。科技创新服务环境需要进一步优化。优质公共服务供给不足，专业化、现代化水平不高。以金融服务为代表的科技公共服务水平需要进一步改善等。开放管理水平不高。改革攻坚难度加大，高层次创新和管理人才的引进培育力度有待加强，人才结构仍需优化。

三、政策建议

（一）建设合肥综合性国家科学中心

打造合肥成为原始创新的发源地、变革性技术的诞生地，成为国家重大

基础科学设施建设的主力军。一是建设大科学装置集群。重点提高同步辐射、全超导托卡马克和稳态强磁场等重大科学装置性能，积极争取国家在合肥布点建设未来网络、下一代聚变工程实验堆 CFETR、极端条件下综合集成装置、全高程大气立体探测和模拟实验、农业重大气象灾害模拟舱等一批国家重大科学装置，建设高度集聚的重大科技基础设施集群。二是催生变革性技术和产品。聚焦信息安全、新能源、新材料、生命科学、环境科学等前沿领域，开展多学科交叉探索研究。加快推进超导核聚变、量子信息国家实验室、天地一体化信息网络中心、联合微电子中心、智慧新能源集成创新中心、离子医学中心等六大平台建设，推动战略性新兴产业发展。三是建设有国际影响力的大学和科研机构。支持中科大建设世界一流研究型大学，支持合工大、安大等高校建设世界一流学科。支持中科院合肥研究院建设国际知名研究所。建设中部基础研究中心，发挥基础研究对创新发展的引领作用，在相关前沿高技术产业提供支撑与保障。

（二）建设新型产业创新平台

构建研发、转化、孵化、产业化体系，建设国际一流的新型产业创新平台。一是建设共性技术研发平台。瞄准世界产业创新发展趋势，大力推进重大基础研究和前沿高技术研究成果工程化、产业化。重点建设量子通信、新型显示、集成电路、智能语音及人工智能、智能机器人、新能源汽车、生物医药产业及高端医疗装备创新平台等。二是建设新型协同创新平台。加快中科大先进技术研究院、清华大学合肥公共安全研究院、中科院合肥技术创新工程院、合工大智能制造研究院、北大未名生物经济研究院、中国农科院食品创新研究院、安大绿色发展研究院、中科大国际金融研究院建设，积极与国内外知名院校加强合作，构建更加完善的协同创新平台。支持研究院创新建设运营管理模式，积极探索符合自身特色的发展道路，增强自我研发、自我发展能力。三是建设创新公共服务平台。构建技术转移服务体系，提升中科大、中科院合肥物质院、合工大、安农大技术转移中心等国家级技术转移示范机构服务能力，建设产业转移创新中心。建设科技创新信息服务平台，推动各类信息资源共享共用、互联互通。加快推进企业孵化、知识产权服务、第三方检测认证等机构的专业化、市场化改革，建立健全技术创新、工业设计、文化创意、企业融资、人才培训等公共服务平台。

（三）打造世界级产业集群

重点发展市场前景好、产业关联度高、带动能力强的新兴产业，加快建设一批国家和省级产业基地，培育一批市级战略性新兴产业基地，打造若干个世界级产业集群。一是做大做强战略性主导产业。引进集聚高端产业资源，抢占战略性新兴产业制高点，培育行业领军企业，加快电子信息、新能源、公共安全等产业爆发式发展，加快建设国际一流的新型显示产业基地、全国具有重要影响力的集成电路产业集聚区、全国生物医药产业重要集聚区、全国具有重要影响力的智能机器人产业基地，打造“中国光伏第一城”和打造“中国声谷”。二是布局培育未来型先导产业。依托合肥前沿高技术研究成果和创新资源优势，实施若干引领产业创新发展重大工程和项目，培育发展未来产业。重点推进量子通信京沪干线、合肥离子医学中心、燃气轮机研发及产业化、高档数控产业园等项目实施。三是加快传统优势产业转型升级。全面实施“互联网＋”行动计划和“中国制造 2025”行动纲领，聚焦装备制造、家用电器、汽车及零部件、安全食品、新型化工、住宅产业化、多功能农业等产业，推动与移动互联网、大数据、云计算、物联网等深度融合，加快传统产业智能化改造，提高企业数字化、网络化、信息化水平。

（四）深化体制机制改革

开展系统性、整体性、协同性改革，打通科技成果向现实生产力转化的通道，形成有利于科技人员、企业家、创业者创新创业的新机制。一是改革政府科技管理体制。从管理具体科技项目转为主要负责科技发展规划、评估和监督。将创新主导权真正交给市场，实现技术创新规划由专家导向转向产业导向。二是改革财税支持创新体制。创新资源主要围绕企业规划中的研发需求进行部署。落实国家已出台的支持创新创业税收的优惠政策。分类管理高校院所财政经费与非财政经费支持的科研项目。三是改革金融创新体制。建立健全从天使投资、风险投资到产业基金、上市融资的全金融产业链。创新国有出资股权投资基金管理，为国有创业投资企业市场化运营和退出创造环境。支持银行业设立科技金融专营机构，提高创新型中小企业融资的可获得性。四是改革创新人才管理体制。切实保障和落实用人主体自主权，促进人才流动，加大人才引进、扩大用人单位的职称评定自主权。五是改革企业创新管理体制。完善国有企业经营业绩考核办法，分类实施任期创新转型专项评价。完善国有企业创新人才的长效动力机制，实现创新人员报酬与创新绩效挂钩，加大向一线创新人员倾斜力度。通过实施支持创新的普惠性税收政策，引导民营企业加大创新投入。

（合肥市政府政策研究室　　黄传霞
合肥区域经济与城市发展研究院　王玉燕）

关于《“十三五”期间实施新一轮农村电网改造升级工程的意见》的解读报告

2016年2月，国务院办公厅转发国家发展改革委《关于“十三五”期间实施新一轮农村电网改造升级工程的意见》（国办发〔2016〕9号，以下称《意见》），在已有政策基础上，将实施新一轮农村电网改造升级工程的大政方针进一步落细、落实。现就《意见》出台背景、主要内容及亮点作简要解读，并结合我市实际，提出贯彻落实建议。

一、出台背景和主要内容

（一）出台背景

“十三五”期间实施新一轮农村电网改造升级工程，是加强农村基础设施建设，加快城乡基本公共服务均等化进程的重要举措，对促进农村消费升级、带动相关产业发展和拉动有效投资具有积极意义。自实施新一轮农村电网改造升级工程以来，国务院先后印发实施了一系列推进农村电网改造升级工程的文件，通过几年努力，农村电网改造升级工程改善了农村基础条件，提高了农村电网的供电能力和供电质量，促进了社会经济发展，加快了城乡一体化发展的进程。但从全国看，电力体制改革不彻底，农网改造推进难度大，仍有部分乡镇的电力产权尚未移交给电网公司，原有线路老化，电源点分布不均，管理混乱，安全隐患多；个别地方由于资产补偿、人员安置问题没有得到彻底解决，致使农网改造工作推进难度大，严重影响了农网改造升级工程的正常开展。电网建设支持环境有待优化，阻工现象时有发生。新一轮农村电网改造升级工程是在前一轮电网改造尚未完全结束时开展的，工作任务成倍增加，时间要求紧迫，国家相关补助政策不一样，由于有些地方工作不到位，少数基层群众不了解相关政策，加之有的施工单位工作方法简单粗暴，导致有的地方在征地拆迁、青苗赔偿、改造范围等方面漫天要价，甚至出现非法阻工，严重影响工作进度。相关管理机制不健全，队伍建设需加强。电力体制改革前，乡镇电力管理经营大多承包或转让给私人。体制改革后产权转交给电网公司，乡镇供电所只安排正式职工1～2人，乡镇供电所每村聘1名电管人员，村电管人员又在村民小组聘请临时工，缺乏成熟规范的管理制度。这种人员结构和管理模式难以实现有效管理，加之临时工待遇低，业务水平不高，服务意识淡薄，管理混乱，服务质量差，群众不满意的现象不同程度存在。为此，必须要进一步提高思想认识，加强组织、规范管理，落实责任、密切配合，切实完成好新一轮农村电网改造升级各项任务。

（二）主要内容

《意见》坚持问题导向，坚持加快转变政府职能，加快推进城乡电力服务均等化。其主要内容包括五大重点任务、三大政策措施。五大重点任务为：一是加快新型小城镇、中心村电网和农业生产供电设施改造升级；二是稳步推进农村电网投资多元化；三是开展西藏、新疆以及四川、云南、甘肃、青海四省藏区农村电网建设攻坚；四是加快西部及贫困地区农村电网改造升级；五是推进东中部地区城乡供电服务均等化进程。三大政策措施为：一是多渠道筹集资金；二是加强还贷资金管理；三是深化电力体制改革。

二、合肥市农村电网改造存在的问题

合肥市农村电网改造升级工程起步早，行动快，在全省处于领先地位。但总体上看，农村电网建设滞后于合肥发展现实需要。一是部分地区供电稳定性有待提高。近年来合肥城镇化步伐明显加快，部分农村、城乡接合部等地供电负荷激增，导致供电状态不稳定，城镇化建设急需得到持久稳定的电力保障。二是农村地区低电压现状有待改善。部分农村地区电源点分布不均，网架结构亟待加强，农忙时节部分设备过载，需要进一步合理规划与调整供电台区，解决部分配网线路“卡脖子”，特别是低电压现象。

三、政策建议

（一）出台相关实施方案

2013年、2015年、2016年三年的中央一号文件均对农村电网升级改造工程作了进一步强调。基于合肥市今后较长时期内的城乡发展客观需要，针对我市工业化和城镇化快速推进的现实情况，应结合《意见》《合肥市国民经济和社会发展第十三个五年规划纲要》，制定出台《加强合肥新一轮农村电网改造升级规划的实施意见》《合肥市农村电网改造升级规划导则》等相关配套措施，制定出台《合肥市农村电网规划项目建设实施行动计划》。各县市在此基础上，抓紧编制完善新一轮农村电网改造升级规划和实施方案，组织专家对新一轮农村电网改造升级规划进行评审，按计划分年度抓好落实工作。

（二）进一步明确相关主体责任

农村电网改造升级工程不仅是供电公司的事情，各相关政府部门、县区政府、供电公司以及相关县、市供电部门均是相关责任主体。作为建设方，供电公司应负责农村电网改造升级工程施工工作。其他部门和相关县区政府也应积极履行相关职责，确保施工的顺利完成。就具体到项目现场施工而言，还应考虑吸收当地乡镇政府、村两委以及群众代表参加。对于推诿责任，敷衍塞责的行为，要予以批评纠正，对于因失职而造成重大损失的责任人，要依据党纪国法，坚决予以处理。

（三）进一步完善工作推进机制

根据市政府办公厅《关于建立合肥市农村电网改造升级联席会议制度的通知》（合政办秘〔2015〕168 号）精神，市发改委推动四县一市政府分别成立农网工程领导小组，并牵头会同合肥供电公司、市直有关部门和县、市政府及时协调项目在土地（林地）、规划、环评、道路等方面问题。当前农村电网改造升级工程的阻力主要来自某些项目区内的干部群众，在工作推进过程中，应尽量吸收当地干部群众代表参加，通过细致耐心的说服工作消除群众误解，同时，对于那些故意刁难、无理取闹的行为，也应坚决及时予以纠正制止。

（四）进一步强化队伍能力建设

乡镇电力管理队伍弱化，能力参差不齐的状况不仅在一定程度上影响到电力体制改革的进一步推进，导致农村干部群众不满意。针对这种情况，应加强宣传教育和组织培训，强化日常管理，进一步增强其服务三农的意识，提高其服务三农的能力，从而更好地完成“十三五”新一轮农村电网改造升级各项任务。

（五）进一步落实安全管控和质量督查

在相关工程实施过程中，应加强预算监督和审计监督，对正在施工中的工程开展随机抽查，了解工程项目实施情况、物资及资金使用情况、档案资料的流转归集情况，及时发现和消除风险、缺陷。定期通报制度，及时掌握工程实施进度，促进所有项目均依法合规完成。

（合肥市政府政策研究室　　黄传霞
安徽大学“三农”研究中心　常　伟）

关于《国务院关于进一步健全特困人员救助供养制度的意见》的解读报告

2016年2月，国务院出台《关于进一步健全特困人员救助供养制度的意见》(国发〔2016〕14号，以下称《意见》)，针对新形势下特困人员救助供养的突出问题，提出多方面保障措施，进一步规范细化特困人员救助供养的制度内容。现对《意见》出台背景、主要内容作简要解读，并结合合肥市实际，就贯彻落实《意见》精神，提出相关建议。

一、出台背景和主要内容

(一) 出台背景

特困人员救助制度是我国一项传统的社会救助制度。20世纪50年代，为解决城乡“三无”人员生存保障问题，我国分别建立起农村五保供养、城市“三无”人员救济和福利院供养制度。改革开放以来，尤其是进入新世纪以来，农村五保供养逐步纳入法制化轨道，实现了从农村集体供养向财政供养的重大转变；城市“三无”人员逐步纳入城市最低生活保障。2014年，国务院颁布施行《社会救助暂行办法》，将农村五保供养和城市“三无”人员救助制度统一为特困人员供养制度。目前我国已经形成了以民政系统为核心，残联、扶贫、住房、卫生计生、教育、人力资源和社会保障等系统相互补充的社会救助网。但从总体上看，全国尚有591万城乡特困人员，占社会总人口1%左右。特困人员的救助供养是守护社会基本价值底线、维持社会稳定的核心环节，紧紧盯住这些特殊困难群体，下大力气解决好他们的基本生活，做到应救尽救、应养尽养，是完善社会救助体系、织牢民生安全网的必然要求，也是保障和改善民生、坚持共享发展的应有之义，对于打赢脱贫攻坚战、全面建成小康社会和促进公平正义、维护社会稳定具有十分重要的意义。

(二) 主要内容

《意见》从总体要求和基本原则、制度内容、保障措施等3个方面，提出了13项具体细化的政策措施，具有鲜明的创新亮点。概括起来主要是“四大亮点”：一是坚持城乡统筹，推动救助供养公平高效。以城乡统筹为基本原则，将过去城乡分治的“三无”人员保障制度统一为城乡统筹的特困人员救助供养制度，实现政策目标、资金筹集、对象范围、供养标准、经办服务等方面城乡统筹，着力健全和理顺城乡特困人员救助供养工作管理体制和运行机制，改进办理程序，确保城乡特困人员在救助供养方面权利公平、机会公平、规则公平。二是坚持托底保障，推动托底责任上肩落地。将符合条件的特困人员全部纳入救助供养范围，切实做到应救尽救、应养尽养；同时，着力于“网底”的坚固和保障的适度，做到既满足特困人员在基本生活和照料服务方面的基本需求，又与经济社会发展相适应，避免标准、水平脱离实际。三是突出服务保障，优化服务供给方式。注重服务保障是特困人员救助供养制度与最低生活保障等其他社会救助制度的一个明显区别。变传统的单一物质救助为物质帮扶与日常照料、精神抚慰、心理疏导等非物质供养服务相结合。同时转变思维方式，强化服务理念，鼓励多元主体参与，充分发挥市场机制和社会力量的作用，切实做好特困人员救助供养服务工作。四是坚持精准供养，实施分类保障。坚持“精准”原则，围绕对象认定精准、救助标准制定精准、供养服务实施精准等要求，进一步规范资格条件、明确认定办法、严格审批程序、完善标准制定、优化服务供给，确保制度的公平公正实施。

二、我市特困人员救助供养现状及面临的挑战

近年来，合肥市统筹推进养老服务业发展，积极推动社会救助体系转型升级，实现了对特困供养人员的全覆盖，发挥了政府社会保障“兜底线”的作用，促进了经济发展和社会稳定。一是建立健全社会救助“一门受理、协同办理”机制。全市140个乡镇（街道）均设立了社会救助受理服务中心，每个社会救助受理服务中心均配备专职人员，受理群众申请。受理服务做到中心标识、表格、流程、工作职责和工作制度“四统一”。二是全力推进养老服务体系建设。全市建成267个社区养老服务站，289个农村幸福院。积极推进“医养结合”养老新模式，已建成23个农村五保供养服务机构“特护区”，4个民办养老机构设立了医疗室，10个民办养老机构与卫生机构签订医疗服务协议。三是社会救助规范化建设加快推进。出台临时救助政策，进一步发挥社会救助托底线、救急难的作用。明确临时救助对象，对符合救助条件的对象实行分类分档救助，增加紧急救助程序，为遭遇急难的对象提供及时救助。同时积极引导社会力量参与社会救助。2015年7月，包河区常青街道与安徽乐邦慈善基金会合作设立“乐助常青”社会救助基金引导社工介入项目，

为辖区内救助对象开展应急救助、心理疏导等关怀型救助，积极构建“政府＋基金会＋社工＋志愿者”四位一体的救助模式。这是全国首个以 PPP 模式组建的社会救助项目。四是积极推动医养结合改革试点。支持医疗机构开办养老机构，鼓励社会力量开展家庭医疗保健服务。启动以县（市）、区为实施主体的政府购买居家养老服务改革。基本实现了民政部门与其他相关部门之间的数据共享、无缝衔接，社会帮扶机制得到拓展。特困人员供养机构的救助供养能力得到明显提高，并逐渐与城乡居民基本养老保险、基本医疗保障、最低生活保障、孤儿基本生活保障、残疾人两项补贴等制度相衔接。

但从现实情况看，当前的特困人员救助供养工作仍存在一些挑战：一是特困供养对象认定标准尚未统一。全市特困人员救助供养资格认定细则尚未出台，相关特困人员救助供养的地方性政策也未制定。二是集中供养水平不一。存在供养机构人员设施不足、服务不足及管理机构不一的问题，城乡特困人员供养标准还存在差异。三是分散供养人员救助供养服务缺少统一标准。大部分能够自理的特困人员多倾向选择分散供养；社区供养或第三方寄养作为一种救助供养的模式，其职责权利缺少清晰界定等。

三、政策建议

（一）坚持分类施策，探索多样化供养模式

一是按照中央提出的精准扶贫的指示精神，在做好对特困人员发现和识别的工作基础上，进一步做到针对特困人员的合理分类和必要分级，把握和锚定特困人员的基本困难和迫切需求，提供对应的救助供养服务和帮扶，有效提高救助供养的实施效果，合理节约资源。二是在通过实物或者现金的方式对特困人员予以保障之外，积极探索引入多种服务形式，如以政府购买服务的方式，深入推进由第三方机构为特困人员提供各类服务。三是探索对特困人员的救助供养与其他社会公共服务的对接与共享，尝试将我市正力推的医养结合养老服务延伸到特困人员群体，尝试依托社区广泛开展托儿所与托老所服务，也可以针对住房难、入学难、就医难等特困人员，尝试以绿色通道等形式给予直接帮扶。尝试推进在供养机构中设立特困人员特护区，为患病或失能失智的特困供养人员提供护理服务。

（二）推进分工协作，改进工作协调机制

通过构建跨部门协调联动机制，形成齐抓共管、整体推进的工作格局。民政部门应切实履行主管部门职责，发挥好统筹协调作用，健全特困人员主动发现机制，加强特困人员救助供养工作日常管理，推动相关标准体系完善和信息

化建设，健全特困人员建档立卡制度。组织部门参照民政部门绩效评价结果，对地方政府领导班子和有关领导干部进行考核评价。发展改革部门将特困人员救助供养纳入专项规划，将供养服务机构建设纳入经济社会发展总体规划，支持供养服务设施建设。卫生计生、教育、住房城乡建设、人力资源社会保障等部门积极配合民政部门做好特困人员救助供养相关工作，实现社会救助信息互联互通、资源共享。财政部门强化资金保障，完善资金发放机制。

（三）加大监管力度，提升救助供养水平

建立健全特困人员救助供养监督检查长效机制，加大督查力度，提高救助水平，有效防范和遏制救助供养工作中的违法违规行为。强化日常监管，及时发现和解决存在问题，优化救助供养工作流程，完善相关制度办法，促进救助供养公开透明。开展专项督查，市民政局每年至少组织开展1次专项检查，会同有关部门进行专项督查。拓宽监督渠道，县（市）、区民政部门要设置和公布特困人员救助举报投诉电话，落实专人负责、首问负责制。建立绩效考评制度，市民政局研究制定特困人员救助供养绩效考评办法，科学设定绩效目标和量化评价指标体系。

（四）鼓励社会参与，构建全民帮扶格局

有效解决城乡特困人员救助供养问题，既要各级政府履行兜底责任，也需要社会各界群策群力。习近平总书记在考察安徽金寨时指出要“依靠群众精准找到和帮助贫困户”，为特困人员救助供养工作指明了方向。应深刻领会和贯彻落实，调动广大群众的积极性与创造性，广泛参与到特困人员救助供养过程中来。一是加大对供养服务机构的扶持力度，适当降低准入门槛，减少登记程序。推行专门针对集中供养机构的长期护理保险等医疗保险项目。加大政府购买服务和项目支持力度，落实各项财政补贴、税收优惠和收费减免等政策，支持供养服务机构加强社会工作等专业服务队伍建设。二是引导志愿组织与志愿者积极参与。一方面营造为特困人员提供利他性志愿服务环境，另一方面也应探索将志愿服务与其他考核考评环节进行衔接，如与积分入户之间的衔接等。三是加强宣传宣引导。充分利用报纸、广播、电视、网络等媒体，大力宣传我市特困人员救助供养的方针政策，宣传和表彰我市涌现出的先进典型，让对特困人员的关爱深入人心，对特困人员的关照外化于行，形成全社会关心、支持、参与特困人员救助供养工作的良好氛围。

（合肥市政府政策研究室　　黄传霞
合肥区域经济与城市发展研究院　陈俊峰）

关于国务院《推进普惠金融发展规划（2016—2020年）》的解读报告

普惠金融，是指立足机会平等要求和商业可持续原则，以可负担的成本为有金融服务需求的社会各阶层和群体提供适当、有效的金融服务。2015年12月，《国务院关于印发推进普惠金融发展规划（2016—2020年）的通知》（国发〔2015〕74号，以下简称《规划》）发布，首次从国家层面确立普惠金融发展的实施战略。《规划》提出建立有效、全方位为社会所有阶层和群体提供服务的金融体系，为弱势群体提供平等享受现代金融服务的机会和权利。现结合合肥市实际，对《规划》出台背景、主要内容作简要解读，并就贯彻落实《规划》精神，提出相关建议。

一、出台背景和主要内容

（一）出台背景

改革开放30多年来，我国经济实现了快速增长。支撑这一增长模式的是以大型商业银行为主导的间接融资体制，大量金融资源投向重点项目、重点行业和重点地区，从而带动经济增长。目前，这种投资拉动增长模式已遭遇瓶颈，一方面大型项目的投资空间日益减少；另一方面随着产业结构转型升级和大众创业、万众创新局面的逐步形成，越来越多的中小微企业兴起，中小微企业在传统体制框架下难以获得金融支持。为此，国务院出台《规划》，力图通过金融体制改革，推动普惠金融发展，让小微企业、三农等弱势群体、弱势产业、弱势地区获得金融扶持，进一步促进大众创业、万众创新，增进社会公平和社会和谐。

（二）主要内容

《规划》的主要内容可概括为“三大目标”和“四大任务”。三大目标：一是提高金融服务覆盖率；二是提高金融服务可得性；三是提高金融服务满意度。四大任务：一是健全多元化广覆盖的机构体系，体现在发挥各类银行机构的作用，规范发展各类新型机构，积极发挥保险公司保障优势；二是创新金融产品和服务体系，体现在鼓励金融机构创新产品和服务方式，提升金融机构科技运用水平，发挥互联网促进普惠金融发展的有益作用；三是加快推进金融基础设施建设，体现在推进农村支付环境建设，建立健全普惠金融信用信息体系，建立普惠金融统计体系；四是完善普惠金融法律法规体系，体现在加快建立发展普惠金融基本制度，确立各类普惠金融服务主体法律规范，健全普惠金融消费者权益保护法律体系。同时，《规划》从政策支持、加强金融知识普及教育等方面提出13条政策和保障措施。

二、合肥市普惠金融发展的现状及存在问题

近年来，合肥市不断加强金融供给侧改革，在推动普惠金融发展、加强金融服务小微、服务三农等方面不断取得新突破，有力提升了金融对经济社会发展的支撑作用，主要表现为：一是普惠金融服务体系不断完善。全市已初步形成银行、保险、证券等各业并举、功能完备、运行稳健的多元化金融体系和全方位的金融发展格局。随着农商行、村镇银行等机构实现县域全覆盖，金融体系不断加快网点下沉，积极向县域、乡镇等金融服务薄弱区域延伸，“十二五”末，全市基础金融服务行政村覆盖率达85.5%，乡镇金融基本实现全覆盖。林权抵押贷款、土地承包经营权抵押贷款等农村各项权属抵押贷款试点已在全市试行。在小微金融服务方面，市级中小企业服务大厅等公共服务平台已于2012年5月启动运营，为中小企业提供融资、财税、法律等30多项服务项目。全市已累计设立科技支行、社区支行、小微支行等特色机构114个，有82家小贷公司，85家典当行，23家融资性担保机构（含分支机构）。成功入选国家小微企业双创基地城市示范，为小微企业创业创新发展赢得了重大机遇。二是资本市场助农助小表现突出。对拟上市、拟在新三板、区域性场外市场挂牌的企业在其股改完成到上市（挂牌）前可享受50～300万不等的预借资金支持，有力提升了中小企业投入资本市场的信心，自2014年以来已兑现企业上市（挂牌）奖励共计5000余万元，惠及企业99家，目前全市新三板挂牌企业已达74家。三是地方财政金融创新不断发力。推出大湖名城系列财政金融产品、构建完善政策性融资担保体系、打造政府投资引导基金等着力服务中小企业、涉农企业等薄弱市场主体转型升级发展，服务大众创业、万众创新。

总体来看，合肥市普惠金融发展成效显著，涉农贷款、小微企业贷款增

速及占比持续上升，金融服务的便利性和可获得性进一步提高，面向弱势群体和薄弱环节的金融产品和服务创新加快普及，农村金融支付、征信等基础设施建设加快推进，金融服务覆盖面和渗透率不断扩大。但同时也存在一些较为突出的问题：

一是农村网点少，融资服务单一。除农村商业银行在乡镇一级设有分支机构外，农行和邮政储蓄银行仅在部分乡镇设有分支机构，农村新型金融组织如村镇银行等大部分设在县城。保险、证券等其他金融机构服务基本上空白，农村金融服务仍然比较单一，贷款条件仍然比较苛刻，服务成本仍然很高。各大银行为了缩减运营成本依然不断减少实体网点，通过行政手段要求金融机构增加营业网点困难重重。

二是金融产品创新不够，服务有待规范。为种养业和农副产品收购加工提供的信贷服务多，针对新型经济组织、自建房、子女教育、旅游度假等方面的信贷产品少。且贷款多是抵押担保贷款、短期贷款，缺少抵御农业自然风险和农产品市场风险的农业保险品种。另外融资中介服务不够完善，贷款抵押评估、登记等环节较多，收费较高，甚至有重复评估登记和乱收费等现象。为弥补管理成本支出，外加很多外包服务等，普惠金融在基层执行会遭遇重重乱象，导致小微企业、农民等贷款经常出现层层克扣、弄虚作假等。

三是小额信贷经营成本高、风险大，金融机构信贷动力不足。由于普惠金融贷款具有单位数量大、单项金额少的特点，且缺乏必要的担保物，多以联保、保证等作为担保方式，分布区域又较广，特别是在征信、执行方面，工作烦琐复杂，由此导致银行业务运行成本和风险成本都较高。农业经营主体资金链、担保链断裂风险增大，“欠贷拖债”时有发生，少数企业和农户恶意拖欠银行贷款，银行回款难。四是各类以民营资本为主的金融机构发展举步维艰。由于民营金融机构不属于银行金融机构，无法享受银行金融机构的税费优惠政策以及同业拆借利率优惠。另外国家和我省相继出台有关加强民营金融机构发展的政策措施无法落地，严重影响了民营金融机构的发展。同时，大量以民营资本为主发起设立作为一种信息中介机构的 P2P 公司，特别是中小型 P2P 公司由于无法掌握有效的征信信息，短期内暴露出来的问题触目惊心。如何把针对弱势金融群体的第三方征信数据纳入共享征信平台，应是各级政府需要鼓励和推进的当务之急。

三、贯彻落实《规划》的对策建议

（一）改善农村金融服务环境

充分发挥国有商业银行和股份制银行在科技、专业、资金和产业链金融方面的优势，加快创新农村金融产品和服务方式，支持科技农业、都市农业、园艺农业和休闲农业发展；农村信用社充分发挥机制灵活和贴近本土的地缘优势，重点支持农民进城、就业创业、家庭农场、种养大户及农民专业合作组织，并不断为农户提供更多快捷便利的金融服务；村镇银行、小贷公司等机构充分发挥贴近基层、链条短、信息对称的优势，主动重心下沉和向下延伸，形成机构差异、产品差异、市场差异、竞争合作的农村金融服务体系。不断完善农业保险、信用保险和贷款担保制度，在银行信贷和客户授信中引入保险机制，有效为支农普惠提供保障。在鼓励各级金融机构积极部署基层网点的同时，对各种第三方金融服务代理、代办、外包机构和人员进行梳理，规范各项操作细则和服务标准，同时大力促进利用手机、互联网进行在线金融服务，对于文化水平较低的区域和人员，可以通过各种途径的“送培训”“帮扶带”来协助其接受、使用网络化的金融服务，以提高服务水平和效率，避免人民群众“磨破嘴、跑断腿、操碎心”。

（二）创新金融产品和服务方式

依托农业产业化龙头企业，推广产业链信贷创新产品。推动金融机构根据新型农业经营主体、小微企业的融资需求，有针对性地设计金融产品。大力推进“4321”新型政银担合作机制，构建政银担三方共同参与、可持续的新型合作关系。对于目前层出不穷的各类金融创新，不能因其民营资本的身份而戴有色眼镜看待，要从风险可控、秩序可控、平稳发展的角度出发，以法律法规的建设完善和监管政策切实有效为目标，既不能拔苗助长，又不能因噎废食，让创新金融产品和服务春风化雨般为老百姓接受，避免出现“严打”“背书”两个极端。

（三）营造良好的金融政策环境

一是加强社会信用体系建设。建立并完善涵盖私营企业、个体工商户、农民专业合作社、家庭农场及农户等普惠金融涉及主体的全面征信体系，积极开展信用评级和公开，加大对失信行为惩罚力度和执法力度，严厉打击逃避银行债务行为，促进信用机制不断健全，对于一些民营企业已经在做的第三方征信，要积极鼓励其纳入社会整体征信数据平台，特别是诸如个人消费习惯、小微企业日常业务流水等极具参考价值的征信数据，银行无法做到详细掌握，而各类提供平台服务的第三方机构却可以详细分析，此类征信数据对小额贷款信用额度评定有很大的参考价值。二是健全完善普惠金融风险分担体系。通过政策性担保公司、风险补偿基金等方式，充分发挥财政资金的杠杆作用和放大效应。同时通过建立农业保险基金、巨灾保险基金、再保险制度，为农业信贷提供进一步的风险分散和损失补充机制，解除各金融机构的后顾之忧。

（四）促进民营金融机构健康发展

鼓励有资格的民营企业发起或参与设立民营银行、消费金融公司、金融租赁公司等新兴金融机构。对服务“三农”和中小微企业的类金融民营金融机构给予税前抵扣和税收优惠政策。拓宽此类机构的融资渠道，鼓励、帮助民营金融机构进入境内外资本市场，增强民营金融机构的资本实力。积极争取和支持民间资本发起或参与设立产业基金、股权投资基金、创业投资基金和并购基金。

（合肥市政府政策研究室　黄传霞
安徽大学经济学院　孙和风）

关于《中共中央国务院关于深化投融资体制改革的意见》的解读报告

2016年7月，中共中央、国务院出台《关于深化投融资体制改革的意见》（中发〔2016〕18号，以下称《意见》），这是我国改革开放30多年来第一次以党中央、国务院名义发布的专门针对投融资体制改革的文件，将成为当前和今后一个时期深化投融资体制改革的综合性、指导性、纲领性文件。现就《意见》出台背景、主要内容作简要解读，并结合合肥市实际，就贯彻落实《意见》精神，提出相关建议。

一、《意见》出台背景和主要内容

（一）出台背景

投资是经济增长的关键，融资是投资的保障。长期以来，投资对我国经济增长起着十分重要的作用，据统计，从1995年到2014年20年间投资对经济增长的贡献率年均达到45.45%。投资对经济增长影响重大，尤其在经济下行时，投资更是政府对冲经济下行的重要手段。然而，近年来随着经济下行，我国投资增速也在快速下滑，固定资产投资增速从高峰的33.3%跌至2016年上半年的9%，下跌了近三分之二，其中民间投资形势更是严峻，增速甚至出现了“断崖式”下滑。2016上半年民间投资增速仅为2.8%，远低于9%的固定资产投资增速，导致民间投资占全部投资之比从前两年的65%左右下降到61.5%。激活投资，关系到当前稳增长、保就业的大局。党中央、国务院回应社会重大关切，针对经济发展中的重大问题以及投融资体制存在的突出问题，发布了《意见》，部署投融资体制改革工作。

（二）主要内容

《意见》分为6个部分，共19条。概括起来，主要内容包括“一个总体要求”和“四项改革措施”。一个总体要求：进一步转变政府职能，深入推进简政放权、放管结合、优化服务改革，建立完善企业自主决策、融资渠道畅通，职能转变到位、政府行为规范，宏观调控有效、法治保障健全的新型投融资体制。四项措施：一是改善企业投资管理，充分激发社会投资动力和活力；二是完善政府投资体制，发挥好政府投资的引导和带动作用；三是创新融资机制，畅通投资项目融资渠道；四是切实转变政府职能，提升综合服务管理水平。《意见》亮点纷呈，体现在三大方面：一是发挥市场在资源配置中的决定性作用。探索“不再审批”的管理模式，除极少数关系国家安全和生态安全、涉及全国重大生产力布局、战略性资源开发和重大公共利益等的企业投资项目外，一律由企业依法依规自主决策，政府不再审批。政府在企业投资项目上将由审批、核准转向试点企业投资项目承诺制。二是更好发挥政府作用。明确政府投资资金以非经营性项目为主，对于民间资本不愿意投或者不能有效投资的，政府要进行补位。原则上不支持经营性项目。有序建立政府投资项目储备库，编制三年滚动政府投资计划，使项目投资管理更加规范有序；提出建立并逐步推行投资项目审批首问负责制、建立多评合一、统一评审的新模式等措施，提高服务效率，提升投资便利化；健全投资监管约束机制，建设投资项目在线审批监管平台，规范企业投资行为等。三是创新融资机制。开展金融机构以适当方式依法持有企业股权的试点，逐步放宽保险资金投资范围，稳步放宽境内企业和金融机构赴境外融资等，保障企业投资顺利获得金融资源。

二、合肥市投融资体制改革现状及存在问题

近年来，我市不断创新投融资管理模式，实施相关配套改革，已基本构建起科学、合理的投融资管理体制。投资方面，2015 年全社会固定资产投资 6153.35 亿元，同比增长 15.4%，投资总量已跻身省会“五强”。其中，工业投资 2049.66 亿元，增长 9.9%。融资方面，截至 2015 年年末，金融机构本外币各项贷款余额 10171.1 亿元，增长 17.3%，全市境内外上市公司达 36 家（其中境外上市 2 家）。2015 年新增上市公司 2 家，股权融资（首发、增发及场外市场融资）合计 113.43 亿元，债券融资 1619.22 亿元。

我市在国内经济下行压力加大的不利形势下，虽然仍保持了较为旺盛的投资需求和稳定增长的融资规模，但同时也存在一些突出问题：

一是民间投资增幅回落。2015 年，我市民间投资 4318.2 亿元，同比增长 30.5%，民间投资占全市投资的比重由同期的 62.1%提高到 70.2%，但受产

能过剩、市场有效需求不足等影响，市场主体投资意愿和能力不足，2016上半年较2015年回落18.4个百分点，总占比回落2.6个百分点。

二是金融供给不平衡。以银行信贷为主的间接融资规模仍占主导地位，对资本市场利用还不够充分，直接融资规模相对偏小，如2016年1—6月我市新增信贷资金占全社会融资规模的74%；县域人民币贷款余额仅为全市的17.62%左右，金融业对县域经济社会发展的带动力相对不足。同时，互联网金融等新型业态的发展，给现行金融监管机制和方式带来挑战。

三是服务水平有待提高。虽然我市为推进投融资体制改革推出了一系列创新措施，但由于部门信息化水平较低，联动性较差，企业对投融资过程中的复杂审核手续、多部门多环节、“玻璃门”等问题反映强烈。另外，投资项目在线审批监管平台仅在发改系统上线使用，相关横向审批部门尚未全部上线，监管工作尚不能统筹。

四是部分区域投融资机制有待规范。一方面，县区仍通过出具回购承诺或保底安排，以组建基金、明股实债等方式筹集城镇化建设资金；另一方面，一些地方在选择PPP、政府购买服务等方式进行项目融资的过程中，选择项目承接主体的操作程序有待规范。这些违规举债、变相融资和违规操作的行为存在一定的政策风险。

三、贯彻落实《意见》的对策建议

在经济发展新常态下，加快和深化投融资体制改革，是中央的一项重大决策部署，对推进供给侧结构性改革，落实“三去一降一补”任务意义重大。能否抓住新一轮投融资改革的政策性机遇，充分发挥投资在短期稳增长、长期促供给的拉动作用，不仅事关合肥长远发展，也是破解当前经济下行、企业融资难的有力抓手。必须进一步解放思想，坚持问题导向，深入研究国家投资趋势和投资重点领域，不断完善投融资体制改革的理念、思路和方法，加强投融资工作，健全投融资体系，提升投融资能力，加快推进各项改革措施，为全市发展提供强力支撑。

（一）拓宽渠道提升民间投资水平

鼓励政府和民间资本合作，明确特许经营和PPP的适用范围，扩大公共产品和服务供给。一是探索民间投资负面清单制度，鼓励和引导民间投资进入清单之外的领域，打消民间投资冲击公有制主体地位的顾虑。二是通过专项集资和定向募集吸收民间资本，对一些民用基础设施和重大项目建设，有选择性地发行地方性重大项目建设债券，实现对民间投资的吸纳。

三是探索建立民间实业投资项目政策性中止的经济补偿制度，对在产业转型升级和节能减排过程中，因政策改变而中止的民间投资项目，给予经济补偿。

（二）加快推动投融资平台市场化转型

一是整合分散资源，发挥整体优势。要按照“实体化、市场化、公司化、可持续”的定位，将分散在不同平台公司的优质资源加以整合，依照资产资本化、财政杠杆化的基本路径，有效整合运作国有资产，提高资源配置效率，发挥资源的协同效应。同时，合理调整资源结构，优化各类资源组合，发展多元化的业务板块，增强抗风险能力。二是支持平台公司转型，政企分开。要按照现代企业制度的要求，完善法人治理结构，规范公司治理，形成科学、民主决策机制。要树立金融财政的思维模式，使财政投资方式转变为市场化、杠杆化，走政府主导、金融先导、产融结合、引导产业发展的路子，搭建投融资平台，衔接国家政策，发挥国有资本的引导作用和放大效应，撬动更多社会资本。按照融投用管还一体化经营，建立全新的经营模式和管控模式，完善业务体系，提升赢利水平，实现平台的可持续融资。

（三）切实提升金融服务水平

一是加大信贷支持力度。充分利用税融通业务、大湖名城系列财政金融产品、两权抵押贷款试点、中小微企业续贷过桥资金等方式引导金融机构积极推进差异化信贷政策。二是强化融资扶持引导。制定推动民间资金有效转化为民间资本的政策措施，支持民间资本管理公司、民间融资登记服务公司和小额贷款公司等地方金融组织规范发展。建立银企对接信息共享平台，为民间资本提供一站式融资撮合服务。三是加大激励考核机制运用。鼓励金融机构创新金融支持方式，突出重点领域、重点项目的信贷支持力度，健全支持企业债券融资财政奖补政策，支持民营企业利用短期融资券、中期票据、中小企业集合票据等非金融企业债务融资工具融资。完善奖励激励和风险包容机制，鼓励政府股权投资引导基金及其子基金加快投资进度。加大财政支持中小企业专项资金的比例。积极引导和支持保险资金投资于民营企业项目。

（四）健全多方投融资机制

一是进一步拓宽投资项目融资渠道。大力发展直接融资，支持有真实经济活动支撑的资产证券化，优化金融资源配置；丰富债券品种，鼓励企业通过债券市场筹措资金。二是构建以地方政府债券为主体的政府举债机制。充分发挥政府债券对稳增长、防风险的促进作用，利用我市政府债务的限额空间和财力优势，积极争取新增债券发行规模，用好用足新增债券资金。优化政府债务期限结构，降低政府融资成本。三是积极推进以项目为核心的市场化投融资模式。支持运用PPP、政府购买服务等方式推动公共基础设施建设，激发社会资本活力，减缓政府投资压力和债务压力，有效提高公共服务的质量和效率。

（合肥市政府政策研究室　黄传霞
合肥工业大学经济学院　何　芸
合肥市政府政策研究室　羊　帆）

关于《国务院关于在市场体系建设中建立公平竞争审查制度的意见》的解读报告

2016年6月，《国务院关于在市场体系建设中建立公平竞争审查制度的意见》（国发〔2016〕34号，以下简称《意见》）发布，针对各地仍然普遍存在的地方保护、区域封锁、行业壁垒、企业垄断、违法给予优惠政策或减损市场主体利益等损害统一市场建设和公平竞争的问题，要求政策制定机关在政策制定过程中，进行公平竞争审查。现就《意见》出台背景、主要内容作简要解读，并结合合肥市实际，就贯彻落实《意见》精神，提出相关建议。

一、《意见》出台背景和主要内容

（一）出台背景

我国《反垄断法》实施近8年时间，执法机构着力查处了一批具有广泛社会影响的案件，但从宏观的视角观察，我国目前阶段，创新动力不足、竞争不够充分的问题依然存在，其中一个重要原因就是政府行为对市场公平竞争的不当影响。从我国经济社会发展过程来看，改革开放之初，由于市场发育程度较低和大量社会基础设施需由国家投资建设，政府主导的产业政策在推动经济发展中举足轻重，竞争政策往往只起着次要的作用。但随着我国经济进入新的发展阶段，尤其是在经济市场化、竞争国际化和政府干预法治化的新常态下，过度的行政干预和“倾斜政策”只会对经济发展和效率提高产生负面影响。在这种情况下，转向以竞争政策为主、产业政策服从竞争政策就成为经济社会发展的必然。建立和实施公平竞争审查制度、防止和纠正妨碍竞争的体制和政策设定，成为一项十分重要和紧迫的任务。《意见》的出台，正是我国国家竞争政策体系基本确立的重要标志。对于全面深化改革，进一步厘清政府与市场边界，促进经济持续健康发展具有重大而深远的意义，对推进供给侧结构性改革和“放管服”改革也具有十分重要的现实意义。

（二）主要内容

《意见》首次对建立公平竞争审查制度做出了顶层设计，明确了审查对象、审查方式、审查标准、实施步骤、保障措施等内容，可以概括为“三个结合、四类标准、五项措施”。三个结合：自我审查和外部监督相结合、原则禁止与例外规定相结合、规范增量和清理存量相结合。四类标准：包括四个方面 18 条，为行政权力划定了 18 个“不得”，分别为市场准入和退出标准 5 项、商品和要素自由流动标准 5 项、影响经营生产成本标准 4 项、影响生产行为标准 4 项，同时，还提出了两条兜底性条款。上述标准全面系统地为公平审查提供了遵循，实际上也是为政府行为列出了负面清单。五项措施：一是分步实施，自 2016 年 7 月 1 日起，国务院各部门省级政府及所属部门先行实施，2017 年起县市政府及各部门全面推开；二是健全机制，加强对制度实施的协调和指导；三是定期评估，条件成熟时要组织开展第三方评估；四是制定细则，进一步明确审查程序和机制；五是强化执法，严厉查处滥用行政权力，排除限制竞争行为。这些措施使得公平竞争审查制度的实施更具有指导性、操作性和可行性。

二、合肥市市场公平竞争环境建设的现状和挑战

改革开放以来，我市各市场主体通过竞争，增强了创新能力，发展了科技水平，解放了生产力，促进了经济快速发展。一是产业政策覆盖全面。国有企业和民营企业拥有平等的市场主体地位，如我市的家用电器、平板显示及电子信息等制造行业就是一个有着充分竞争的市场，通过竞争我市在制造业领域（特别是家电等产品）处在领先的位置。二是市场主体建设规范周全。全面实施“三证合一、一照一码”登记，尤其对后置审批项目实行“双告知、一承诺”制度，实现工商登记和审批监管有效衔接，进一步激发了市场活力。截至 2016 年 8 月底，全市市场主体突破 50 万户大关，实有各类市场主体 512949 户，同比增长 23.3%，其中：内资企业 223711 户（含私营企业 209019 户），外资企业 1796 户，个体工商户 283487 户，农民专业合作社 3955 户。三是价格政策坚持监督指导公示相结合。针对省级以上物价部门放开政府定价的收费项目，市政府坚持“更新一批，规范一批”，防止因价格联盟而造成的恶性竞争。同时对涉及范围广、涉及人数多的行业活动，实行价格公示制度，规范各行业商业行为，营造公平竞争的市场环境。如市物价局网站、电视媒体坚持公布当日各类蔬菜、肉类等指导价格。再如对全社会关注的驾驶员培训费用问题，合肥市在全省定价

目录将由原来的政府定价改为市场调节价后，第一时间制定“管理办法”，公示收费明细，及时做到价格监管有抓手，驾培机构可操作，维护了驾驶员培训市场的正常秩序。四是对企业的垄断或不公平竞争行为不定期进行系统调查。市工商部门牵头，开展公有企业限制竞争和垄断行为突出问题专项执法行动，专门针对全市供水、供电、供气、公共交通、殡葬等五个公共行业进行调查，发现其中限制交易、滥收费用、搭售、附加不合理交易条件等违反公共竞争的违规行为较为突出，目前已经对多项行为进行立案，并正在进一步调查中。

尽管合肥市一直坚持“把传统的行业做灵活，把自由的市场做规范”，但目前在一些行业特别是服务业领域竞争不充分、不平衡的问题仍然存在，政府在市场领域的痕迹明显，部分官员认识还有不到位的情况。这些都有可能扭曲市场机制，降低市场运行效率，导致严重的寻租和不公正，甚至偏离市场化改革方向。

三、贯彻落实《意见》的对策建议

（一）健全工作机制

建立公平竞争审查制度，是一项全新的制度，涉及面广，政策性强，也是一项长期性、系统性的任务。一是成立“公平竞争审查工作委员会”，市发改、财政等政府综合部门以及物价、法制、商务、工商等相关部门建立健全部门间工作机制，及时衔接国家和省有关部门出台的公平竞争审查实施细则。二是健全“出入”制度，结合我市实际，抓紧制定我市落实公平竞争审查制度的具体办法和清理政策措施的工作方案，确保我市公平竞争审查工作和相关政策清理废除工作稳妥推进。三是建立评估机制。对建立公平竞争审查制度后出台的政策措施，定期对其影响进行评估，在条件成熟时组织开展第三方评估。

（二）率先分步实施

建议在“公平竞争审查工作委员会”指导和督促下，分步实施，有序清理。一是在2016年底之前启动清理工作。按照“谁制定、谁清理”的原则，对涉及公平竞争的相关规定和做法进行分类，有序清理存量。各部门要对照公平竞争审查的具体要求，对现行政策措施认真开展自查梳理，有序清理和废除妨碍统一市场和公平竞争的各种规定做法；在起草制定相关规章、规范性文件和政策措施过程中，要严格按照审查标准进行自我审查，防止出台限制、排除竞争的相关政策措施。二是从2017年1月起，在市级人民政府及所属部门逐步开展公平竞争审查。三是从 2017 年 7 月起，在辖区内市（县、区）逐步开展公平竞争审查。

（三）健全审查保障机制

一是健全市场机制。充分发挥市场的决定性作用，防止政府不当干预市场，逐步确立竞争政策的基础性地位，使资源配置依据市场规则、市场价格、市场竞争实现效率最优化。进一步完善价格形成机制，深入推进价格改革。加快建立竞争政策与产业、投资政策的协调机制，维护公平竞争的市场秩序，促进形成统一开放、竞争有序的现代市场体系。二是完善守信机制。进一步加强政府信用体系建设，把政务履约和守诺服务纳入各级政府的绩效评价体系，建立健全政务和行政承诺考核制度。市人民政府对依法做出的政策承诺和签订的各类合同要认真履约和兑现，不断健全政务诚信约束和问责机制。进一步推广重大决策事项公示和听证制度。三是强化监督和问责机制。建立公平竞争审查工作考评、督查和责任追究制度，按照“分级管理、按职能划分，谁管理、谁负责”的原则，明确责任划分，不同行业由不同分管部门进行全程追责。对未进行公平竞争审查或者违反公平竞争审查标准出台政策措施，以及不及时纠正相关政策措施的政策制定机关，依法查实后要及时通报、处理。

（四）强化宣传引导

《意见》的出台是进一步加强竞争倡导和宣传的良好契机，要通过宣传使全社会特别是行政机关深刻认识到维护市场公平竞争的必要性和重要性，切实转变观念。一是深刻学习领会《意见》精神，加强组织领导，加快建立公平竞争审查制度。二是认真组织开展公平竞争审查制度业务培训，分期分部门进行，主动提高审查业务水平。三是加强政策解读和舆论引导，推进公平竞争倡导，增进全社会对公平竞争审查制度的认识和理解，培育公平竞争文化。

（合肥市政府政策研究室　　黄传霞
合肥区域经济与城市发展研究院　杨仁发
合肥市政府政策研究室　　羊　帆）

关于《国务院办公厅关于发挥品牌引领作用推动供需结构升级的意见》的解读报告

2016 年 6 月，国务院办公厅印发《关于发挥品牌引领作用推动供需结构升级的意见》（国办发〔2016〕44 号，以下简称《意见》），作为我国首份国家级关于品牌建设的文件，《意见》针对我国品牌发展严重滞后于经济发展，产品质量不高、创新能力不强、企业诚信意识淡薄等突出问题，对发挥品牌引领作用、推动供给结构和需求结构升级做出了部署。现就《意见》出台背景、主要内容进行简要解读，并结合合肥市实际，提出相关贯彻落实建议。

一、《意见》出台背景和主要内容

（一）出台背景

当前，国内外发展环境错综复杂。从国际上看，全球经济复苏迟缓，市场需求持续低迷，跨境资本重新配置，国际分工格局加快调整。从国内看，我国经济发展进入新常态，经济下行压力加大，面对投资持续下降和过剩产能突出状况，中国经济对消费增长寄予厚望。但在居民收入快速增加，中等收入群体持续扩大，消费结构不断升级的同时，国人海外疯狂抢购日本马桶盖、韩国化妆品、澳洲洋奶粉等消费现象也揭示着中国制造的深层次问题。出现这一状况归根到底是因为中国制造业大而不强、广而不精，长久以来包括企业在内的整个社会忽视品牌建设。为此，《意见》指出品牌是企业乃至国家竞争力的综合体现，代表着供给结构和需求结构的升级方向，必须用品牌的力量加快供需结构升级。

（二）主要内容

《意见》分为 5 个部分，在阐述以品牌促进供需结构升级重要意义的基础上，提出了三大任务、三大工程、四项保障措施。三大任务：一是进一步优化政策法规环境。加快政府职能转变，创新管理和服务方式。二是切实提高企业综合竞争力。发挥企业主体作用，做大做强品牌。三是大力营造良好社会氛围。积极支持自主品牌发展，扩大自主品牌消费，为品牌建设和产业升级提供专业有效的服务。三大工程：一是品牌基础建设工程，围绕品牌影响因素，打牢品牌发展基础，为发挥品牌引领作用创造条件。二是供给结构升级工程，以增品种、提品质、创品牌为主要内容，从一、二、三产业着手，采取有效举措，推动供给结构升级。三是需求结构升级工程，发挥品牌影响力，切实采取可行措施，扩大自主品牌产品消费，适应引领消费结构升级。四项保障措施分别为净化市场环境、清除制约因素、制定激励政策和抓好组织实施等。

二、合肥品牌建设推动供需升级的现状及存在问题

近年来，合肥市积极贯彻落实国家政策方针，以培育创新型企业和战略性新兴产业为重点，引导企业实施品牌战略，一、二、三产业品牌齐头并进，推进品牌建设成效显著。截至 2015 年，合肥驰（著）名商标及名牌拥有量位居全省第一：拥有驰名商标 71 件，省著名商标 475 件，市知名商标 261 件；省名牌 215 个，市名牌 147 个。一是确立了“大湖名城、创新高地”的城市品牌发展目标，形成城市品牌与产业品牌相互支撑、融合发展的品牌建设新格局。二是搭建“品牌＋互联网”服务平台体系。促进信息化与工业化深度融合，强化品牌孵化意识，夯实创建自主品牌的核心技术基础。三是初步形成推进品牌建设制度保障。对获得国家级、省级和市级品牌荣誉的企业，实施系列奖励优惠政策。四是推进先进制造业品牌和战略性新兴产业集群品牌发展。先后被确定为家用电器制造基地、汽车及零部件出口基地、动漫产业发展基地等国家级品牌基地。五是服务业品牌发展水平快速提升。服务业功能区建设加速推进，品牌集聚效应不断显现，正在成为投入产出比最高的产业领域。六是企业品牌培育体系建设得到加强。培育一批如合力叉车、安利股份、美亚光电、科大讯飞、阳光电源、合肥锻压等具有国内外品牌影响力的优秀企业。

合肥市品牌建设基础虽然日益雄厚，但是与长三角先发城市相比仍有很大差距，与合肥市长三角城市群副中心的地位仍不相匹配，“合肥品牌”体系建设发展还相对滞后，主要存在以下问题：

一是知名品牌数量少。合肥市拥有全国驰名商标数比长三角上海、南京、杭州等城市少。二是本土明星品牌不足。目前合肥市知名品牌主要集中在电子信息、智能制造、生物医药、新能源及新能源汽车等新兴产业，但很多知

名品牌都是“外来户”，在研发、服务等环节并不十分依赖合肥本土资源。在可以依靠品牌效应大大提升需求结构的农业和消费品等行业产业，知名品牌更是寥寥，行业品牌缺失严重影响着供需结构升级。三是企业品牌意识和管理水平相对薄弱。目前本市仍有很多中小企业对品牌的价值与市场作用缺乏深刻的认识，品牌建设空壳化现象十分严重，忽视企业品牌的长期建设，导致了经营的短期行为。在品牌传播中，也只注重品牌名称的传播，忽略品牌忠诚度的建设。四是品牌建设环境亟待优化。品牌的形成，需要企业创建、政府培育、市场检验多重机制有机构成，但目前看来，这些方面都需要“补短板”。

三、贯彻落实《意见》的对策建议

（一）突出重点行业龙头，分类实施培育工程

针对品牌培育建设，要分行业培育实施，促进生产要素向优势产业、实力龙头聚集，推动上述产业和品牌在产业结构优化和规模扩张中发挥更大作用。一是制造业领域要在新兴产业下功夫，对家用电器、新型显示、智能语音等上规模的行业，要扶持龙头企业成长为国内顶尖、世界一流的企业；对集成电路、智能制造、生物医药、新材料等要从有发展前景的产业遴选出一批“潜力股”，帮助其成长为国际知名、国内领先的品牌企业，建设起自主品牌梯队。二是在农业领域，要以农业产业化龙头企业、高标准农业板块基地和现代农业示范区为重点，培育和发展若干在全国有较高知名度的农产品加工产业品牌；鼓励具有地方特色的农产品，申请注册地理标志证明商标或集体商标、申报农业“三品”认证。三是在服务业领域，以金融、物流、信息、旅游、文化、商务等现代服务业为重点，培育一批有较高知名度的服务业品牌。

（二）提高品牌服务能力，促进企业自身建设

一是开展企业品牌培训活动，由工商、质检等部门和相关品牌建设促进会等机构负责组织，提高企业品牌培育意识和商标注册、运用、管理和保护能力，推广先进营销理论、品牌管理模式和方法，重点增强企业在市场调研、产品定位、营销策划、传播宣传、公关服务等方面的能力和水平。二是指导企业重视知识产权法律尤其是商标法律制度运用，从战略、管理、传播和资产管理各个层面推进品牌建设。

（三）发挥科教资源优势，加强本土创新能力

品牌的竞争力归根到底是要以技术作为支撑。一是注重当地科研品牌

建设。发挥合肥科研优势，加大以中科大先研院、合工大智能制造研究院、中科院合肥物质研究院为代表的国内外知名科研单位“品牌”建设，在智能制造、生物医药、集成电路、机器人等领域形成科研品牌效应，从而以科研优势吸引更多的企业集聚。二是支持实力企业将更多的研发中心落户合肥，同时按照高标准建设和提升企业技术中心、设计中心、研究院等企业科技研发机构。三是积极鼓励企业不断加大科技研发投入，保障科技研发投入随营业收入增长而同比增长。四是支持获得市级以上认定的品牌企业对先进工艺设备和关键性技术引进消化和研发创新，形成自主知识产权和核心技术，有关项目优先列入市级相关财政专项资金支持范围，给予技术创新资金补助。

（四）鼓励企业抱团发展，推进品牌集群建设

一是依托现有产业基础、技术优势和创新资源，鼓励同行业企业间建立各类产业联盟，在特定产业率先实现突破和集聚，打造一批具有产业特色鲜明的专业化、规模化产业品牌集群，以品牌集群的路径实现整体“走出去”。二是优先发展新一代信息技术世界级产业集群，着力将生物医药、新能源和节能环保、智能制造、文化旅游培育形成若干个行业性品牌集群。三是鼓励品牌抱团发展，板块式发展，培育形成高新集成电路、讯飞中国声谷、新站平板显示、江淮汽车品牌走廊、经开高端装备、庐江新材料品牌群等若干个区域性品牌集群。

（五）开展品牌评估推广，营造品牌建设氛围

一是开展驰名商标和著名商标、地理标志、江淮名牌价值评估，量化品牌价值、提升品牌美誉度。二是建立政府主导、部门负责、企业联动、媒体支持、公众参与的品牌推广工作体系，加强对商标知识普及和品牌建设典型和经验的宣传，营造推进品牌建设的良好社会氛围。三是利用各类交易会、博览会、论坛等载体，加强对驰名商标、著名商标、地理标志和江淮名牌的推介，扩大合肥品牌影响力。

（六）优化品牌建设环境，培植品牌成长土壤

一是要加大政策扶持力度。在资金方面，增加财政资金投入的同时，要引导金融机构开展品牌资产依法依规抵押融资，品牌信用担保制度等进入服务。在公共服务方面，加强检验检测公共服务平台建设，加速建设重点产业质检技术机构和计量检测机构，提升检验检测能力。大力发展面向中小企业的品牌服务平台，为企业对外交流、信息咨询、技术咨询提供服务，并发挥产品研发设计和品牌推广平台的作用。二是要加强企业品牌保

护工作力度。加强对企业商标注册、使用和保护情况的跟踪研究，加大对企业行业商标专用权行政保护力度，保护商标持有企业合法权益。增加质量监督、市场监管组织开展专项整治活动的次数，打击侵犯注册商标专用权违法行为，加大对我国工业企业行业商标专用权行政保护力度，保护商标持有企业合法权益。

（合肥市政府政策研究室　黄传霞
合肥区域经济与城市发展研究院　华德亚）

关于《国务院办公厅关于加快培育和发展住房租赁市场的若干意见》的解读报告

2016年5月，国务院办公厅印发《关于加快培育和发展住房租赁市场的若干意见》（国办发〔2016〕39号，以下简称《意见》），强调实行购租并举，发展住房租赁市场，深化住房制度改革，加快改善居民尤其是新市民住房条件，推动新型城镇化进程。现就《意见》出台背景、主要内容进行简要解读，并结合我市实际，就贯彻落实《意见》精神，提出相关建议。

一、《意见》出台背景和主要内容

（一）出台背景

我国住房租赁市场承担了相当一部分低收入居民的住房供给，在目前房价日益攀高的背景下，住房租赁市场对于解决城镇居民住房难的重要性日益突出。但我国租房市场供给远不能满足现实需求，住房租赁市场存在着市场供应主体发育不充分、市场秩序不规范、法规制度不完善等问题，其中专业租赁企业少是一个主要问题。如我国住房租赁市场中，约90%的房源为个人出租，而在一些拥有成熟的房地产市场的国家，专业租赁企业提供房源占比在30%左右。在住房租赁市场中，租赁中介机构在供需之间起到了非常重要的桥梁作用，目前，租赁中介机构尚存在着诸如服务不规范、虚假房源、中介欺诈以及无序竞争等一系列问题，同时租赁市场监管也相对比较薄弱，虽然房屋租赁登记备案管理制度已出台多年，却一直未能得到有效落实，实践中住房租赁登记备案率非常低。根据有关部门对部分城市社会治安状况的调查分析，近年来发生于城市的刑事犯罪案件70%以上与“出租房屋”有关。因此，《意见》的出台不仅有利于解决城镇居民住房问题，而且对于规范房屋租赁市场，维护社会稳定具有非常重要的现实意义。

（二）主要内容

《意见》分为8个部分、18项住房租赁市场扶持政策措施，可以概括为四个方面：

一是发展住房租赁企业。支持利用已建成住房或新建住房开展租赁业务。鼓励个人依法出租自有住房。允许将商业用房等按规定改建为租赁住房，增大机构出租住房在住房租赁市场的比例。

二是推进公租房货币化。政府对保障对象通过市场租房给予补贴。在城镇稳定就业的外来务工人员、新就业大学生和青年医生、教师等专业技术人员，凡符合条件的应纳入公租房保障范围。

三是完善税收优惠政策。鼓励金融机构加大支持，增加租赁住房用地供应。四是强化租赁市场监管。推行统一的租房合同示范文本，规范中介服务，稳定租赁关系，保护承租人合法权益。另外，《意见》还规定将新建租赁住房纳入住房发展规划，要求城市人民政府对本区域内住房租赁市场管理负总责等。

二、合肥市住房租赁市场发展现状及存在问题

近年来，合肥房屋租赁管理工作实行重心下移，将房屋租赁管理职责移交各区住建部门和街道（乡镇、社区）实行属地管理。市房地产行政主管部门负责指导，市公安、人口和计划生育、规划、环保、地税等部门各司其职，住房租赁市场获得了有序发展。2014年各县（市）、区均建立了房屋租赁综合信息平台，各乡（镇）、街道行政服务中心共设立了122个房屋租赁登记备案窗口，每个社区都设有房屋租赁信息员，收集本社区房屋租赁信息并录入综合信息平台。2015年全市完成房屋租赁备案2.98万户，总建筑面积579.6万平方米，备案年租金总额15.23亿元，平均每月备案户数2000户左右。综合现状，合肥市住房租赁市场具有以下特点：

一是创新房屋租赁管理体制机制。2013年《合肥市房屋租赁管理办法》（第166号市政府令）发布，将租赁管理与社区管理相结合，将租赁管理的工作重心下移，将租赁信息平台建设列入各区社会治安综合治理考评内容，推进了租赁行业管理工作规范化、制度化。尤其是房屋租赁管理“重心下移”，方便了群众就近办理房屋租赁合同备案、解决租赁事务纠纷，也方便了街道（社区）将房屋租赁管理与社区网格化管理相结合，做到及时掌握房屋出租信息，提前预防。

二是健全房屋租赁监管工作制度。如联络员制度、月报制度、简报制度、督查制度等，确保工作有效推进。制定印发房屋租赁合同文本、房屋租赁登

记备案工作流程图、合肥市房屋租赁登记备案申请（审批）表等配套文件，印发宣传指导手册等。市级相关主管部门定期对各区贯彻落实《合肥市房屋租赁管理办法》情况进行督查指导，确保各区健全工作机制，明确工作目标、落实人员经费。

三是加强房地产中介租赁机构管理。探索建立信用公示制度。规范房屋租赁业务，加强房地产中介资质备案管理，对已备案房地产经纪机构及其分支机构进行整理，按月将房地产经纪机构及其分支机构在房产局网站上进行公示，接受群众监督。召开具有代表性的房地产中介企业座谈会，听取房屋租赁工作意见和建议，要求房地产中介企业要加强内部管理，明确工作流程，落实经纪从业人员工作责任，进一步规范房屋租赁服务行为。

但合肥市住房租赁市场发展仍旧很不充分，当前房屋租赁管理还存在以下几个方面的问题：一是法律法规不健全。《中华人民共和国房地产管理法》第 53 条要求租赁合同进行备案，但没有纳入行政许可，而且没有相应的处罚条款。二是房屋租赁备案税收门槛高。群众无主动备案的积极性。三是部门联动效果差。现在主要是房产部门在推动，其他部门很少介入。四是基层房地产管理人员业务水平有待提高。

三、贯彻落实《意见》的对策建议

（一）发展住房租赁企业，增加机构租房比例

一是增加租赁市场供给。由于我市房地产开发企业住房去库存压力很小，拿地成本高，资金压力大，加上租赁资金回笼周期长，因此房地产开发企业利用已建或新建住房租赁的意愿非常小。但我市非住宅的库存量较大，为防止资源闲置，应大力引导房地产开发企业将符合条件的商业和办公用房改造成住房对外租赁。二是培育和发展专业化的住房租赁企业。培育、引导社会化公司整合个人出租房资源，开展住房租赁业务。通过社会化住房租赁企业则可以将空置住房整合起来，统一进行装修、经营、管理，大大降低房主的出租成本，提高住房的利用率。三是培育租赁运营机构。研究支持住房租赁机构发展的税收和管理优惠政策，鼓励规模化经营，引导中小租赁机构兼并重组，支持发展一批有实力的大型租赁运营机构。鼓励各县（市）、区（开发区）成立国有控股的房屋租赁运营平台，利用已有的公租房资源开展房屋租赁运营，推进租赁规范化经营，提高服务水平。四是扶持依法登记备案的住房租赁企业、机构。鼓励商业银行开发面向房屋租赁企业的优惠贷款，支持符合条件的住房租赁企业发行债券、不动产证券化产品，稳步推进房地产投

资信托基金试点。

（二）推进公租房货币化，逐步提高保障水平

一是公租房保障以实物保障与租赁补贴并举。支持公租房保障对象通过市场租房，政府对符合条件的家庭给予租赁补贴。二是完善租赁补贴制度。结合市场租金水平和保障对象实际情况，合理确定租赁补贴标准，逐步将公租住房保障方式由实物保障为主转变为分档发放租赁补贴为主。三是进一步扩大公租房保障范围。将城镇较低收入住房困难家庭的货币化保障方式向其他符合条件的住房保障对象延伸，对符合条件的住房困难群体努力做到应补尽补，切实解决城市“夹心层”住房问题。

（三）鼓励住房租赁消费，保障租赁双方合法权益

一是制定支持住房租赁消费的优惠政策，主要包括落实提取住房公积金支付房租政策，简化办理手续，引导城镇居民通过租房解决居住问题。二是非本地户籍承租人可按照《居住证暂行条例》等有关规定申领居住证，享受义务教育、医疗等国家规定的基本公共服务。三是进一步完善我市有关提取住房公积金支付房租和居住证管理的系列政策，适当提高提取住房公积金支付房租的最高提取限额等。

（四）加强租赁市场监管，规范住房租赁中介机构

一是落实住房租赁合同登记备案制度，推行住房租赁合同示范文本和合同网上签约，探索建立责任追究制度与其他相关政策相衔接（如办理居住证、租房提取公积金及办理营业住所登记时提供经过备案登记的租赁合同等），积极完善责任追究机制追究未登记备案者的法律责任，提高租赁双方主动登记备案的积极性。二是充分发挥中介机构作用，规范住房租赁中介机构，不断提升从业人员素质，提供规范的居间服务，促进中介机构依法经营、诚实守信、公平交易。三是多部门联动，加大房屋租赁管理力度。进一步完善房屋租赁管理体制机制，房产、公安、城市管理、工商等部门要按照职责分工，密切协作配合，严格把关，堵塞市场管理漏洞。同时结合居住证管理、计生、流动人口、公积金提取等管理关口，强化综合管理体制。四是加强租赁政策宣传工作。充分利用各种媒体，营造支持房屋租赁管理工作的良好氛围。强化业务培训，提高社区一线工作人员的业务能力和水平，熟悉掌握工作方法和工作流程，为推进房屋租赁管理工作奠定基础。

（合肥市政府政策研究室　　黄传霞
合肥区域经济与城市发展研究院　吴　猛）

合肥市新型智库建设存在的问题及对策建议

2015年，中办、国办《关于加强中国特色新型智库建设的意见》和省委办公厅、省政府办公厅《关于加强安徽新型智库建设的实施意见》相继出台。省委常委、市委书记吴存荣在合肥市社科界第五届（2015）学术年会上提出打造一支“上接天线、下接地气”的地方智库，为改革发展提供有力的思想引领、精神动力和智力支持。合肥市行政学院围绕加强我市新型智库建设开展了调研，针对调研中发现的问题，提出了相关对策建议。

一、合肥新型智库建设中存在的问题

1. 智库建设缺乏顶层设计

这是当前合肥智库建设的首要问题，表现为智库建设缺乏总体规划；决策咨询的领域，咨询对决策影响程度等没有相应法规制度来监督和保障；智库管理体制、运行机制不健全；组织形式、运行模式不成熟。

2. 智库体系结构不尽合理

当前合肥市地方智库体系中，官方智库居多，政府对其过度依赖，形成决策咨询市场的垄断。半官方智库地位尴尬，既缺乏充足的项目资源，又存在研究的公共性异化和民间性缺乏问题。民间智库发育不足，政府重视程度不够，一些组织机构不愿向其进行项目、资金等投入。

3. 地方智库力量薄弱

官方智库，如市委、市政府、市人大、市政协的政策研究室，以及其他党政部门从事决策咨询服务的处室，工作任务繁重、日常文稿较多，无暇开展前瞻性、战略性研究，另外由于和权力直接联姻，难以保证研究的独立性。市委党校、市行政学院有为决策服务的强烈愿望，但由于信息不对称，其研究成果往往与实际需要相脱节，操作性不强。市社科院成立较晚，缺少专业人才，无法开展独立研究。地方高校如合肥学院等智库，以教学和科研为中心，未将服务公共决策作为主要任务。

4. 智库缺乏统筹协调

合肥市地方智库数量不少，但分散于各个“条”“块”，且“条”与“块”封闭运行，“块”与“块”之间的交流较少，各自为战和“小而全”现象较为普遍。在机构设置上不仅封闭分割，而且职能交叉重复，由于缺乏协调机构，也没有联席会议制度或信息公开发布机制，导致重复研究、反复研究的现象时有发生。

5. 智库经费管理机制亟须创新

目前，我市党政智库多数施行政府部门经费管理制度，尚未根据智库研究业务特点在支出结构与预算及决算方式上进行调整创新。

6. 汇集、培养人才并发挥其作用的机制尚未建立

由于缺少完善的人才汇集、培养机制，人才的“请进来”和“走出去”落实得不到位，导致智库人才的整体素质难以满足工作的需要，作用难以发挥。一是没有引入市场机制。造成参与我市决策咨询的专家学者来源较窄、层次不够高，尤其缺乏国内知名乃至国外的高层次专家。二是没有建立人才培养机制。对于现有智库的研究人员，没有系统有效的培养机制，造成研究人员的自身研究能力不强，无论是自主研究还是为咨询研究服务的水平都有待提高。三是没有建立人才汇集机制。决策咨询的人才，除了专家学者和机关研究人员，还应包括企业等社会各界以及机关退休的一大批理论素养好、实践经验丰富的同志，缺乏这方面人才的汇集机制，不利于研究的全面性、系统性，有时会造成研究成果专业性、理论性有余，而实用性、操作性不足。

二、合肥市新型智库建设的对策建议

1. 制定新型智库建设方案

根据中央《关于加强中国特色新型智库建设的意见》和省《关于加强安徽新型智库建设的实施意见》，结合合肥实际并借鉴相关省会城市经验，制定具有地方特色的《合肥市政府新型智库建设方案》，明确智库建设的总体要求、基本原则、建设任务、主要内容、实施步骤和保障措施。

2. 成立政府智库研究中心

可由市政府政策研究室牵头，联合市行政学院，设立市政府智库研究中心，建立合肥市智库数据库。中心既有独立研究功能，也有统筹全市智库资源功能，真正成为政府决策的“总参谋部”。中心成立后，可借助顾问单位、合作单位、研究员、观察员等方式，统筹全市智库建设，聚集社会智库资源，形成一个中心、多个网络的政府智库体系。

3. 推动智库平台建设

一是建设信息共享平台，把各种数据和资料集中于一个平台，实现信息共享。二是建设需求对接平台，在此平台上，汇集上级部门交办课题、市领导圈定课题、部门重点课题、社科规划课题等招标课题，以及各类智库的结项成果。三是建立健全社科专家列席党委政府重要会议制度。社科专家旁听市委中心组学习制度是合肥的首创，要进一步完善此制度，还要探索建立社科专家列席党委政府重要会议制度，便于智库专家及时把握市情，增强与党委政府的互动；推动建立党政部门和智库专家正常联络制度，推动研究需求的无缝对接；建立健全智库专家参与谋划重大发展战略和实施重大政策制度，发挥智库的咨询服务作用。四是建立政府购买咨询服务制度。为提高研究质量，党委政府可推出购买咨询服务制度，允许各类智库平等参与竞争，进一步激发民间智库的活力。

4. 创新党政智库经费管理制度

借鉴广东经验，实行党政智库经费财政三年滚动跨年度平衡预算试点，对市委市政府重大课题专项经费实行“课题实际完成的时间内不回收、年初自行结转”，最长不超过三年。

5. 建立智库人才培养、选拔、交流机制

首先，创新人才选拔机制。可面向海内外公开单独招考，从源头上保证智库选拔到适用的“好苗子”。其次，实施“智库人才专项培养计划”。通过挂职锻炼、定向委培、跨学科培训、国内外进修等形式，提高智库人员综合素质和研究能力，培养具有开阔国际视野、扎实理论研究功底的高层次、高水平智库人才。最后，建立党政机关与智库之间“旋转门”制度。把高端、专业化人才和专家学者引入政府担任实职，把一些热爱智库事业或退休、退居二线的政府官员调入智库担任领导职务或从事具体研究工作。

6. 建立智库参与国际交流、合作机制

首先，实施智库“走出去”战略，加强与国内外高端智库交流合作。其次，实施智库“请进来”战略，定期举办高层次国际智库研讨活动。借鉴上海经验，每年举办一次“合肥—国际智库论坛”，或根据需要举办高层次智库发展研讨会、报告会，邀请国内外高端智库专家学者来合肥，就合肥新型智库建设和经济社会发展中的重大课题开展研讨交流，为合肥破解发展难题建言献策。

（合肥市政府政策研究室　王毓江
合肥市行政学院　江　飞
合肥市行政学院　童正印）

完善市情调研机制
着力为科学决策服务

科学决策的生成，离不开充分的调查研究、准确的情报信息和大胆的科学预测，其中调查研究是科学决策的基础和依据。近年来，合肥的市情调研工作取得巨大成效，为市委、市政府的重大决策提供了强大智力支持，但市情调研机制还不够完善，一定程度上制约了相关工作的开展。

一、市情调研机制不够完善的表现及其原因

当前市情调研工作各环节，均存在一些不够规范的问题：

（一）准备工作不够充分

部分课题的调研，存在前期准备不足的问题：一是相关资料搜集不全，与课题有关的基本情况没有全面了解。结果是该调查的情况和信息没有调查，而不需调查的却浪费了大量时间和精力。二是调研对象的选择不尽合理，所得情况和信息缺乏客观性、真实性。调研时选择的对象多为单位领导和中层干部，他们总结成绩和亮点的多，反映问题或弊端的少，即使讲问题也是不痛不痒，以致调研结论缺乏客观性、真实性。三是调研方法过于单一，难以掌握全面、准确的情况信息。通常采用的方法是座谈会、问卷调查以及被调研单位提供书面材料等，所以往往出现信息不全、深度不够，甚至不够准确的问题。四是与调研对象事前联系对接不够，影响调研效果。有的事前没有充分与对方沟通对接，没有完整交代对方应做哪些准备，甚至没有发送书面的调研提纲，有的即使发送了也过于简单，还有的在正式调研前一两天临时电话通知或发个公函，被调研对象难免存在准备不充分的问题。

（二）调研过程不够严谨

实际调研过程中，存在下列不够严谨的现象：一是走马观花，流于形式。有的调研人员到基层调研，热衷于听听汇报、看看材料；有的实地调研，也

只是看看事先选好的点，听听事先教好的话。二是盖棺定论，极力佐证。有的调研人员不是依据调查结果分析问题根源，寻求解决办法，撰写调查报告和结论，而是先在主观上定“调子”，然后根据“调子”在调研过程中查找与之相符的依据作为佐证。三是就地取材，闭门造车。有的调研人员不是深入基层开展实地调研，而是依据现有的汇报总结材料，或者委托下级机关、基层干部进行调查访问，然后凭借反馈的信息材料坐在办公室加以整理，最终形成调研文章和报告。

（三）成果转化不够到位

从当前情况看，重调研、轻应用，重数量、轻质量问题较为普遍。市情调研成果的成效，没有统一的标准，多以呈送主要领导或分管领导批示或者被市委、市政府在决策中采纳为准。对于已获领导批示但未被决策采纳，或者虽未获批示但具有一定实践指导意义的成果，却往往容易被忽视，有时甚至连被调研单位或者个人也不知其详，更无法指导其他相关单位的工作，其实践价值难以充分体现。

（四）合作攻关不够广泛

合作攻关开展市情调研，不仅能有效整合、利用现有资源，更能极大提高针对性和实效性。但我市目前的市情调研工作大多以单位、个人单打独斗和小团队作战为主，极少出现单位之间的联合、联动等合作攻关情况。

（五）报送渠道不够畅通

党校、行政学院、高等院校以及其他社会团体、企事业单位等的市情调研或咨政报告无通畅的报送渠道，一般是各单位以正式公函形式报送，但市里的收件机关不明确，呈报领导不确定，致使报送的市情报告无领导阅看、批示，甚至可能无人问津。个人的调研报告，更是报送无门。

（六）推广平台不够健全

从近几年我市市情调研情况来看，市情调研人员积极性较高，尤其是党校和行政学院，每年都有若干个市、厅级或省、部级调研课题结项，其成果除少数获得领导批示外，绝大部分一直处于尘封状态，未能得到很好的推广和应用。

出现以上诸多问题的原因主要有以下方面：一是思想重视程度不够。这既包括领导层面，也包括调研人员自身，没有把市情调研当成市委、市政府一项重要工作来认真对待。二是人力资源缺乏整合。没有把现有分散的市情调研资源很好地加以整合、固化，以形成若干支有一定学科类别的专业调研队伍。三是组织协调机构缺失。不仅缺乏组织、协调各种调研力量的牵头单位，也缺乏对调研成果予以收集、整理、报送和推广的固定机构。四是联动机制没有形成。以致出现遇到重大课题时有时一哄而起，各自为战、重复劳动，有时只有少数人单兵作战、势单力孤。

二、进一步完善市情调研机制的对策与建议

（一）制定科学的市情调研规范

为规范、统一市情调研的相关流程，制定发布《合肥市市情调研指导规范》，其规制对象可限定为市县党政机关、党校、行政学院、市属院校、社科联以及其他社会团体、企事业单位等市情调研人员，对市情调研的前期准备、组织实施、后期加工、成果报送、转化应用和奖惩措施等做出明确的规定。

（二）整合现有的市情研究资源

我市市情研究资源非常丰富，党政机关以及部门设有研究机构，市委党校、市行政学院设立了相关的市情研究机构，市属和省属高校均设立了科研机构等。建议有效整合现有的市情研究资源，成立致力于专门领域的研究机构，吸纳社会各界研究人员参与其中。如合肥市行政学院成立的“应急管理研究中心”，拟吸纳党委、政府、有关高校、科研院所等相关研究人员以及实务人员作为特聘研究员。在整合现有资源的基础上，建立“条块结合、横向延伸”的协作攻关机制，围绕市领导关注的重大问题，设立重大调研项目，成立联合攻关小组，使机关、院校以及企事业单位的调研资源优势互补、充分融合，既发挥主管部门的主导作用，实行内部挖潜，又凝聚社会各界智慧，发挥专业人士、专职人员的特长。

（三）建立必要的调研反馈机制

由调研单位或调研人员将调研中发现的问题以及提出的对策和建议，及时反馈给被调研单位，这不仅能体现对被调研单位协助开展工作的感谢与肯定，同时也能帮助被调研单位推动本地区、本部门工作的开展。

（四）成立专门的市情研究机构

借鉴外省、市社会科学院成立院直属省情、市情研究中心的做法，市社科院成立“合肥市市情调查研究中心”，组织、协调全市的市情调研工作，并建立若干个市情调研基地；承担我市市情调研成果的整理、报送和汇编工作，编印《市情研究》或《咨政快报》专刊，定期将调研成果汇编成册报送市领导，寄送给市直有关单位和部门，使我市的调研成果能够及时得到应用和推广。

（五）拓宽当前的成果报送渠道

除采用现有公文形式报送方式外，还应从以下方面拓宽报送渠道：一是“市情调查研究中心”接受成果报送；二是设立市委、市政府研究室公开邮箱；三是设立市委、市政府领导公众邮箱。激发市情调研人员的积极性和主动性。

（六）构筑完善的市情网络平台

一是建立完善的市情网络数据库。收集、处理合肥市经济、政治、社会、文化、历史、地理等各方面的基础资料，以及与我市相关的各种专业研究资料和研究成果，将其打造成为我市以市情信息为主要资源的动态数字网络平台。二是建立及时便捷的电话调查系统。以弥补问卷、会议等调查方法的不足，为开展调研活动提供优质的电话调查服务。三是将市情网络数据库与电话调查系统予以串联、对接。提升咨询服务效率，使之成为市情调研的重要支撑。

（七）优化成果的转化应用机制

一是直接将其转化成改革方案。二是将其作为具体的工作部署和举措。三是将其转化为规范性文件。

（合肥市政府政策研究室　王毓江
合肥市行政学院　黄建国
合肥市行政学院　童正印）

合肥新站高新技术产业开发区施行《合肥市开发区行政执法规定》面临的法律障碍及对策建议

《合肥市开发区行政执法规定》（合肥市人民政府令第182号，以下简称《规定》）于2016年4月1日起施行，《规定》的施行对规范开发区行政执法行为，促进开发区经济社会健康有序发展，将发挥重要的作用。《规定》第二条明确“开发区”是指包括合肥新站综合开发试验区（现合肥新站高新技术产业开发区，以下简称新站高新区）在内的我市四大开发区；第七条明确委托许可的受托主体范畴限于“符合法定条件的开发区管理委员会”。依据我国《行政许可法》的规定，委托行政许可的受托主体须为行政机关，新站高新区管委会作为事业单位，受托主体不符合法定要求。针对新站高新区当前施行《规定》面临的法律障碍，提出相应的对策建议，供决策参考。

一、当务之急是破解新站高新区委托行政许可法律障碍

《行政许可法》第二十四条规定：“行政机关在其法定职权范围内，依照法律、法规、规章的规定，可以委托其他行政机关实施行政许可。”由于新站高新区管委会的机构性质为事业单位，不符合《行政许可法》规定的主体资格条件，委托其实施行政许可权存在较大的法律风险。《合肥市开发区行政执法规定》针对新站高新区管委会机构性质不同于我市其他三大开发区的特殊情况，对于开发区委托行政许可的受托主体做出宽泛规定，并为今后新站高新区管委会符合资质预留空间。然而，针对新站高新区实务工作中业已存在委托行政许可行为的实际情况，目前，解决新站高新区委托许可合法性问题是当务之急。

综合各地经验，建议以下三套方案解决新站高新区面临行政许可受托主体资质不适格问题：一是借鉴贵州省贵安新区经验，在安徽省政府开展行政

许可试点的前提下，组建新站高新区行政审批局，为国家级开发区行政审批局积极争取开展试点。二是通过编办变更新站高新区管委会性质，由事业单位变更为行政机构，使其符合《行政许可法》中关于受托主体的法律规定。三是成立新站高新区行政许可的专门机构，性质为政府派出机构，解决其资质问题。上述三种方案择其一，均可实现新站高新区作为行政许可受托主体的合法性。第三方案相对便捷、制约因素少，可以尽快实现。

成立新站高新区行政许可的专门机构有其法律基础和实践基础。首先，依据我国《地方各级人民代表大会和地方各级人民政府组织法》第六十四条的规定以及《地方各级人民政府机构设置和编制管理条例》第九条的规定，我市政府可以设立派出机构，经省级人民政府机构编制管理机关审核后，报省级人民政府批准，并依法报我市人民代表大会常务委员会备案。其次，政府设立专门的行政许可机构，在其他省市已有实践，如天津滨海新区、绍兴柯桥区、苏州工业园区、温州经济技术开发区等，均新设了专门的行政许可机构，为我市提供前期实践基础。

二、新站高新区试点相对集中行政许可权的现实意义

在成立编制性质为行政机关的新站高新区行政许可机构，解决受托行政许可主体资质不合法的问题的基础上，应积极推动新站高新区试点相对集中行政许可权。以新站高新区作为我市相对集中行政许可权的先发区域，有其必要性和可行性。

一是深化制度改革的内在要求。中共中央、国务院《法治政府建设实施纲要（2015—2020 年）》明确规定“加快推进相对集中行政许可权工作，支持地方开展相对集中行政许可权改革试点”，《合肥市法治政府建设指标体系》也提出“加快推进相对集中行政许可权工作”的具体指标。实务中，针对量大面广、基层可以统一办理的行政许可事项进行相对集中，能够切实为行政相对人减负。开发区最初的功能定位是经济建设，现在处于逐步承接行政职能的转型期，以开发区作为切入点试行基层相对集中行政许可权工作，是我市贯彻中央深化体制改革的落实举措。

二是实现简政放权的客观需要。在我市新一轮权力清单清理过程中，各开发区通过授权、委托、驻点等方式承担行政许可事项分别为：高新区 60 项、经开区 61 项、新站高新区 61 项、合巢经开区 14 项。新站高新区承担的行政许可事项数量较多，内容基本全覆盖，作为相对集中试点区具有典型性和易于推广性，并且在执法权力下放、执法重心下移过程中，将行政许可事

项中的重复交叉内容进行聚合简化，可以缓解新站高新区行政管理职能承载能力不足问题。

三是具有先行先试的基础和条件。在当前积极推进地方试点相对集中行政许可权的背景下，新站高新区具备开展相关工作自身优势。首先，依托于新站高新区成立专门的行政许可机构，将开发区授权、委托、驻点等不同形式的行政许可事项在统一清理整合，进而可以达到实质集中的效果，新站高新区具有相对于其他开发区的机构优势；其次，我市城市管理行政处罚、市级层面行政复议均开展了相对集中，并取得良好效果，为我市基层开展相对集中行政许可权奠定良好基础；再次，新站高新区依托于成立专门机构试点相对集中行政许可权，可以有效化解新站高新区管委会无合法资质受托行使行政许可的法律障碍。

三、新站高新区试点相对集中行政许可权的对策建议

在新站高新区试点行政许可事项相对集中，关键要破解集中后“只有物理反应没有化学反应”的问题，实现“一个开发区一个窗口对外”的基层“一站式”审批，要紧紧围绕转变职能这一核心，健全机制，合理布局。

第一，建立健全工作机制，解决融合性问题。目前，市城管局、人社局、环保局、安监局、市计生委、市建委等部门委托新站高新区有关机构实施行政审批；市工商局等部门在新站高新区安排相应的执法人员，以市局的名义派驻执法。新站高新区试点相对集中行政许可权，不是将以上具有审批职能的相关部门及其工作人员，进驻同一办公地点进行简单的形式集中，而是应当全面梳理与整合行政许可事项。在平台建设上，新站高新区试点工作可以基于我市“智慧城市”建设布局，推进“互联网＋”应用与创新，简化信息共享程序，实现上下级、同级之间网上沟通，并开发智能手机应用平台，顺应“网上办事”向“掌上办事”的趋势；在系统连接上，实现业务系统与许可系统全面桥接，互联互通，防止重复收取资料；机构融合上，将分散于各个部门的许可权集中于一个部门，部门内部可以参照大行业类别设立社会类、经济类、建设类审批部门；人员设置上，按照“一岗多能、一人多专”的要求建立专业审批队伍，一个窗口受理、内部并联分工，人员配备向一线倾斜，通过建立完善的工作机制，实现行政许可相对集中从以往的物理并联向化学融合转变。

第二，强化监督管理建设，解决程序性问题。行政许可关乎行政相对人切身权益，也是公权力运作的重要组成，其相对集中的机制体系中监督管理

是不可或缺的一环。相对集中行政许可权监管内容不能简单地界定为资质准入、培训考试，要切实关注监管转型体系建设落后于行政许可改革进程的问题，如监管过程中的会批不会管、许可事项不能有效衔接落实、社会参与监管严重滞后等情形，通过健全行政许可监管机制，有效缓解开发区行政许可实务中现存的不同部门之间对接不畅、推诿扯皮等问题。新站高新区试点相对集中行政许可权，要充分发挥职能主管部门的指导、组织、协调作用，重点对许可事项的对接和落实强化监督；在相应的机制完善、流程操作等具体工作内容方面，可以引入公众参与，根据社会征求意见的反馈及时更进，搭建起阳光、透明的社会监督平台。将主管部门督导与社会公众参与相结合，发挥合力，加强对行政许可相对集中的监督管理。

第三，谋划“以点带线”布局，解决战略性问题。对行政许可进行相对集中，可以依托行政处罚、行政复议相对集中的前期经验，以及专门规制开发区行政执法的立法基础，谋划以点带线的布局，在开发区先行试点，并先从最需要解决现实问题的新站高新区进行试点，待试点工作在机制体系建设、部门人员设置等方面经过调试逐步健全后，进一步根据实务运作进行程序调整和机制完善，并以点带线全面推开。

（合肥市政府政策研究室　王毓江
合肥市行政学院　刘玉勉
合肥市行政学院　童正印）

合肥电力廊道保护与土地综合利用专题调研报告

能源是经济社会发展的基本保障，关系国计民生和经济安全；电力是重要的能源产业，对经济社会发展发挥着重要的基础作用。“十二五”以来，合肥电力事业发展迅速，为合肥市实现“新跨越、进十强”、建设长三角城市群副中心发挥了重要的作用。但随着经济社会的快速发展、城市体量的不断扩张，合肥电力廊道保护和土地综合利用方面还存在一些突出的问题。按照市委市政府的部署，市政府政研室牵头，会同市经信委、市供电公司、市城管局、市林园局、市国土局、市规划局等部门，通过实地调查、召开座谈会等形式，组织开展了专项调研，现将调研情况报告如下。

一、合肥市域电力廊道及保护和土地综合利用情况

（一）电力廊道的概念

电力廊道，即电力线路保护区，是指电力导线边线向外侧水平延伸并垂直于地面形成的两平面内的区域，包括三个部分，电力线路塔杆占用的空间，架空电力线路的宽度与地面垂直的立体空间及电力线路安全距离所占的立体空间。电力廊道是连接发电厂、变电站和用户的重要能源输送通道，有三个重要属性：一是公共性。电力廊道是电网的重要组成部分，是服务民生、兼顾效率和安全的准公共产品。二是有限性。由于土地资源有限，电力廊道会与其他公共设施以及廊道内权利人产生利益冲突。三是限制性。为了保证安全，电力廊道内土地及空间利用有诸多限制。

（二）电力廊道总体分布情况

合肥供电公司维护运营 35KV 以上的电力线路共计 502 条，总长度 6804 千米，其中，220KV 线路 92 条、1442 千米，110KV 线路 235 条、1853 千米，35KV 线路 175 条、1565 千米。城市建成区电网主要以 220KV 网络为主

架，分东、南、西、北、中五个主要走向，具体分布见表1：

表1 合肥市220千伏电力廊道分布情况统计表

区域	长度（千米）	宽度（米）	占地面积（亩）	途经区域
东侧	30	50～200	5600	瑶海区、肥东县
南侧	40	50～200	7500	肥东县、包河区、滨湖新区、经开区、肥西县
西侧	25	50～250	5620	肥西县、政务区、蜀山区
北侧	22	50～300	5770	蜀山区、新站区、庐阳区、瑶海区
中部	20	50～200	3750	蜀山区、包河区、瑶海区
合计	137	—	28240	

备注：数据由合肥供电公司提供，占地面积按照电力廊道平均宽度计算所得。

（三）电力廊道保护与土地综合利用情况

1. 开展电力廊道整治情况

2011年以来，市经信委电保办组织开展电力廊道安全隐患整治活动，主要是降低树障引起的跳闸频率，基本上保障了全市生产生活正常进行。一些县区开展联合整治行动，如肥西县统筹组织有关单位，联合清除辖区内电力保护区违章建筑、违章施工、线下隐患等外破隐患，建立“一患一档”资料，形成隐患闭环管理机制。全市开展电力法规宣传“进社区、进校园、进工厂、进农户”，利用微博、微信、即时通讯等网络平台发布电力设施保护知识，有效提升了群众电力设施保护意识。蜀山区成立常务副区长任组长、相关部门和单位主要负责人为成员的电力廊道隐患整治领导小组，联合开展隐患梳理排查和集中整治，显著减少了违法建筑、违法施工、违章堆土和高杆绿植等安全隐患。

2. 电力廊道土地综合利用情况

根据《中华人民共和国电力法》《电力设施保护条例》《电力设施保护条例实施细则》等法律法规，为保证电力正常输出，保障安全，廊道内所占土地，主要用于增加城市绿化面积、通风渠道和美化城市面貌，打造景观绿地公园，增加市民休闲运动场地，提升城市整体环境。如瑶海区与供电公司签订合作协议，将高压线路纳入地下廊道，释放土地约1500亩，已经实施绿化面积约300亩；肥西县将方兴大道沿线电力廊道平整作为绿色长廊和苗圃，有效美化了城市环境。

二、电力廊道保护和土地综合利用存在的主要问题

随着近年来合肥城镇化快速推进，城区范围迅速扩大，城郊接合部逐步成为城区，原来规划的和一些新建的电力廊道陆续成为城区的重要基础设施，这些新变化不可避免带来了一些新问题。总的来看，电力廊道保护和土地综合利用方面，主要存在以下问题：

（一）电力廊道重大隐患突出

据合肥供电公司提供的数据，我市 35～220KV 架空输电线路廊道内存在的重大安全隐患有 134 处，涉及市域内所有的县（市）区、开发区。电力廊道隐患有四种情况，即“违建”“违堆”“违种”和“违动”。“违建”指在廊道内违规建设住宅、厂房、大棚和停车场。市区范围内以五里庙建材市场、金贸商城、庐阳区竹丰花市、包河区贾螺变电站私人停车场较为突出。由于其分布密集、距离高压电线极近，存在高危的安全隐患。“违堆”，指在廊道内违规堆放土方、沙石、杂物等。因填土而抬高基面，或因杂物堆积超高，造成导线对地安全距离不够，形成极大安全隐患。此类廊道所在土地性质多为集体所有，利益驱使，地方和居民默许其为土方倾运及沙石场地。经开区境内的 500KV 肥西变电站，区域内土方堆放高达十余米，输电线发生短路跳闸的可能性极大。“违种”，指违规种植树木。电力廊道内农户承包和退耕还林等集体土地，违规选栽高大速生类树木，易引起事故；且清理移栽补偿价格不统一，树木产权人责任主体不明确，排查出的安全隐患找不到整改主体。“违动”，指动态的违规行为。起重车、吊车等超高特种机械车辆未经许可，在电力廊道周边或电力廊道保护区内施工作业，极易造成电力事故。此类隐患动态性大，事故随时会发生，监控困难。

从隐患区域分布来看，5 个县（市）总计 51 处，其中：肥东县 26 处，肥西县 2 处，长丰县 7 处，庐江县 8 处，巢湖市 8 处，肥东县偏多，肥西县较少。7 个城区、开发区总计 82 处，其中：瑶海区 25 处，庐阳区 15 处，蜀山区 9 处，包河区 18 处，高新区 10 处，经开区 4 处，新站区 1 处，瑶海区偏多，新站区最少。城区是安全隐患的主要场所。（图 1）

从隐患等级程度来看，危急等级 31 处，其中：瑶海区 6 处，庐阳区 3 处，蜀山区 2 处，包河区 7 处，经开区 2 处，新站区 1 处，高新区 10 处，包河区、瑶海区相对较多（图 2）。严重等级 113 处，其中：瑶海区 19 处，庐阳区 12 处，蜀山区 7 处，包河区 10 处，高新区 10 处，经开区 2 处，其他区域 53 处，瑶海区相对较多。严重等级隐患占比八成以上，但危急等级隐患危险性更大。（图 3）

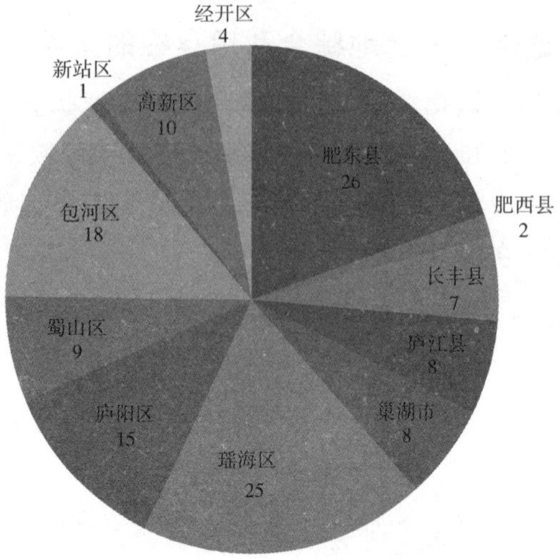

图 1　合肥电力廊道隐患区域分布

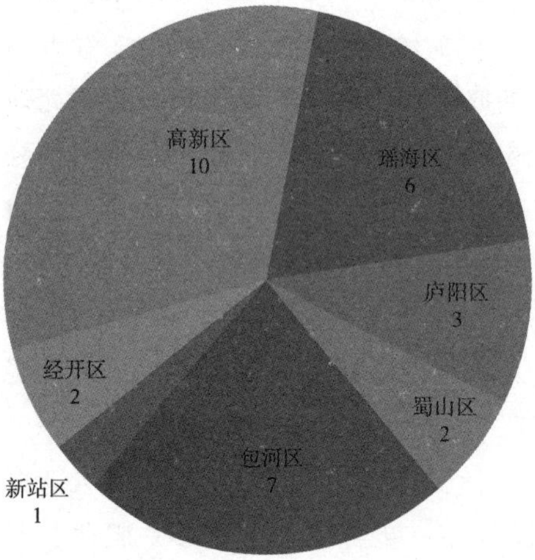

图 2　危急

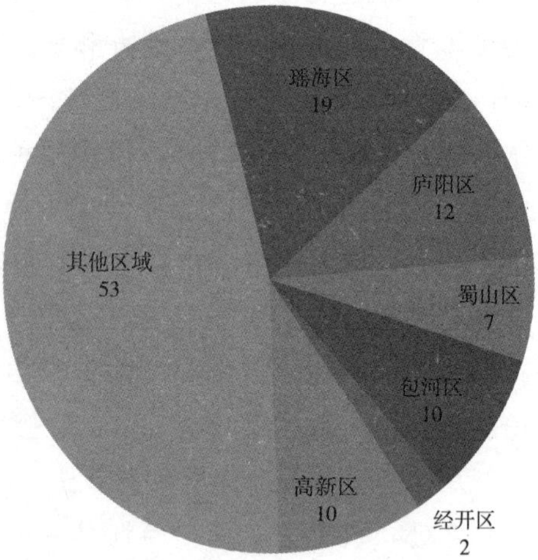

图 3　严重

从隐患发现时间来看，2010 年及以前发现 34 处，2011 年发现 8 处，2012 年发现 22 处，2013 年发现 15 处，2014 年发现 12 处，2015 年发现 22 处，2016 年发现 20 处。近两年重大隐患略呈扩大态势。（图 4）

从隐患类型来看，违章建筑 59 处，违章植树 53 处（其中 13 处为原有隐患），违章堆土（堆放）26 处，违法施工 5 处，基建遗留 3 处。违章建筑、违章植树和违章堆土三类隐患约占 95%，违章建筑、违章植树隐患突出。（图 5）

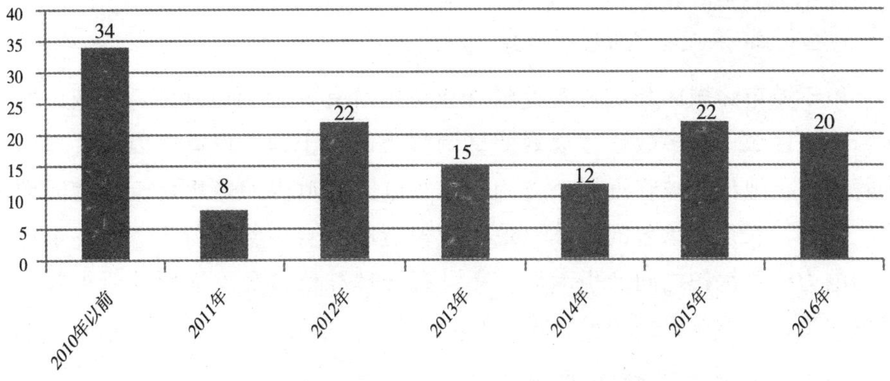

图 4

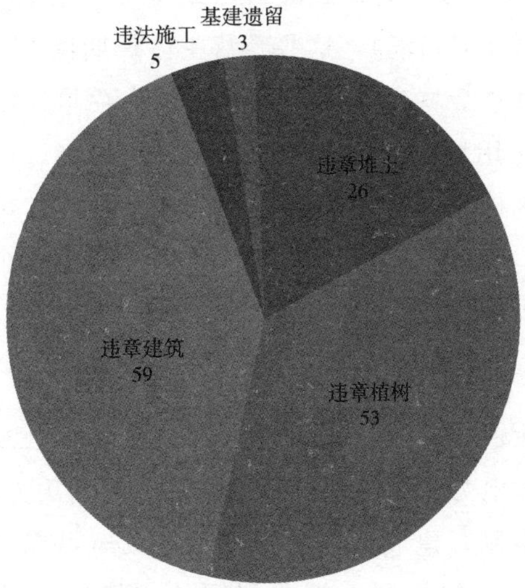

图 5

注：按合肥供电公司提供数据，多种隐患性质分别计算，有少量重复统计。

综上所述，可以得出以下结论：一是总体上，我市电力廊道严重隐患问题突出。二是在区域分布上，城区尤为突出，肥东县、瑶海区、包河区隐患较多。三是隐患存量未减，历史遗留问题突出；增量扩大，形势不容乐观。四是违章建筑、违章植树隐患突出。

（二）部分地方政府重视程度不够

部分县级政府和开发区管委会及其相关部门对《中华人民共和国电力法》《电力设施保护条例》《电力设施保护条例实施细则》等法律法规宣传不够，对电力设施保护工作给予足够重视不够。部分属地“电力设施保护领导小组”

作用发挥不明显。

（三）部分土地征收后管理不力

由于城市建城区和农村实行国有和集体所有两种土地制度，在城市建城区新拓展区域土地多数通过规划变更调整为国有土地，但有些因相关部门疏于管理，土地依然被临近居民占用，这些电力廊道内的隐患建筑处置问题较多。此外，农户在承包的集体土地上植树造林等自主经营行为，在一定程度上与电力线路保护之间产生矛盾，在没有合理补偿情况下而硬性要求农户砍伐树木也会与林业保护法规之间产生矛盾。

（四）长期历史遗留问题突出

特别是城郊接合部，一些电力廊道被村集体占用建设市场（如包河区五里庙建材市场），自主开展多种形式经营，或将集体土地流转给市场主体进行经营（如庐阳区丰竹花卉市场），这些经营主体长期侵占或逐步侵占电力廊道造成电力设施安全隐患。城市建成区电力廊道内存量违法建设，以及农村集体土地上存在的违法用地，由于时间长、涉及主体多、认定部门与执法部门之间衔接困难等，尚未根本解决；地方政府基于稳定、民生、就业、招商以及市场繁荣等考虑，难以下定决心采取有效手段消除安全隐患，导致历史遗留问题迟迟难以解决。

（五）廊道内土地利用方式单一

城区电力廊道所占土地总量大，仅市域220千伏电力廊道所占土地平均约为28240亩。相关电力法律法规对廊道内的土地利用方式做出了明确规定，土地利用受到极大限制，建成区内的国有土地政府可以自主依法利用，但利用方式单一，集体土地的权利人综合利用的积极性高，但权利受限，矛盾突出。

（六）缺少长效管理对接机制

县（市）区开发区级层面缺少电力设施保护领导小组或者领导机构没有实质性运作；市与县（市）区开发区两级之间、各级政府部门之间、政府及其部门与供电企业之间，缺乏常态制度化的对接机制，往往是“一事一议”、个别沟通，协调成本高，合力难以形成，效率效能低，存量问题难以解决。部分城区（如蜀山区）与合肥供电公司建立了定期对接机制，共同协调解决电力设施保护等工作，但是一些县（市）区及职能部门未与供电公司建立长效管理对接机制，这致使一些城市规划、项目施工等与供电单位衔接不顺畅因而产生一些安全隐患。

三、推进电力廊道保护和土地综合利用的对策建议

（一）发挥市电力设施和电能保护工作领导小组作用

领导小组办公室（设在市经信委）组织协调成员单位，每年定期开展电力设施重大隐患综合整治工作，及时协调、解决电力设施和电能保护工作中的重大问题，切实削减重大安全隐患存量，坚决杜绝安全隐患增量，确保电力设施安全运行。

（二）加强电力廊道日常巡查维护

加大电力廊道专兼职人员队伍建设，建立健全三级护线队伍，完善各层次护线管理体系；加强电力设施保护岗位人员培训力度，加大护线人员、物资和资金投入；严格执行护线巡视标准，确定护线人员责任，提高巡视到位率和巡视质量。合肥供电公司在全市数字城管覆盖范围内的巡查作业区，推广使用手持移动终端和“城管通”，在日常巡查时实时上报符合《合肥市数字化城市管理监督指挥手册》（以下称《手册》）立案标准的相关城市管理问题。对不属于《手册》内规定的其他类型问题，由合肥供电公司报市城管委批准后，纳入数字城管统一考核体系。

（三）强化电力行政执法

强化市、县（市）区两级经信部门行执法牵头部门的职责，加强市、县（市）区两级经信系统执法队伍建设，组建市电力行政执法支队和县（市）区电力行政执法大队。供电公司日常巡查发现违法建设、违章堆土、违规施工、植物隐患等现象时，及时将影响电力设施安全运行重大隐患告知规划、国土、林业园林等部门和属地行政主管单位，由行政主管部门进行违法违规认定，属地行政主管单位在相关部门、供电公司等协助配合及时消除隐患；市、县（市）区两级电力行政主管部门，联合公安、安监、城管、林业园林、城乡建设、规划、国土等相关部门和属地政府、开发区管委会以及供电公司组成联合执法队伍，定期组织开展具有针对性的行政联合执法行动。

（四）发挥群众和社会组织作用

一是加强群众护线网络建设。在输电线路附近居民中聘请有责任心的护线员，辅助专业人员开展巡检和电力设施保护宣传工作，建立一支网格化、准专业化的电力设施保护队伍。二是支持成立合肥市特种车辆驾驶员协会。市公安局牵头，合肥供电公司、市城乡建委等部门配合，发挥大型企业龙头作用，鼓励和督促企业履行社会责任，积极支持和鼓励大企业发起成立合肥

市特种车辆驾驶员协会，建立特种车辆台账，加强宣传教育，掌握车辆施工动态。三是设立并公布电力设施保护工作举报电话（举报电话：0051-63881234）。鼓励群众报告各类设备故障、外破隐患、线下违章作业等，对破获涉电重大案件提供重要线索或举报有功、有立功表现的，给予一定的奖励。

（五）加强部门间配合联动

各级经信、公安机关和供电公司相互配合，及时查处危害电力廊道安全的违法犯罪行为。加强各级经信、规划、城乡建设、国土等部门沟通协商，对可能危及电力设施安全的工程纳入建设工程规划许可和建筑工程施工许可并联审批，确保规划建设审批内容符合电力设施法律法规，及时通报联合查处电力廊道保护区内违法占地、违法建设等行为；城乡建委、林业园林、重点工程建设等部门在重大工程建设施工许可前和施工监管期间，联合供电公司对施工单位进行电力设施安全保护教育和跟踪管理工作；加强与林业园林、城乡建设等部门的合作，按照职责分工，及时办理植物移栽等手续。各相关单位、部门之间密切配合，形成合力，共同做好电力设施保护工作。

（六）开展定期综合整治活动

根据《安徽省电力设施和电能保护条例》第四条规定，将电力设施保护作为社会治安综合治理工作的一项重要内容，在市领导小组统筹安排下，每年组织一个月集中整治活动。各级各单位相互协调配合，支持属地行政主管单位按照要求清除严重隐患，供电公司提供专业指导和做好辅助工作，其他成员单位做好联合执法配合工作。对于历史遗留问题暂不具备清除条件的，属地政府或开发区管委会在拆迁改造或整体治理时统筹实施。

（七）建立长效管理对接机制

市级层面按照电力设施保护工作需要，制定出台《关于建立健全电力廊道保护常态管控对接机制的意见》，建立沟通协调、综合执法、定期整治、日常对接、宣传教育和考核评价等对接机制，在城市规划、项目审批、施工许可、建设监管、运营维护、违法查处等环节，相关职能部门和主管单位要加强协调配合，及时协商解决有关具体问题，消除各类影响电力设施安全运行的重大隐患。

（八）推进电力管线纳入城市地下综合管廊

抓住全国地下综合管廊试点城市的机遇，认真落实好《住房城乡建设部国家能源局关于推进电力管线纳入城市地下综合管廊的意见》（建城〔2016〕98号），市城乡建设、规划等部门与电力行政管理部门、供电公司加强衔接，充分了解电力管线入廊需求，将电力管线入廊纳入《合肥市地下综合管廊规划》；市供电公司要将管廊专项规划确定入廊的电力管线建设规模、时序等同步纳入电网规划；已确定入廊的电力管线，供电公司要结合管廊年度建设计划，将入廊部分的电力管线纳入电网年度建设计划，与管廊建设计划同步实施；加快推进电力管线入廊，减少架空电力线路所占土地及空间，减少各种潜在隐患。

（九）超前做好电网发展规划

合肥供电公司要超前做好电网发展规划，积极与市规划局、国土局城市总体规划、土地利用规划相衔接，推进“四规合一”。对近期建设的电网设施，在符合“四规合一”的前提下办理土地征转手续，按照划拨方式供应。

（十）积极探索土地综合利用方式

一是坚持以绿化和生态建设为主利用廊道空间资源。在林业园林部门、电力企业的指导下，种植密集、低矮、美观的植物，增加城市绿化。二是探索利用廊道内土地资源，合理设置太阳能发电装置。三是积极推进电力廊道内土地流转。全面落实好中共中央办公厅、国务院办公厅印发的《关于完善农村土地所有权承包权经营权分置办法的意见》，在不改变土地所有权的权利主体的前提下，积极探索电力廊道内农村集体土地的经营权流转，将分散在农户的经营权流转到社区（村）或乡镇（街道），由集体统一经营，或流转给企业经营。涉及收益的，社区（村）集体统一按原有经营权主体予以合理分配；涉及民生、公益、国家大型重点工程项目，没有收益的，由社区（村）、集体按整个村民组或整个社区（村）统一调配集体土地经营权份额。四是加大电力管线入廊后释放土地的利用。既有管线线路改造升级项目（如杆线迁移、入廊等）释放出的土地，规划部门结合周边现状统筹规划，确定土地综合利用方式。

（十一）加强宣传教育工作

属地行政主管单位和供电企业的，要加大电力设施保护条例等法律法规和电力设施安全知识宣传教育，提高公民电力法律意识，引导群众树立法制观念，形成电力设施保护“人人参与”工作局面。市直相关部门在发放施工许可证或重大工程施工时，积极协调供电公司对施工单位管理人员和施工人员进行电力设施保护安全教育，切实增强作业人员涉电安全防护意识。

（合肥市政府政策研究室　王毓江
合肥市政府政策研究室　夏　飞）